权威·前沿·原创

皮书系列为
"十二五""十三五""十四五"时期国家重点出版物出版专项规划项目

BLUE BOOK

智 库 成 果 出 版 与 传 播 平 台

河北蓝皮书
BLUE BOOK OF HEBEI

河北文化产业发展报告
（2024）

ANNUAL REPORT ON CULTURAL INDUSTRY OF
HEBEI (2024)

数字赋能与文创引领
Digital Empowerment and Creative Leadership

主　　编／吕新斌
执行主编／陈　璐　王春蕊
副 主 编／吴向军　杨邵敏　李元生　苑　媛

社会科学文献出版社
SOCIAL SCIENCES ACADEMIC PRESS（CHINA）

图书在版编目（CIP）数据

河北文化产业发展报告.2024：数字赋能与文创引
领／吕新斌主编.--北京：社会科学文献出版社，
2024.7
（河北蓝皮书）
ISBN 978-7-5228-3448-1

Ⅰ.①河… Ⅱ.①吕… Ⅲ.①文化产业-产业发展-
研究报告-河北-2024 Ⅳ.①G127.22

中国国家版本馆 CIP 数据核字（2024）第 066192 号

河北蓝皮书
河北文化产业发展报告（2024）
——数字赋能与文创引领

主　　编／吕新斌
执行主编／陈　璐　王春蕊
副 主 编／吴向军　杨邵敏　李元生　苑　媛

出 版 人／冀祥德
组稿编辑／高振华
责任编辑／王玉霞
文稿编辑／李小琪
责任印制／王京美

出　　版／社会科学文献出版社·生态文明分社（010）59367143
　　　　　　地址：北京市北三环中路甲 29 号院华龙大厦　邮编：100029
　　　　　　网址：www.ssap.com.cn
发　　行／社会科学文献出版社（010）59367028
印　　装／天津千鹤文化传播有限公司

规　　格／开 本：787mm×1092mm　1/16
　　　　　　印 张：19.75　字 数：292 千字
版　　次／2024 年 7 月第 1 版　2024 年 7 月第 1 次印刷
书　　号／ISBN 978-7-5228-3448-1
定　　价／138.00 元

读者服务电话：4008918866

主编简介

吕新斌　河北省社会科学院党组书记、院长，中共河北省委讲师团主任，河北省社会科学界联合会第一副主席，中国李大钊研究会副会长。

吕新斌同志长期在宣传思想文化战线工作，曾先后在原中国吴桥国际杂技艺术节组委会办公室、原省文化厅、省委宣传部任职。在省委宣传部工作期间，先后在文艺处、城市宣传教育处、宣传处、办公室、研究室（舆情信息办）、理论处等多个处室工作，后任省委宣传部副部长、省文明办主任，长期分管全省理论武装、哲学社科、政策研究、舆情信息、精神文明建设等工作。

吕新斌同志多次参与中宣部和省委重大活动，组织多批次重要文稿起草和重要读物编写等工作。高质量参与完成《习近平新时代中国特色社会主义思想学习纲要》编写任务，得到中宣部办公厅、省委主要领导同志肯定，受到省委宣传部通报表扬；曾牵头完成中央马克思主义理论研究和建设工程重大课题，参与编写或主编完成多部著作；在《求是》《光明日报》《人民日报》等中央大报大刊组织刊发多篇成果。

摘　要

　　本书是河北文化产业发展的年度报告，由河北省社会科学院经济研究所组织省内外科研机构、高等院校、文化企业相关专家学者撰写。本书以习近平新时代中国特色社会主义思想为指导，以河北省委、省政府高度关注的重大决策问题，以及河北文化产业发展领域的重大理论和现实问题为研究内容，客观、全面、准确地反映了2023年河北文化产业发展的基本形势，总结分析了当前河北文化产业发展中存在的困难，提出了一系列具有针对性的对策建议。

　　2023年是全面贯彻落实党的二十大精神的开局之年。习近平总书记两次视察河北，发表重要讲话、作出重要指示，为河北加快推进高质量发展坚定了信心、指明了方向。2023年是开启文化发展新阶段的关键之年。全国宣传思想文化工作会议在北京召开，会议上首次提出了习近平文化思想。习近平文化思想集习近平总书记在新时代文化建设方面的新思想、新观点、新论断于一体，是我国推动文化事业和文化产业繁荣发展的强大思想武器和科学行动指南。2023年也是文化产业新场景、新业态爆发式发展的一年。生成式人工智能的兴起带动了AI音频、AI影像等新产品发展，短视频平台的繁荣推动了微短剧产业快速发展，地方特色文旅搭乘流量的"快车"推动了淄博烧烤、哈尔滨冰雪节、贵州"村超"等"火爆出圈"。河北文化产业也展现出了超强的韧性，文化企业加快复苏、文旅消费市场表现亮眼，为文化产业高质量发展创造了有利条件。

　　本书分为四个板块，总报告客观阐述了2023年河北文化产业总体特征、产业结构、新兴业态、市场主体、空间布局、产业园区及产业聚集等发展特征与趋势，重点分析了河北文化产业发展面临的主要形势，深入剖析了当前河北文化产业高质量发展面临的难点问题，从发挥龙头企业作用、集聚头部企业、发展文创楼宇、加强人才引培、做强文化消费、优化营商环境等方面提出了对策建议；宏观视野篇主要从文化数字化、金融赋能、数字赋能、"一带一路"文化合作、公共文化空间、乡村文化振兴、文化遗产活化等角度提出了未来河北文化产业高质量发展的思路与建议；产业提升篇主要围绕公共文化服务、文化制造业集聚、广播电视和网络视听产业、体育强省建设、数字文旅、文化休闲娱乐服务业等领域，分析了当前河北文化产业面临的问题与不足，并提出了相应的对策建议；经验探索篇主要分析了武强县文化产业赋能乡村振兴、张家口文旅、曲阳县文化产业示范园区（基地）、全域旅游"北戴河样本"、乡村农文旅融合、京张体育文化旅游带建设的发展特点，提出了有针对性的发展建议，以期为河北文化产业高质量发展提供有益的理论参考和智力支持。

关键词： 文化产业　数字赋能　文创引领　业态融合

Abstract

This book is an annual report on the development of cultural industry in Hebei Province. It is written by the Institute of Economic Research of Hebei Academy of Social Sciences, which organises experts and scholars related to scientific research institutes, colleges and universities, and cultural firms both inside and outside the province. The book is guided by Xi Jinping Thought on Socialism with Chinese Characteristics for a New Era and focuses on the major decision-making issues that are of great concern to the Hebei Provincial Party Committee and Provincial Government. The book takes the major theoretical and practical issues in the field of cultural industry development in Hebei Province as its research content, and reflects the basic situation of cultural industry development in Hebei Province in 2023 objectively, comprehensively and accurately. It also summarises and analyses the difficulties existing in the development of cultural industry in Hebei Province at present, and puts forward a series of targeted countermeasures and suggestions.

The year 2023 is the opening year for the comprehensive implementation of the spirit of the 20th national congress of the Communist Party of China. General Secretary Xi Jinping visited Hebei twice, delivered important speeches and gave important instructions, which strengthened confidence and pointed out the direction for Hebei to accelerate high-quality development. 2023 is a key year to start a new stage of cultural development. The National Conference on Propaganda, Ideology and Culture was held in Beijing, at which Xi Jinping's Cultural Thought was put forward for the first time. Xi Jinping Thought on Culture integrates the new ideas and views of General Secretary Xi Jinping in the construction of culture in the new era, and is a powerful ideological weapon and scientific action guide for China to promote the prosperity of cultural undertakings and the cultural industry. 2023 is also the year of the explosive development of new scenarios and new modes of the cultural industry. The rise of generative artificial intelligence has fuelled the development of new products such as AI audio and AI imaging. The prosperity of short video platforms has driven the rapid development of the micro-short drama industry. Local characteristics of culture and tourism to ride the flow of the "express" to promote the Zibo barbecue, Harbin Ice Festival, Guizhou "village super" and other "fire out of the circle". Hebei cultural industry also showed a strong resilience, cultural firms to speed up the recovery, cultural tourism consumer market performance. This has created favourable conditions for the high-quality development of the cultural industry.

This book is divided into four sections. The general report objectively describes the overall characteristics, industrial structure, emerging pattern, spatial layout, market players, industrial parks and industrial aggregation of the cultural industry in Hebei Province in 2023, focuses on the analysis of the main situation facing the development of cultural industry in Hebei Province, in-depth analysis of the current constraints facing the high-quality development of cultural industry in Hebei Province, from the role of leading firms, gathering headline firms, developing cultural and creative buildings, strengthening the attraction and training of talents, enhancing cultural consumption, and optimization of business environment; the macro view chapter mainly puts forward the ideas and suggestions for the future high-quality development of cultural industry from cultural digitization, financial empowerment, digital empowerment, "Belt and Road" cultural cooperation, public cultural space, rural cultural revitalization, cultural heritage revitalization; industry upgrading chapter mainly focuses on the public cultural services, cultural manufacturing cluster, radio, television and internet audiovisual industry, construction of a strong sports province, digital culture and tourism, cultural, leisure and entertainment service industry, analyze the current problems and shortcomings, and put forward corresponding countermeasures and suggestions; experience exploration chapter analyzes the Wuqiang cultural industry enabling rural revitalization, Zhangjiakou cultural tourism, Quyang cultural industry demonstration park, "Beidaihe Sample" of territorial tourism, integration of rural agriculture, culture and tourism, Beijing-Zhangjiakou sports and cultural tourism belt, put forward targeted development suggestions, with a view to providing useful theoretical references and intellectual support for the high-quality development of Hebei's cultural industry.

Keywords: Cultural Industry; Digital Empowerment; Cultural and Creative Leadership; Business Integration

目　录 ⌐⌐

Ⅰ　总报告

Ⅱ　宏观视野

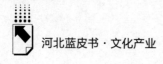

皮书数据库阅读**使用指南**

CONTENTS ↰

I General Report

II Macro View

Ⅲ Industry Upgrading

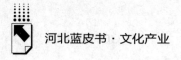

IV Experience Exploration

总 报 告

B.1

2023～2024年河北文化产业
发展形势分析与预测

王春蕊　张　彬　刘佳静[*]

摘　要： 文化产业对促进区域发展、提升城市形象、满足居民多元化消费需求、增强文化交流与文明传承发挥着重要作用。受疫情疤痕效应、长尾效应的影响，河北省文化产业复苏步伐相对缓慢。整体来看，全省文化制造业稳定增长，新业态较快增长，石家庄、保定、沧州、邯郸、唐山等地保持相对优势，"文化+"向更广更深领域持续推进。但与先进省市相比，河北省文化产业整体水平偏低，文旅服务类平台经济发展缓慢，高端文化产品供给能力依然偏弱。步入新阶段，要持续增强科技赋能文化产业的能力，进一步拓展文化产业新空间、培育壮大文化产业新动能，加快形成高质量发展的新质生产力，为经济强省美丽河北建设提供有力支持。

---

　*　王春蕊，河北省社会科学院经济研究所副所长、研究员，研究方向为文化产业和区域经济；张彬，河北省社会科学院经济研究所助理研究员，研究方向为文化产业；刘佳静，河北师范大学硕士研究生，研究方向为文化产业。

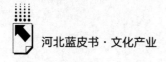
关键词: 文化产业聚集 数字文化 文化新业态 河北省

党的二十大报告提出，要推进文化自信自强，建设社会主义文化强国。2023年以来，全省上下全面贯彻党的二十大精神，深入学习贯彻习近平总书记两次视察河北重要讲话指示精神，全省经济平稳运行。在宏观经济平稳向好的大背景下，河北省文化企业稳步复苏，文旅消费市场表现亮眼，为文化产业发展创造了有利条件。但受国际复杂环境和疫情疤痕效应、长尾效应等综合影响，文化产业整体呈缓慢恢复态势，仍需采取有力措施，不断优化发展环境，持续激活和释放文化产业发展潜力。

一 总体特征

（一）文化企业营收总体平稳，复苏步伐相对缓慢

2023年，随着经济全面复苏，文化产业平稳恢复，但步伐相对缓慢。统计数据显示，2023年前三季度，全省规模以上文化企业数量为1323家，较上年同期减少2家；从业人数为11.38万人，较上年同期减少0.95万人。从全国情况看，2023年前三季度，全国规模以上文化企业实现营业收入91619亿元，较上年同期增长7.7%（按可比口径计算）；河北省规模以上文化企业实现营业收入585.6亿元，较上年同期下降4.6%，营业收入占全国的比重仅为0.64%（见表1）。

分行业看，全国新闻信息服务、内容创作生产、创意设计服务、文化传播渠道、文化投资运营、文化娱乐休闲服务、文化消费终端生产行业营业收入较上年分别增长14.9%、10.3%、9.6%、12.4%、27.7%、67.2%、2.1%；文化辅助生产和中介服务、文化装备生产行业营业收入较上年分别下降1.5%、4.3%。河北省创意设计服务、文化娱乐休闲服务行业营业收入较上年分别增长8.7%、56.6%；但新闻信息服务、内容创作生产、文化传播渠

道、文化投资运营、文化辅助生产和中介服务、文化装备生产、文化消费终端生产行业营业收入较上年分别下降4.4%、5.1%、8.2%、22.3%、4.0%、10.4%、16.6%。可见，河北省规模以上文化企业恢复速度低于全国平均水平，多数行业规模以上文化企业营收能力有待提升。

表1　2023年前三季度全国和河北省规模以上文化企业实现营业收入情况

类型	全国		河北省		占比（%）
	营业收入（亿元）	较上年同期增长（%）	营业收入（亿元）	较上年同期增长（%）	
新闻信息服务	12203	14.9	23.7	-4.4	0.19
内容创作生产	19857	10.3	67.9	-5.1	0.34
创意设计服务	14973	9.6	67.5	8.7	0.45
文化传播渠道	10712	12.4	99.3	-8.2	0.93
文化投资运营	473	27.7	2.0	-22.3	0.42
文化娱乐休闲服务	1289	67.2	16.6	56.6	1.29
文化辅助生产和中介服务	10894	-1.5	211.6	-4.0	1.94
文化装备生产	4443	-4.3	31.5	-10.4	0.71
文化消费终端生产	16775	2.1	65.4	-16.6	0.39
合计	91619	7.7	585.6	-4.6	0.64

资料来源：国家统计局网站、河北省规模以上文化企业季报数据（内部资料）。

（二）文化产业结构持续优化，文化制造业相对优势突出

从产业类型看，2023年前三季度，全国文化制造业企业营业收入为29007亿元，较上年同期下降1.0%；文化批发和零售业企业营业收入为15024亿元，较上年同期增长5.3%；文化服务业企业营业收入为47588亿元，较上年同期增长14.6%。全国文化制造业企业、文化批发和零售业企业、文化服务业企业结构为31.66∶16.40∶51.94，其中文化服务业企业占比超过一半。从河北省来看，2023年前三季度，文化制造业企业营业收入为280.1亿元，较上年同期下降8.3%；文化批发和零售业企业营业收入为117.5亿元，较上年同期下降14.2%；文化服务业企业营业收入为188.0亿元，较上年同期下降9.8%，

河北省文化制造业企业、文化批发和零售业企业、文化服务业企业结构为47.84∶20.06∶32.10（见表2）。相比上年同期，河北省文化制造业企业占比有所下降，但仍然占据主体地位。

表2　2023年前三季度全国和河北省规模以上文化企业构成情况

类型	全国			河北省		
	绝对额（亿元）	同比增长（%）	所占比重（%）	绝对额（亿元）	同比增长（%）	所占比重（%）
文化制造业	29007	−1.0	31.66	280.1	−8.3	47.84
文化批发和零售业	15024	5.3	16.40	117.5	−14.2	20.06
文化服务业	47588	14.6	51.94	188.0	−9.8	32.10

资料来源：国家统计局网站、河北省规模以上文化企业季报数据（内部资料）。

（三）文化新业态快速发展，创新创业活跃度不断提升

2023年前三季度，全省有规模以上文化新业态企业61家，较上年同期增加9家；从业人数为4566人，较上年同期减少162人；营业收入为41.3亿元，较上年同期增长4.4%，占同期全省规模以上文化企业营业收入的比重为7.1%。相比2022年同期，2023年前三季度河北省文化新业态企业数量有所增加，互联网搜索服务、互联网其他信息服务、其他文化艺术业、增值电信文化服务、互联网广告服务、版权和文化软件服务的利润总额均呈现良好增长态势（见表3）。

表3　2023年前三季度河北省文化新业态发展情况

类型	企业数（家）	从业人数（人）	营业收入（亿元）	同比增长（%）	利润总额（亿元）	同比增长（%）
广播电视集成播控	3	301	5.0	−0.3	2.2	−9.4
互联网搜索服务	1	56	0.3	−3.1	0.0	114.6
互联网其他信息服务	18	1761	10.5	−5.9	1.1	96.7
其他文化艺术业	2	57	1.1	−0.3	0.0	979.5
动漫、游戏数字内容服务	1	89	0.1	−28.3	0.0	−4.3

续表

类型	企业数（家）	从业人数（人）	营业收入（亿元）	同比增长（%）	利润总额（亿元）	同比增长（%）
多媒体、游戏动漫和数字出版软件开发	10	809	5.4	−1.4	0.0	−134.3
增值电信文化服务	3	367	1.9	42.8	0.1	8.6
互联网广告服务	19	951	16.5	28.6	−0.1	220.7
互联网文化娱乐平台	1	4	0.2	−85.4	0.0	−100.8
版权和文化软件服务	1	102	0.2	59.9	0.0	44.7
娱乐用智能无人飞行器制造	2	69	0.1	−88.9	0.0	−232.3

资料来源：河北省规模以上文化企业季报数据（内部资料）。

（四）文化企业以中小型为主，大型企业数量较少

2023年前三季度，河北省1323家规模以上文化企业中，微型企业有209家，占比为15.80%；小型企业有910家，占比为68.78%；中型企业有168家，占比为12.70%；大型企业仅有36家，占比为2.72%（见表4）。从登记注册类型看，以内资企业为主，占比高达98.49%（1303家），中国香港、澳门、台湾投资企业和外商投资企业占比为1.51%（20家）。

表4　2023年前三季度河北省按单位规模划分的文化企业情况

企业类型	数量（家）	从业人数（人）	营业收入（亿元）	同比增长（%）	利润总额（亿元）	同比增长（%）
大型	36	25554	139.8	−7.1	8.0	−18.6
中型	168	37766	160.7	4.2	9.1	65.4
小型	910	48346	261.1	−4.7	6.3	56.9
微型	209	2167	24.1	−31.7	−7.9	27.3
合计	1323	113833	585.7	−4.6	15.5	17.8

资料来源：河北省规模以上文化企业季报数据（内部资料）。

（五）分地区文化产业差异性较大，呈现阶梯化发展趋势

不同历史及现实人文景观和文化积淀，构成了地域独具特色的文化资源优势，也赋予了区域差异化的文化产业基础。分地区看，石家庄市发展优势明显，规模以上文化企业数为 291 家、从业人数为 29912 人、营业收入为 206.6 亿元（见表 5），占全省的比重分别为 22.00%、26.28% 和 35.28%。唐山、秦皇岛、邯郸、保定、张家口、承德、沧州等地规模以上文化企业数、从业人数、营业收入占比相对稳定。邢台、廊坊、衡水 3 个地市的规模以上文化企业数、从业人数、营业收入占比有所下降。整体来看，河北省各地市文化产业呈现以石家庄为第一梯队，保定、沧州、邯郸、唐山、廊坊、邢台为第二梯队，衡水、秦皇岛、张家口、承德为第三梯队，雄安新区、定州、辛集为第四梯队的差序化发展格局。

表 5　2023 年前三季度河北省各地市规模以上文化企业情况

地市	企业数（家）	从业人数（人）	营业收入（亿元）	营业收入同比增长（%）	营业利润（亿元）	营业利润同比增长（%）
石家庄	291	29912	206.6	-0.9	14.1	-0.2
唐山	124	11296	73.1	-10.6	-7.4	26.8
秦皇岛	55	6822	37.5	29.6	1.2	-144.7
邯郸	132	9469	37.6	-6.5	0.5	-18.4
邢台	117	9138	38.0	-16.9	0.8	-24.1
保定	155	14297	60.0	-9.5	2.0	-31.1
张家口	37	2775	5.5	3.4	-0.2	155.4
承德	40	4911	17.8	11.5	-0.1	-85.6
沧州	140	10679	39.7	-6.2	0.3	-45.2
廊坊	124	7435	36.3	-12.2	-0.8	-62.4
衡水	68	5499	26.2	-5.1	2.0	6.0
定州	12	400	1.4	-44.2	0.0	-56.5
辛集	7	223	0.9	-33.1	0.1	-27.3
雄安新区	21	977	5.0	-16.6	0.0	-64.0

注：定州、辛集为县级市非地级市，雄安新区在区划上不属于地市。

资料来源：河北省规模以上文化企业季报数据（内部资料）。

（六）文化产业示范园区、基地发展平稳，规模不断扩大

目前，全省拥有国家级文化产业示范园区 1 家，国家级文化产业示范园区创建单位 1 家，国家级文化产业示范基地 12 家；省级文化产业园区 34 家，省级文化产业示范园区创建单位 4 家，省级文化产业示范基地 167 家。河北省文化和旅游产业信息管理服务平台数据显示，填报的 25 家园区共有企业 1342 家，其中文化企业 965 家，占比达 71.90%，文化企业总收入占比达 64.6%，文化企业从业人数占比达 78.7%，填报的 127 家文化产业示范基地总收入达 55.7 亿元，总利润 2.4 亿元，从业人数达 1.3 万人。

11 个地市中，保定市在文化产业示范园建设中初具规模，在 14 个国家级文化产业示范园、基地中占比最高，达到 35.70%。从省级文化产业示范园看，11 个地市中，石家庄市占比为 15.38%，邯郸市和唐山市占比均为 12.82%。省级文化产业示范基地中，11 个地市中排名前三位的分别是石家庄市占比 14.04%、保定市占比为 12.28%、衡水市占比为 11.70%。

（七）文化产业集聚发展步伐加快，品牌影响力不断提升

目前，河北省初步形成了曲阳石雕、蔚县剪纸、平乡童车、衡水内画、衡水工笔画、藁城宫灯、沧州琉璃、定州缂丝、张家口彩色玻璃、吴桥杂技魔术道具、平泉活性炭、沙河艺术玻璃、白沟箱包等县域产业集群，涌现出一大批亿元级乃至百亿元级集群，创造了文化产业"河北制造"国际产品品牌。其中，肃宁的扬琴、琵琶、阮的产销量居全国首位，扬琴在国内市场的占有率在 70% 以上。饶阳的二胡在国内市场的占有率在 60% 以上，马头琴在国内市场的占有率在 70% 以上。平乡县年产自行车 1000 万辆、童车 6000 万辆、智能电动玩具车 6000 万辆，年产量占全国 50% 左右、占全球 40% 左右，年产值超 200 亿元。大城县拥有红木古典家具企业摊点 5000 余家，占据华北地区 85% 以上的市场份额。以吴桥杂技魔术道具为代表的产业集群有专业生产道具企业 20 多家，年销售额近亿元，国内市场占有率达 69%。

二 形势分析

（一）宏观政策不断利好，为文化产业创造良好环境

2023年，中央和地方政府出台了一系列政策，促进文化产业高质量发展。文化和旅游部印发《文化和旅游部关于推动在线旅游市场高质量发展的意见》、国务院办公厅印发《关于释放旅游消费潜力推动旅游业高质量发展的若干措施》、财政部印发《服务业发展资金管理办法》，从多个方面促进文化产业繁荣发展。从省内来看，为了加快旅游强省建设，推动文化产业和旅游业快速发展，河北省人民政府办公厅印发《河北省加快建设旅游强省行动方案（2023—2027年）》《关于推动文化和旅游市场恢复振兴的若干措施》等，从优化旅游产品结构布局、促进文化和旅游消费、推进文化和旅游项目建设、强化全方位营销宣传推广、优化文旅领域营商环境等方面作出部署。在中央和河北省政策支持下，文旅产业发展政策环境不断趋好，为文化产业发展壮大创造了良好条件。

（二）扩大内需战略持续发力，为文化消费打造新热点

为了有效激活消费潜力，中共中央、国务院印发《扩大内需战略规划纲要（2022—2035年）》、国家发展改革委发布《"十四五"扩大内需战略实施方案》等，给文化消费带来了新契机。一是有利于打造文化消费新热点。在国家政策引导下，数字创新、网络视听、数字出版、数字娱乐、线上演播等产业发展迅速，推动了互动视频、沉浸式视频、虚拟现实视频、云游戏等高新视频和云转播应用，为文化企业加快技术迭代和产品创新提供了更多商机。二是有利于推动非遗文化"活起来"。扩大内需激活了"沉默资源"，为文化文物单位开发文化创意产品、扩大优质文化产品和服务供给创造了条件，为民众文化消费创造了新供给。三是有助于提升公共文化服务供给水平。文化消费市场的扩大，进一步提高了民众对公共文化服务的需求，包括博物

馆、图书馆、文化站等基础设施建设，以及智能化公共服务供给，不断丰富公共文化服务的内容和方式，更好满足人民群众对高品质生活的需要。

（三）国家战略深入推进，为文化产业协同发展创造新机遇

推动京津冀协同发展、规划建设雄安新区、举办2022年北京冬奥会等重大战略和工程的实施，为推动河北省文化产业在更广领域、更深层次整合资源要素，提升综合竞争力提供了重大机遇。一是为京冀文化企业交流合作提供平台。北京市以文化创意为主，聚集大量科技类、创意创新类头部企业，能够更好地与河北省文化制造业形成链式互动，吸引北京市创新资源向河北省流动，为河北省文化产业赋能。二是有助于激活京津冀文旅消费市场。河北省以打造京津游客周末休闲首选目的地，有效激发河北省各地区和文旅企业加强文旅产品开发及做好相关活动策划，倒逼企业提高文旅产品供给质量，提升文旅产品知名度和影响力。例如，可依托世界文化遗产等优势资源，推进长城、大运河、避暑山庄与清东陵、清西陵打造世界级旅游景区和度假区，为京津冀游客提供人性化、精准化服务，让"这么近，那么美，周末到河北"成为新时尚。三是有助于推动文体旅深度融合。充分利用后冬奥经济品牌效应，加快京张体育文化旅游带建设，把崇礼打造成世界冰雪爱好者首选地和国际旅游目的地，推动冰雪产业及冬奥文创产业加快发展。

（四）数字技术的广泛应用，为文化产业转型升级开辟新赛道

中共中央、国务院印发的《数字中国建设整体布局规划》提出，到2035年，数字化发展水平进入世界前列，数字中国建设取得重大成就。数字技术在文化领域的广泛应用，将有利于催生一批数字文化产业业态和模式，推动文化产业转型升级。一是有利于催生数字文化新业态、新模式。大数据、互联网的广泛应用，推动了视频、网络文学、直播经济的快速崛起，形成了新型文化企业、文化业态、文化消费模式，为民众生活提供了多样化、便捷化的"指尖"服务，极大提升了数字文化服务效率。同时，大众

对数字文化娱乐的需求会引导各类平台和广大网民创作生产积极健康、向上向善的网络文化产品，推动相关产业的快速发展，进而形成一种良性循环。二是有利于非遗资源的活化和市场化。充分利用丰富的历史文化资源，借助数字技术进行保护、传承和展示，将河北省优秀历史文化资源转化为数字资产，实现文化的永久保存和传承，通过互联网传播河北声音、展示河北形象。三是有利于提升数字文化服务能力。数字技术的广泛应用，为文化园区、企业的升级拓能提供了新空间，在数字创意产业园、数字艺术中心等向大众提供集创作、展示、交流、体验于一体的数字文化服务。数字技术为传统文化企业改造工艺流程、开发数字化产品提供了技术支撑，能够更好地满足居民文化消费需求。

（五）"文化+"推动跨界融合，为文化产业拓展新空间

"文化+"战略的深入实施，为文化产业与其他产业的跨界融合提供了广阔的空间和无限的可能性。一是对内融合，通过有效整合行业资源做大做强以文化、科技、信息、创意、资本、市场、人才、品牌等为代表的产业要素，通过"文化+旅游""文化+科技""文化+创意"等方式逐步壮大文化产业发展体量。二是对外跨界，通过行业间的功能互补和链条延伸形成一批新业态，有利于推动文化元素和创意设计向三次产业渗透，充分发挥河北省农业大省、制造业大省优势，加速崛起一批工业设计、农业设计等跨界业态，形成行业之间共生相辅、互促共融的新格局。三是空间重塑，通过"文化+"向更广领域延伸渗透，文化产业发展不再限定偏狭的空间，而是展开多领域、跨平台的融合创新，不断拓宽发展空间。

三 问题不足

（一）文化产业总体规模较小，相对优势不足

从数量与规模上看，河北省规模以上文化企业总量不大，2023年前三季

度全省规模以上文化企业共1323家，同期全国共7.2万家规模以上文化企业，河北省仅占1.84%。从营收能力上看，2023年前三季度全国规模以上文化企业实现营业收入91619亿元，东部地区实现营业收入71959亿元，河北省规模以上文化企业实现营业收入585.6亿元，占东部地区的比重为0.81%，占全国的比重仅为0.64%。以北京市和广东省为例，北京市统计局数据显示，2023年前三季度规模以上文化企业实现营业收入14337.1亿元，占东部地区的比重为19.92%，占全国的比重为15.65%；广东省2023年前三季度规模以上文化企业实现营业收入16349.9亿元，占东部地区的比重为22.72%，占全国的比重为17.85%。可见，河北省文化产业总体规模较小，相对优势不足。

（二）产业结构相对传统，新兴业态发展滞后

河北省文化产业以传统文化业态为主，新兴业态如数字文化、创意文化、动漫游戏等发展相对较慢。2023年前三季度，河北省文化产业新兴业态企业实现营业收入41.3亿元，较上年同期增长4.4%，占全省规模以上文化企业同期总营业收入的7.1%。根据国家统计局发布的数据，全国文化产业新兴业态企业实现营业收入36870亿元，较上年同期增长15.2%，占全国规模以上文化企业同期总营业收入的40.2%；河北省文化产业新兴业态企业实现营业收入仅占全国文化产业新兴业态企业实现营业收入的0.11%。无论是营业收入还是其所占比例，河北省与全国文化产业新兴业态企业的发展水平相比都有较大差距。尽管河北省拥有丰富的文化资源，但文化资源未得到充分的挖掘和利用，一定程度上制约了文化产业的发展。

（三）产业集群化程度低，示范带动效应弱

文化产业在河北省空间布局上较为分散，产业集群化程度低，不利于形成产业间、区域间的互动和协同。一是区域间联动不足，京津冀地区文旅产业缺少深层次合作互动。北京市、天津市与河北省在产业对接过程中浅层次合作居多，深层次产业合作甚少，合作方式单一，影响区域产业竞争力提

升，文旅资源质量与服务的巨大落差会进一步加速区域发展不平衡。二是区域内文化产业差距较大，规模效应不突出。河北省规模以上文化企业主要集中在石家庄、唐山、保定、邯郸、沧州、廊坊等地，其他地市规模以上文化企业较少，整体发展水平不高。各地区文化产业尚未形成良性竞合机制，企业间分工合作生产模式不够完善，产业发展"散、小、弱"，抑制整体竞争力提升。三是产业关联性弱，产业协同效应不明显。借势北京市，形成"北京研发+河北生产"这一全链条产业合作模式的发展深度目前尚显不足。例如，乐器产业已经形成集群，但国际市场乐器销售和出口货运代理环节企业主要分布在北京市，河北省仅承担生产职能，尚未形成从生产到销售的一体化格局，对乐器产业开拓国际市场形成制约。

（四）文化市场供需对接不精准，发展动力不足

河北省作为文化资源大省，拥有丰富的文化资源，但在产品开发和市场对接方面仍存有不足。一是传统文化产业转型升级缓慢。从文化产品供给看，河北省在大型文化和旅游项目方面发展慢，科技类文化产业布局零散，文创独角兽企业几乎空白，尤其是文化制造业、服务业产品同质化严重，产品附加值低，与当前高端化、多样化文化市场需求不匹配。二是文化平台经济发展存在短板。尽管文化消费网络化、平台化快速发展，成为民众消费主流，但河北省文娱类平台少，平台经济发展滞后，在一定程度上制约了文化产业发展。三是城乡文化产业发展不均衡。河北省文化产业主要分布在城市，文娱活动相对丰富，乡村文旅产业发展相对不足，城乡居民文化消费存在结构性失衡，制约了文化资源的整体性开发。

（五）政策体系不完善，发展环境亟待优化

河北省在文化产业方面已出台一系列政策措施，如《关于加快文化事业和文化产业发展的若干政策》《河北省文化产业振兴规划（2010—2015年）》等，但在实际执行过程中仍然存在一些问题。一是政策支持力度不够。文件内容相对宽泛，针对性有待加强，缺乏有效政策引导和资金支持，如在财政

投入、金融支持、税收优惠等方面，对文化产业扶持力度还不够。二是文化产业基础设施不完善。河北省文化产业基础设施相对落后，文化场馆、创意产业园区等建设不足，尽管各地都有中央和省级公共文化服务体系专项资金支持，但与全国先进水平相比，河北省的文化事业投入仍然偏少，人均文化事业费和人均拥有公共图书馆藏书等指标与全国平均水平存在一定差距。三是文化产业营商环境有待优化。河北省进行多次改革，已形成简政放权、放管结合的局面，但在政务服务效率、流程透明度和便利性上仍有提升空间，需进一步解决各地执法一致性和公平性、市场准入和退出流程等问题。

（六）文化人才支撑不足，创新创业活力受限

一是创新类人才短缺。整体来看，河北省高端人才和专业化人才相对短缺。例如，受京津两个超大城市高收入吸引，河北省高端文创、动漫等领域的人才流失严重，无形中对科技类、文创类产业形成掣肘。二是文体旅产业融合发展专业人才不足。随着文体旅产业的深度融合，对人才专业素养要求不断提升，河北省的科学健身指导员有 14 万人，但文旅部门与体育部门之间未建立联动机制，既懂文旅又懂体育建设的专业人才较为稀缺，相关专业队伍建设仍显不足。三是文化产业人才培养机制不健全。人才培养模式与市场需求脱节，课程设置和教学内容不能及时反映文化产业发展新趋势等。

四　对策建议

（一）发挥行业龙头企业示范引领作用，加快培育一批上下游配套企业

一是以园区为载体，加快培育壮大文化主导产业。充分发挥全省文化产业园区和基地的示范带动效应，围绕产业链、供应链和创新链开展重点项目合作，着力建链、强链、补链、延链，实现产业精准定位，因地制宜、细分领域、错位发展、找准特色，实现功能互补，提升园区可持续发展能力。二

是大力培育行业龙头企业。发挥龙头企业引领作用，吸引上下游企业在园区内聚集，形成集聚效应。各园区要主动发掘或者培育具有发展潜力的企业，加大资金与技术支持力度，给予优惠政策，鼓励与高校搭建共创平台，合作研发，促进企业发展壮大。三是加快与京津形成产业互动。借助京津文化资源，加强区域间文化产业的合作与交流，积极举办文创产业展览和活动，提升河北省文化产业的知名度和影响力，拓宽上下游配套企业的市场渠道，推动产业链上下游企业协同发展。

（二）抢抓国家战略机遇，为吸引文创头部企业落户河北夯实基础

一是政策吸引。制定一系列扶持政策，包括税收优惠政策、土地使用政策、财政补贴政策等，吸引先进地区文创头部企业入驻河北省，加快补齐文创领域短板。二是平台搭建。鼓励中介机构发展，建立适合文化企业需求的综合性服务平台，为文创企业提供技术研发、人才培养、市场推广等全方位服务，增强企业的创新能力和竞争力。三是新业态引入。顺应数字产业化、产业数字化和文旅科技融合发展趋势，瞄准电子竞技，打造产业"新蓝海"，打造专业电竞产业园区。引入沉浸式文旅新业态，推出具有创新性和创意感的沉浸式场景，为吸引文创头部企业落户河北夯实基础。

（三）依托城市更新行动，加快发展文创楼宇经济

一是提升城市文化内涵。在城市更新中，注重挖掘和保护历史文化底蕴，将燕赵文化等各地特色文化融入城市建筑设计、公共空间打造等方面，提升城市文化魅力和吸引力，打造城市文化名片。二是发展文创园区和楼宇经济。鼓励和支持各地结合城市更新，利用老旧厂房、闲置仓库等场所，规划和发展文创产业园区、文创楼宇，为文创企业和创业者提供良好的发展空间，打造特色文创集群。三是建立长效机制。完善城市更新与文化产业发展之间的协同机制，积极组织举办各类文创展览、文化交流活动，提升城市知名度和美誉度，吸引更多游客和投资者，同时通过政策引导和市场机制激发市民的文化消费需求，培育稳定的文化消费市场。

（四）加强高端人才引培，提高创新创业活跃度

一是完善人才引进机制。围绕河北省文化产业发展特点，鼓励各地区根据自身要求出台人才引培政策，鼓励和支持文创企业和设计师创新创业，建立文创设计中心、工作室等，积极打造人才集聚平台，引进高层次人才或创新型科研团队，促进人才创新成果转化。二是建立弹性化人才流动机制。鼓励园区（基地）与高等院校、研究机构和企业开展文化人才的跨区域交流，加速文化产业专业人才集聚。加大后备人才培养力度，鼓励省内高校增设文化科技类、文化融合类相关学科，培养一批本土人才。

（五）发挥文旅消费集聚区作用，做强文化消费量级

一是打造多元化的文旅消费场景。目前，河北省推出了包括周末游目的地、地方美食、文艺演出、网红打卡地、自驾游线路、精品博物馆、康养旅游体验地、旅游消费街区、精品民宿、特色小镇在内的十项"百大"文旅消费新场景，丰富游客的旅行选择，要充分发挥文化消费磁吸效应，加快释放居民文化消费潜力。二是举办各类节庆赛事活动激活消费。精准定位目标市场，策划有针对性的宣传营销活动，举办"中国坝上草原欢乐季""冬季游河北""福地过大年""春暖花开　香约河北"等系列品牌活动，将河北的文化和旅游活动打造成具有吸引力的消费集聚区。三是促进产业融合发展。通过文旅与体育、农业等其他行业的融合发展，形成更多新兴的消费业态和消费热点，打造网红爆款产品，营造浓厚的文化消费氛围。

（六）加强政策引导支持，优化发展环境

一是省级层面出台含金量高的文化产业发展政策措施，各地市在省级政策的基础上，出台相应的配套措施，形成上下联动、协同推进的文化产业发展格局。例如，河北省文化和旅游厅会同省发展改革委、财政厅等八部门制定了《关于金融支持河北省文化产业和旅游产业高质量发展的若干措施》，积极发挥金融赋能作用，推动文化产业和旅游产业高质量发展。二是发挥好

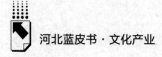
文化繁荣发展专项资金引导作用。突出产业导向性,支持那些创新性强、科技含量高的文化科技类、文化融合类项目,带动更多社会资本进入文化产业领域,进而推动产业发展迈向更高水平。三是营造良好发展环境。持续优化法治环境、市场环境和社会文化环境,吸引更多的文化企业和创意人才来河北省发展,加强文化产业的宏观管理和政策引导,为文化企业发展营造良好氛围。

宏 观 视 野

B.2
河北省实施国家文化数字化战略的路径
与政策创新研究

严文杰*

摘　要：　实施国家文化数字化战略，是河北省推动传统文化产业"二次腾飞"和文化新业态新模式不断涌现的关键路径，也是河北省实现文化产业发展"弯道超车"、建设文化强省的重要抓手。本报告分析了河北省实施国家文化数字化战略的优劣势、机遇和挑战，构建了推进文化产业新基础设施以及"数据库+平台+场景"建设、打造文化数据全产业链、培育文化产业新业态新模式、推动文化机构和公共文化服务数字化、打造全国知名文化新地标、加强文化产业数字化治理等河北省实施国家文化数字化战略的六大路径，并提出了河北省实施国家文化数字化战略的科技政策、人才政策、资金政策、动力机制方面的建议。

---

* 严文杰，河北省社会科学院经济研究所副研究员、经济学博士，研究方向为区域经济、产业经济。

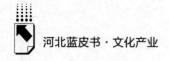
关键词： 文化数字化　文化产业　路径探索　政策创新　河北省

数字化时代，文化数字化转型是一个无法回避的重大课题。国内外文化产业发展理论和实践表明，无论是传统文化产业的"二次腾飞"，还是文化产业新业态新模式的大量涌现，都需要数字化赋能。近年来，我国一些地区由于直播带货、演唱会等文化新业态的兴起，形成了一批文化地标并成为全国网红打卡地，带动了当地旅游、住宿、餐饮、交通等行业的快速发展。加快推动文化数字化转型成为一个重大的时代问题，而解决这一问题显得尤为紧迫。地区间文化产业的强弱可能因为数字化赋能发生颠覆性变化，哪个地区的文化数字化转型得早、转型得好，哪个地区就可能走在文化产业发展的前列。河北省文化资源丰富，是文化产业大省，能否在数字化转型的十字路口抓住机遇，加快推动文化数字化转型，决定着河北省能否成为文化强省，能否在文化产业发展上迈入全国第一梯队。因此，本报告对河北省实施国家文化数字化战略的研究具有十分重要的理论价值和现实意义。

一　河北省实施文化数字化转型的 SWOT 分析

（一）河北省实施文化数字化转型的优势（Strengths）

河北省实施文化数字化转型的优势主要体现在以下两个方面。一是河北省信息基础设施建设居全国前列。近年来，河北省持续推动信息基础设施建设，并取得了实质性成效，据 2021~2023 年的江西省数字经济发展白皮书，近几年河北省信息基础设施指数始终保持在全国平均水平之上，排名处于全国前六，是全国信息基础设施建设最快的几个省份之一。信息基础设施是文化数字化转型的基础，河北省良好的信息基础设施是其实施文化数字化转型的一大优势。二是河北省文化资源丰富，文化产业规模位居全国中上游。河北省文化资源丰富，拥有不同的地形地貌、多样的民族风土人情，拥有西柏坡、白洋淀、承德避暑山庄等一批全面知名的旅游景点，拥有君乐宝牧场、金凤工业园等工业旅游研学基地，拥有一批休闲农业与乡村旅游打卡地。同时，河北省文化产业发展平稳，多年来文化产业营业收入稳居全国中上游，例如，近年来石家庄"Rock Home Town"音乐节演出活动、直播带货等文化产业新业态新模式不断涌现，未来文化产业增长潜力空间较大。

（二）河北省实施文化数字化转型的劣势（Weaknesses）

河北省实施文化数字化转型的劣势主要体现在以下三个方面。一是缺乏文化数字化转型专业人才。文化数字化转型需要懂技术、懂管理的专业人才，当前河北省高等学校缺乏数字经济、数字化管理等相关专业人才培养，特别是职业技术学院对相关专业的人才培养还没有或者正在提上日程，造成数字化转型相关专业人才供给与市场爆发式需求存在较大缺口。二是缺乏高质量的文化数字化转型服务商。文化产业的数字化转型与其他行业存在差异，文化企业在推进数字化转型过程中普遍反映其缺乏专业中介机构的支持，对数字化转型比较迷茫。因此，河北省需要引育一批高质量的文化数字化转型中介机构，为文化企业数字化转型提供支撑。三是企业缺乏资金支持。文化企业数字化转型提升了企业经营成本，特别是疫情及疫后经济恢复期间，企业现金流比较紧张，银行对企业数字化转型的信贷支持有限，造成一些企业的文化数字化转型搁浅。未来，持续支持企业实施文化数字化转型需要当地政府的政策扶持。

（三）河北省实施文化数字化转型的机遇（Opportunities）

河北省实施文化数字化转型的机遇主要体现在以下三个方面。一是文化数字化转型迎来国家的大力支持。2022年，中共中央办公厅、国务院办公厅印发了《关于推进实施国家文化数字化战略的意见》。文旅部、国家发改委等部委也出台了相关政策支持实施文化数字化战略。毋庸置疑，文化数字化转型是大势所趋，河北省要充分利用国家数字化转型相关政策，扎扎实实推进实施国家文化数字化战略。二是京津冀文化产业协同发展向纵深推进。

文化产业是京津冀产业协同的重点产业，京津冀三地在文化产业上各有优势，需取长补短，在协同发展中共同推进文化数字化转型。河北省在实施国家文化数字化战略中，能更好地得到京津的技术支持、人才支持、资金支持、数据支持等。三是雄安新区高端文化产业的发展有利于引导全省文化数字化转型。雄安新区在承接北京非首都功能疏解和建设过程中，把文化产业作为重点产业培育和发展，文化产业在发展之初就自带"数字化"属性。雄安新区高端文化产业的发展将促进全省文化数字化战略的实施。另外，雄安新区传统文化资源比较丰富，推进传统文化数字化转型是雄安新区发展文化产业的一个重要课题，雄安新区传统文化数字化转型必将给全省带来新模式和新经验。

（四）河北省实施文化数字化转型的挑战（Threats）

河北省实施文化数字化转型的挑战主要体现在以下三个方面。一是河北省实施国家文化数字化转型面临和全国其他省市的激烈竞争。当前，全国各省市都在有序实施国家文化数字化战略，在项目争夺、技术创新、平台申请、人才引进、场景创新、政策支持等方面，河北省必然面临和全国其他省市的激烈竞争。同时，河北省在元宇宙文旅产业、直播带货、线上线下演唱会、沉浸式文化体验等文化产业新业态新模式上的竞争力不强。另外，当前全国各地均在文化地标建设上下功夫，这对河北省也是一大考验。二是河北省数字文化产业竞争力不强。河北省的领军型、成长型、初创型数字文化企业数量偏少，也缺乏数字文创标杆园区，这些都不利于其培育数字文化产业集群。三是河北省一些文化企业在数字化转型上存在"不想转""不敢转""不会转"等问题。"不想转"是指少数文化企业对数字化转型前景感到悲观，认为数字化转型需要投入大量资金而短期内没有营收，这在一定程度上会提高企业的经营成本。这部分企业需要政府加强对数字化转型的宣传，改变企业认知，增强企业数字化转型意识。"不敢转"是指一些企业支持数字化转型但没有资金支持，只能维持现状。这部分企业需要政府出台相关资金政策予以支持，以缓解企业数字化转型带来的资金问题，引导金融机构加强对企业数字化转型的支持。"不会转"是指一些企业在数字化转型中投入了不少资金，但是不知道如何转，导致数字化转型成效甚微。相比"不想转"和"不敢转"，"不会转"是文化企业在数字化转型过程中存在的主要问题。这个问题需要政府搭建数字化转型平台，引育一批高质量的文化数字化转型专业机构，为企业的数字化转型提供方案支持。

二 河北省实施国家文化数字化战略的路径探讨

（一）推进文化产业新型基础设施以及"数据库+平台+场景"建设

目前，河北省的信息基础设施建设已走在全国前列，但文化领域的新型基础设施建设相对缓慢，应加强数字文化智算中心建设，构建一体化智能计算生态体系，集约提供算力算法服务。同时，需要从数据库、平台和场景三个方面加强建设。首先，打造河北省文化数据库。目前，河北省各文化机构已建或在建各领域数据库，但存在多头重复的情况。全省文化资源数据缺乏整合，应通过文旅局牵头全面梳理各文化机构已建或在建数字化工程和数据库，绘制河北省文化数据资源图谱。除此之外，还应打造一批特色文化数据库，根据文旅市场需求形成文化数据产品和应用。其次，通过政府引导，由市场主导搭建高质量文化数据服务平台。只有让文化数据及其产品流通、交易起来，文化数据才能发挥价值。因此，整合、统筹数据并建立数据库只是第一步，还需要搭建文化数据服务平台。笔者建议，在雄安新区或者石家庄搭建全省文化数据服务平台，开展文化数据及其产品的确权、评估、匹配、交易、分发等专业性服务，推动全省文化数据高效流通和治理。文化数据服务平台的筹建和运转，短期内需要发挥政府的引导作用，长期更需要发挥市场的主导作用，真正使全省文化数据服务平台运转起来，最大限度地推动文化数据"活"起来，实现文化数据及其产品的价值。最后，拓展数字化文化线上线下消费场景。数字化文化产品深受消费者喜爱，市场前景广阔，未来需进一步拓展数字化文化消费场景，满足消费者的沉浸式体验需求。目前,河北省不仅缺乏数字化文化消费场景,而且创新性也不够。笔者认为,全省设区市、雄安新区都要打造几个有影响力的数字化文化消费地标,数字化文化消费地标的打造不应局限于旅游景区,商场、社区、学校、图书馆、博物馆、科技馆、美术馆、机场、车站等人流量大的地方都可以成为地标打造的对象。同时,要避免同质化,要创新文化消费场景,结合当地人文风情打造有特色、有现代科技感的数字化文化消费地标。

(二)打造文化数据采集、加工、交易、分发、呈现等全产业链

数字文化是新兴产业,河北省若要实现文化产业发展的"弯道超车",必须在数字文化产业上持续发力,把打造数字文化全产业链作为发展文化产业的"一号工程"。首先,打造文化数据全产业链生态。针对文化数据采集、加工、交易、分发、呈现等产业链各环节,引进和培育一批新型文化企业,打造数字文化产业集群。目前,河北省新型文化企业主要集中在分发、呈现等文化数据产业链下游,采集、加工、交易等上中游的文化企业相对薄弱,这导致河北省文化数据产业配套能力较弱,中小企业无法与龙头企业分工协作,从而影响数字文化产业龙头企业在河北省落地。因此,应推进文化数据延链补链强链,加强培育文化数据产业链上中游新型文化企业,引进龙头企业、链主企业,全面优化文化数据全产业链生态。其次,加强与京津数字文化产业的协同发展。北京文化产业发达,天津是北方文化产业发展高地,河北省文化产业发展迅猛,京津冀文化资源丰富,文化产业发展各有千秋,文化产业协同发展能实现互补。在数字文化产业上,京津冀协作空间较大,北京市应发挥信息技术支撑优势、文化产品和服务制作优势以及数字文化交易中心的作用,天津市和河北省则重点培育文化数据采集、加工和分发等领域,三地联手打造数字文化产业集群。最后,打造雄安新区数字文化产业集群。雄安新区是数字之城,数字文化产业是雄安新区重点培育的一个高端高新产业,重点应聚焦在交易和呈现环节,一方面应打造全国文化数据交易中心,推动文化数据的流动和交易,另一方面应培育一批高质量的数字文

化产品和服务，打响数字文化品牌。雄安新区要加强与北京市数字文化产业的联动，积极承接北京市新型数字文化企业，同时与河北省其他地区在文化数据采集、加工等环节加强联动，培育壮大数字文化产业。

（三）培育线上线下演唱会、直播带货等文化产业新业态新模式

紧抓文化产业新业态新模式，培育文化消费新增长点，探索线下演出、线上演播"双演融合"新业态。新冠疫情后，大众的情绪需要地方释放，直接导致演唱会、音乐节、话剧、舞蹈演出等文艺活动需求呈现爆发式增长，一些演唱会、音乐节等文艺活动常常座无虚席，无论是线上还是线下，文艺消费成为我国消费领域的亮点。根据马斯洛需求层次理论，人类需求像阶梯一样不断攀升，待满足基本的生理需求和安全需求以后，人类的需求开始像精神需求过渡。经过改革开放 40 多年的快速发展，我国已成为全球第二大经济体，城乡居民收入节节攀升，物质生活水平显著提升，对精神文化的需求与日俱增。第一，发展"双演融合"新业态。河北省需要在文艺演出产业上加强顶层设计、合理布局，探索线下演出、线上演播"双演融合"，以石家庄"Rock Home Town"音乐节演出为突破口进一步打开文艺演出市场，大力吸引省内外游客参与，把"这么近，那么美，周末到河北"的理念延伸至文艺演出市场。第二，大力发展直播带货产业。直播带货不仅提升了当地影响力，而且增加了订单，解决了一部分当地就业问题。以2023 年 11 月东方甄选河北行直播为例，据东方甄选直播数据，东方甄选直播 6 天、4 座城市、25 个文旅景点，产生销售额近亿元，直播观看人数突破1.5 亿人次，抖音"东方甄选河北行"话题播放量突破 1.4 亿次，相关话题8 次登上微博热搜，全网曝光量超过 7 亿次，凸显了直播带货的火爆程度。东方甄选河北行直播让全国老百姓更好地了解了河北省深厚的历史文化和风土人情，向全国消费者宣传了河北省的农副产品、旅游商品等"河北好物"，让大家记住了正定历史文化名城。笔者认为，河北省发展直播带货产业，一是需要加强与东方甄选的合作，进一步推销河北省的文旅资源和农产品，让更多的消费者了解河北省；二是在抖音、淘宝等平台开辟一个直播带

货赛道，整合河北省现有直播带货资源，集聚一批像正定古城讲解员李明一样的直播人才，更专业地推销河北省的文旅资源和农产品等；三是向更多的农民宣传直播带货新业态，鼓励农民直销，把利润真正留给农民，让农民发家致富；四是加强直播带货监管，维护消费者权益，对抹黑河北省历史文化和一些歪曲事实的直播坚决予以打击，打造直播带货网络净土。第三，开辟直播文旅新赛道。直播文旅是文化产业的新力量，市场前景广阔。目前，全国缺乏成熟的直播文旅龙头企业，河北省应尽早谋划、尽快布局。建议河北省统筹文旅和直播产业资源，成立一家以直播文旅为核心业务的公司，一方面，面向全国推销河北省历史文化资源和著名景点，吸引更多的人到河北省旅游；另一方面，国内消费者对共建"一带一路"国家历史文化和风土人情十分感兴趣，共建"一带一路"国家文旅市场前景广阔。若能把共建"一带一路"国家文旅直播产业培育壮大，不仅能提升河北省文旅产业质量，而且平台效应将带动河北省与共建"一带一路"国家在产业、教育等若干领域开展合作。因此，应以我国和共建"一带一路"国家新一轮合作为契机，培育直播文旅龙头企业，大力发展共建"一带一路"国家的直播文旅产业。

（四）以"三馆"为切入口提高文化机构和公共文化服务数字化水平

如今，图书馆、博物馆、科技馆"三馆"已成为一个地区特别是省会城市的标配，每年寒暑假及节假日都会迎来"三馆"游客爆满。游客要了解当地的历史文化、风土人情以及科技产品，最简单的方式是参观游览当地的图书馆、博物馆、科技馆。笔者认为，河北省实施国家文化数字化战略，首先应以"三馆"为切入口，提高文化机构数字化水平。当前，河北省"三馆"特别是博物馆和科技馆数字化转型滞后，一方面，"三馆"信息化技术运用落后，主要表现在信息技术延迟、画面感视觉效果不够震撼、数字化呈现方式单一；另一方面，"三馆"的数字化产品和服务创新性不够，打动人心的产品和服务较少，在展现京津冀协同发展国家战略以及"经济强省，美丽河北"的数字化产品等方面缺乏创新性。另外，笔者与一些省外游客的交流访谈内容显示，游客再次参观游览"三馆"的意愿不高，这说明"三馆"的"回头客"特别是省外"回头客"不多，吸引游客"再来一次"考验着"三馆"的办馆水平。未来，河北省"三馆"要运用最先进的新一代信息技术加快数字化转型升级，创新数字产品内容，提升数字化服务水平，展现河北省特色历史文化资源，培育发展新动能，实现"这么近，那么美，再次到河北"。其次，提高公共文化服务数字化水平。在数字化时代，在推动文化场馆数字化管理和服务升级的基础上，还需要满足人民群众日益增长的公共文化数字内容需求，建议创新融入 VR 等新科技，实现文化互动产品沉浸式体验，提升可及性、可达性、便利度，进一步实现数字化成果人民共享。

（五）打造一批"妙不可言、心向往之"的全国知名文化新地标

近年来，全国各地涌现出一些文化新地标，如由中央总馆文瀚阁、西安分馆文济阁、杭州分馆文润阁、广州分馆文沁阁组成的"一总三分"中国国家版本馆，上海图书馆东馆，河南洛阳隋唐大运河文化博物馆，成都天府艺术公园，等等。还有一些城市涌现出数字消费新地标，例如，福州的福元宇宙 2.0，游客可以体验丰富的数字内容场景、完整的数字消费；北京传统商圈借助数字技术不断培育新场景、获得新体验，打造文化消费新地标；等等。近年来，河北省也涌现出一些文化地标，如石家庄市的正太饭店、雄安新区的雄安郊野公园和雄安印象展览馆等。笔者认为，河北省应从三个层次打造文化新地标。第一，打造一座更具现代化的博物馆分馆。在对河北省"三馆"进行数字化改造升级的基础上，应在石家庄市新建一个博物馆分馆，借鉴北京市、江西省、成都市博物馆的建设经验，分板块、分领域运用最先进的数字技术展现河北省的历史文化特别是改革开放以来的历史成就，以及京津冀协同发展成果。第二，打造数字消费新地标。建议在省会城市石家庄打造一座数字消费体验馆，游客可以在这里通过 AR 数字内容感受城市文化、参与 AR 游戏丰富消费体验等。第三，推动老商圈升级。依托老商圈打造有文化加持的特色消费空间，如沉浸式美食文化体验、潮玩文创市集、

艺术展览、太空舱主题咖啡店等。同时，不少游客特别是外省游客反映在石家庄"吃早饭难"的问题。对此，应下大力气解决石家庄的早餐问题，提升游客的美食文化体验，否则会影响整座城市的文化品位，也不利于刺激外地游客消费。

（六）以市场准入和知识产权为突破口加强文化产业数字化治理

文化产业数字化治理需要从多个方面加强。首先，加强数字政府建设。文化产业数字化治理的主体是政府，只有建设好数字政府，才能更好地提高文化产业数字化治理效能。因为文化产业数字化治理需要文化数字基础设施、文化数据库等一系列软硬条件，如果仍然使用过去传统治理方式，将无法适应新时期文化产业的发展规律和特点。因此，需要从数字政府建设主体、载体、客体等方面全面推进数字化转型。其次，构建与文化数字化建设相适应的市场准入体系。数字文化产品具有可复制、传播快等特点，要确保文化市场健康持续发展，应制定与文化数字化建设相适应的市场准入负面清单，对数据共享、关联、重构等主体实行准入管理。最后，加强数字文化资源知识产权保护。数字文化资源知识产权是文化企业发展的核心竞争力，要加强企业数字文化资源知识产权保护，坚决打击侵犯企业数字文化资源知识产权的违法行为。

三 河北省实施国家文化数字化战略的政策措施

（一）提升科技支撑能力

提升河北省实施国家文化数字化战略的科技支撑能力。一是在省级层面布局一批文化数字化领域技术创新中心、实验室等各类创新载体，同时利用好当前国家有利政策，在文化数字化领域申报国家级技术创新中心、重点实验室等国家科技创新基地，发挥创新平台对文化数字化转型的支撑作用；二是加强对文化数字化领域共性关键技术的研发支持，将其纳入科技计划项目重点支持范围；三是文化数字化装备是文化数字化转型升级的基础，应携手京津在河北省打造一批拥有文化数字化装备的规模化生产和应用基地。

（二）提升人才保障能力

提升河北省实施国家文化数字化战略的人才保障能力。一是支持高等院校开设数字经济专业，培养数字经济专业人才，满足市场对数字化人才的需要；二是将文化数字化纳入职业教育体系，加大对职业院校的文化数字化经营、管理、运维等专业人才的培养力度，缩小当前文化数字化领域的人才缺口；三是在文化数字化领域下大力气引进一批既懂技术又懂管理的复合型高端人才，引导全省文化数字化转型；四是依托河北中心智库等智库平台加强文化数字化理论和实践研究，发挥好智库人才作用。

（三）加大资金支持力度

加大河北省实施国家文化数字化战略的资金支持力度。一是设立文化数字化战略投资引导基金，重点投向数字文化产业、文化数字化转型等新赛道，并发挥文化数字化战略投资引导基金作用，吸引社会资本，大力支持数字文化企业发展；二是鼓励银行业金融机构针对河北省实施国家文化数字化战略推出"专属信贷产品"服务，创新开发"专精特新贷""中长期项目贷""信用应急贷""专利创新贷"等特色信贷产品，加大对数字文化企业的信贷支持力度，大力支持文化数字化领域企业"上市"。

（四）构建内生动力机制

构建河北省实施国家文化数字化战略的内生动力机制。一是加强宣传引导，逐步解决文化企业在数字化转型过程中存在的"不想转""不敢转""不会转"难题，构建文化企业数字化转型的动力机制，促进文化企业加快数字化转型；二是加强协作分工，发挥龙头企业在文化产业链"链长"中的职能，在大中小企业融通发展中，通过龙头企业的数字化转型引导产业链中小企业数字化转型，从而实现文化产业链上中下游企业的数字化转型。

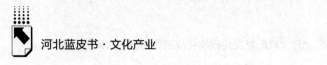

参考文献

田菊：《国家文化数字化战略经济学范式的体系构建》，《经济问题》2024 年第 1 期。

周杰、李俊男：《国家文化数字化战略视域下的公共数字文化治理能力提升路径研究》，《图书馆》2024 年第 1 期。

宋艺菲：《文化数字化背景下文化消费场景的重塑》，《青年记者》2023 年第 22 期。

《中共中央办公厅 国务院办公厅印发〈关于推进实施国家文化数字化战略的意见〉》，中国政府网，2022 年 5 月 22 日，https：//www. gov. cn/zhengce/2022 - 05/22/content_ 5691759. htm。

《一图读懂〈上海市贯彻落实国家文化数字化战略的实施方案〉》，上观网，2023 年 12 月 28 日，https：//www. jfdaily. com/news/detail？ id＝698513。

江西省数字经济研究课题组：《江西省数字经济发展报告（2022）》，江西人民出版社，2022。

B.3
金融助力河北省文化产业优化
升级的路径研究

苏玉腾*

摘　要： 随着我国经济结构的不断调整，文化产业越来越受到重视，并逐渐转变为一个新型的经济增长点，探索金融助力文化产业高质量发展的路径对于推动河北省经济文化发展具有重要意义。本报告通过分析国内外金融支持文化产业发展的先进经验，结合河北省文化产业的发展现状，探究了发展过程中的难点问题，进而提出了金融推动文化产业优化升级的路径。

关键词： 文化产业　金融　优化升级　河北省

文化产业不仅是国民经济产业体系的主要构成部分，也是国家文化体制的重要载体。推动文化产业发展，不仅可以促进国民经济的有效增长，也能有效促进其他领域的升级转型。如何推动文化产业高质量发展，亟待各方强化引导与扶持。金融是现代化产业体系的核心生产要素，大力推动文化和金融融合对于壮大文化市场主体、催生新型文化业态、提升文化消费水平、推动文化产业转型升级都具有重要促进作用。

一　文化产业优化升级的意义

（一）文化产业优化升级是推动经济高质量发展的重要引擎

在知识经济飞速发展的时代，文化产业通过知识、创新、创意三者的

---

* 苏玉腾，河北省社会科学院经济研究所实习研究员，研究方向为区域经济学。

结合，为经济发展注入新的活力。具体来说，文化产业的优化升级对经济高质量发展的推动作用体现在以下三个方面。（1）创新驱动。文化产业的优化升级离不开创意和创新，两者的结合可以推动科技进步和产业升级，进而促进经济发展。（2）促进就业。文化产业优化升级，一是可以推动直接就业，如推动文艺表演演员、文创产品设计师、生产工人等人员的就业；二是可以间接推动相关产业人员就业，如餐饮行业、旅游行业等工作人员；三是文化产业的创新性和创意性也给自媒体、网络文学等创业者提供了创业方向和发挥空间。（3）吸引投资。文化产业发展能够吸引更多国内外投资，既给投资者带来回报，也给国家文化产业的发展带来更多发展空间和机遇，从而带动经济发展。由此可见，文化产业优化升级能够有效地将技术、人才和资本等要素进行整合，从而实现经济结构的优化，促进区域经济高质量发展。

（二）文化产业优化升级是满足人民对美好生活新期待的重要途径

习近平总书记指出："满足人民日益增长的精神文化需求，必须抓好文化建设，增加社会的精神文化财富。"① 随着我国国民经济水平的提升，人民的物质生活需求得到了极大满足，与此同时越来越注重精神文化层面的需求。因此，加强文化建设，推动文化产业优化升级，是满足人民日益增长的精神文化需求、保障人民文化权益的基本途径，也是建设社会主义文化强国的重要途径。这就需要做到以高质量文化供给增强人民的文化获得感、幸福感，秉持文化发展为了人民、文化发展依靠人民、文化发展成果由人民共享的理念，不断完善公共文化服务体系、创新公共文化服务供给方式、优化城乡文化资源配置、提升人民精神文化认知水平、健全现代文化产业体系，发展高质量文化事业和文化产业，创作更多体现中国文化特点的精神文化产品，使人们对物质文化的需求得到持续满足，从而充实人们的精神生活，提高人民精神力量。

---

① 《人民日报新知新觉：牢牢把握兴文化大好机遇》，人民网，2019 年 3 月 22 日，http：//opinion.people.com.cn/n1/2019/0322/c1003-30988919.html。

（三）文化产业优化升级是坚定文化自信、实现文化自强的重要抓手

当前国家发展面临许多新的机遇和挑战，新时代是一个需要文化自信的时代，与历史上其他时期相比，我们更有能力和信心实现中华民族伟大复兴。文化自信是国家和民族发展的最基本、最深沉、最持久的动力，而文化产业繁荣发展是坚定文化自信、担负新的文化使命的具体体现。文化产业优化升级是文化繁荣兴盛的重要依托，也是提升国家文化软实力的重要路径，在提升文化生产力、增强国家竞争力和影响力、全面提升国际传播效能方面发挥着重要作用。坚定文化自信，才能形成推动实现中华民族伟大复兴的强大精神力量；促进文化产业繁荣发展，才能更好推进中华优秀传统文化的创造性转化和创新性发展。因此，要抓住机遇，立足中国式现代化这个当代中国的最伟大实践，推动文化产业优化升级，为实现中华民族伟大复兴提供坚实思想保证、强大精神力量、良好文化环境。

二 金融支持文化产业优化升级的经验借鉴

（一）美国：多层次的资本市场保障文化产业的融资需求

美国建立了比较完善的文化产业金融支撑体系，多层次的资本市场是其发展的重要保障。如债券是文化企业筹集长期资金的主要市场工具，证券交易的场内交易市场吸引了高层次的大型文化企业上市，场外交易市场则吸引了有能力但是未达到上市条件的中等规模潜力型文化企业，粉单市场为尚处于初始阶段的小微文化企业提供了上市机会，等等。美国多层次的资本市场优点表现在以下两个方面。一是增加资产流动性。商业银行在证券市场中交易文化企业的贷款形成资产，以此提高资产的流动性，降低贷款风险。二是风险投资发展程度较高。由于美国的资本交易市场具备完善的市场退出机制，文化企业高风险的特征使其只能寻找风险投资，而风险投资对文化企业

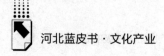

投资后，将获得企业的原始股权，在将文化企业推向资本市场后，可以获得利润并退出。

（二）日本：政府为文化产业提供资本支持

日本通过政府介入的方式支持文化产业的发展。日本政府在政策的制定上支持文化产业的发展，主要措施有：一是成立文化艺术振兴基金会，政府出资比例为基金总数的2/3，处于发展初期阶段的文化企业和文化项目可以通过该基金会获得资金支持；二是出台税收减免政策，引导其他类型的企业投资文化产业；三是在政府的指导下，成立小企业信用担保公司以及知识产权管理公司等机构，实现收益共享、风险共担，对文化产业的发展起到推动作用。

（三）韩国：投资主体多样化

一是金融机构对文化产业的资金扶持力度不断加大。韩国中央银行会根据各个商业银行对中小型文化企业贷款的力度给予其利率优惠，因此韩国的商业银行会对文化产业企业给予较大支持。同时，韩国银行推出的共同成长合作贷款，不仅可以为发展成熟的大型文化企业做抵押担保，还可以为中小型文化企业和文化项目提供低利息贷款。二是社会资本通过多渠道支持韩国文化产业。韩国的大型财团通过设立文化发展基金和建立行业发展合作联盟，为文化企业发展提供资金支持，助力文化产业发展。

要实现文化产业的高质量发展与优化升级，必须有健全的金融体系作为支撑，通过分析美国、日本、韩国三国金融支持文化产业发展的先进经验，可以看出政府的政策措施是保证文化产业和金融相互融合的基础，在金融支持体系中处于主导地位；信用担保体系可以帮助文化企业得到融资，是分散化解金融投资风险的重要保证；多层次的资本市场、多元化的投资主体是推动文化产业获得发展所需资金的重要途径。

三 金融助力河北省文化产业优化升级的现状分析

（一）文化产业信贷规模显著扩大

受新冠疫情影响，文化产业企业受到"重创"，河北省银行系统持续加大对文化和旅游行业的扶持力度，行业贷款规模大幅度扩大。统计数据显示，截至 2023 年 7 月，批发零售、住宿餐饮和文体娱乐业贷款余额同比增长 18.2%，较上年末提高 4.1 个百分点。不仅如此，河北省出台一揽子政策推动金融机构加大信贷投放力度。一是持续加大信贷投放力度，引导银行灵活运用货币政策工具，增加对文旅企业的信贷投放，推动文旅产业贷款保持稳定较快增长。二是推动金融系统降费让利，引导银行适度降低新增贷款利率，向受疫情影响而陷入困境的文旅企业提供优惠政策。三是制定金融支持重点文旅企业和项目推荐名单，引导金融机构加大对其的支持力度；四是推出文旅专项信贷产品，鼓励银行等金融机构开发、推广新的针对文旅企业的信贷产品和融资业务，提高文旅企业融资的便利性。

（二）金融服务文化产业措施持续完善

为全力支持文旅产业高质量发展，河北省相关部门出台多项措施推动银行等金融机构推出多样化金融服务。2023 年以来，河北省金融机构陆续发布了助力文化产业发展的各项政策。一是找寻文化企业等金融需求端的服务要点，用足用好用活金融政策和资源，不断优化产业结构，如中国银保监会办公厅印发的《关于 2023 年加力提升小微企业金融服务质量的通知》中，特别强调银行保险机构要聚焦住宿、餐饮、零售、文化、旅游等领域小微市场主体，满足其合理金融需求，促进经济复苏。二是多层面、常态化组织开展政银企对接活动，不断提升金融服务实体经济质效。如河北省地方金融监督管理局、河北省文化和旅游厅联合举办的 2023 年金融支持文化旅游产业发展政银企对接示范活动，不仅有银行专家讲解支持文旅产业的融资政策和

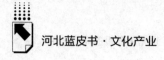

信贷产品，也有文化旅游相关公司负责人对本企业的基本情况和融资需求进行介绍，提高了金融机构对文旅企业贷款融资的效率，提升了金融机构对文化产业服务的质量，更好地助力了河北省文化旅游产业高质量发展。

（三）金融支持文化产业发展机制不断强化

河北省部分金融机构为支持文化旅游相关产业转型升级，已成立专营机构与部门，组建专业队伍，集中力量围绕文化表演、影视制作、文化会展、新闻出版、文化旅游和动漫动画等多个重点领域，制定了一系列服务方案，为河北省文化旅游产业转型升级提供了更好的金融服务。此外，相关政府机构和金融监管机构已经成立工作专班，建立联席会议制度，组建专家智库团队，开展相关文化产业课题研究。如河北省由多个相关部门共同建立了金融服务文化和旅游产业高质量发展机制，该机制旨在以"五带"建设为切入点，为支持文化旅游发展提供强大支撑。

四　金融助力河北省文化产业优化升级的难点问题

（一）文化企业难以达到授信标准

一是文化产业企业具有轻资产、重创意等内生属性，而传统金融在对企业进行授信时，需要企业有足够的担保抵押物。二是文化企业的投资期较长，文化产品从设计到销售的环节较多，资金流转的链条较长，投资回报的不确定性大，增加了金融机构的服务成本。三是河北省文化产业发展起步较晚，虽然近年来开始注重文旅产业的发展壮大，但是大部分企业仍存在规模小、管理制度不完善、财务制度不健全、发展观念滞后等问题，致使企业管理效率低下，因此文化企业难以满足金融机构的授信条件。

（二）文化企业融资环境亟待改善

目前阶段来说，文化企业融资环境面临以下几个困境。一是融资方式较为单一，大部分文化企业通过直接融资获得企业发展需要的资金，虽然目前河北省为支持文化产业发展出台了相关政策，帮助文旅企业进行融资，拓宽了融资渠道，但政府扶持和银行贷款仍是企业获得资金的主要方式。二是文化市场缺少同比价值评估体系，文化企业的资产多为无形资产，而银行等金融机构构建的对于无形资产评估的体系不够成熟，较难估计其公允价值，会计准则对其的价值确认计量也无统一标准，因此陷入文化企业融资难的困境。三是金融与文化产业融合的市场环境存在不匹配现象，一方面金融对文化产业的支持力度不够，导致文化企业在融资上遇到障碍；另一方面政府对文化产业的扶持政策相对滞后，需要较长的周期才能为文化企业创造良好的发展环境，给银行等金融机构释放的信号较慢，也在一定程度上阻碍了其对文化企业投资的积极性和创新性。

（三）文化产业结构发展不够均衡

一是文化产品的质量有待提升。目前河北省文化产品数量和质量不高，原创设计较少，并且产品的同质化较为严重，有效和优质的产品供给数量不足。二是文化产业链单一。传统文化产业主要依靠土地、自然资源、劳动力等要素进行生产投入，导致文化产品及项目的附加值低，对环境的负外部性强，生产模式亟待升级改造。三是金融机构对新兴文化产业投资较少。国家重视文化产业，河北省政府部门也加大了对文化产业的扶持力度，许多文化企业抓住机遇快速发展，涌现出数字媒体、娱乐等多种文化企业，但是大部分民营企业信用度低，因此金融机构在投资时更偏向于大型国有文化企业，对中小型民营企业的投资较为谨慎，导致文化产业发展结构不均衡。

（四）金融机构助力文化企业面临的风险

从金融机构角度来说，投资文化企业主要面临以下风险。一是文化企业自身风险。文化企业在融资时用于融资抵押的资产主要是无形资产，如著作权、商标权、专利权等知识产权以及创意、品牌价值等，这些资产缺乏价值评估体系，存在价值评估风险。并且由于我国文化类无形资产交易体系不完

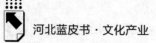

善，文化产权交易所、文化中介服务机构数量较少且缺乏规范性，因此还存在无形资产变现风险。二是信息不对称风险。文化企业的专业性较强，金融机构要通过专业人才对文化产品进行评估，但是在国内，金融和文化专业的复合型人才相对缺乏，限制了金融机构和文化企业之间的信息交流。除此之外，中小型文化企业与金融机构之间缺乏有效的信息沟通，也加剧了信息不对称风险。

（五）金融机构针对文化产业的服务体系有待完善

一是配套机制不够完善。现有配套机制不健全，缺乏风险补偿基金，尚未建立文化企业贷款风险补偿基金，使文化金融风险无法得到有效的分担和补偿，只能在金融机构内部集聚。二是金融文化复合型人才储备不足。金融助力文化产业，需要兼具金融知识和文化知识的人才参与其中，但是河北省专业人才的缺乏导致金融机构对文化企业产品的特点、属性、盈利模式等情况不够了解，严重制约了文化与金融的融合发展。三是相关配套政策及服务不够完善。目前河北省文化产业整体发展水平不高，政府部门在提升财政资金对文化企业的使用效率、对金融机构提供风险补偿，有效实现财政资金对信贷资金的引导作用等方面缺乏相应的政策措施。

五 金融助力河北省文化产业优化升级的路径

（一）构建金融支持文化产业高质量发展的生态体系

1. 建设文化企业信用体系

建设文化企业信用体系是推动文化产业高质量、可持续发展的重要支撑，也是助力金融产业发展的基础。因此，河北省相关部门要提高对文化企业信用体系建设的重视程度，一是依托对文化、金融等相关信息的全面采集、整理，打造配套的文化企业经营及信用信息平台，推进文化企业征信建设，建立优质项目候选库，完善文化企业信用信息平台的信息归集共享机制，加快构建文化企业信用风险评价体系，持续优化文化产业与金融业合作的环境和条件。二是构建文化产业的信用担保体系。要通过多种途径缓解文化企业的融资难题。在鼓励银行加大对文化产业贷款力度的同时，健全文化产业的金融支持信贷担保体系，一方面要保证企业能够获得所需的资金；另一方面要从银行的角度对风险进行管控，鼓励商业银行与证券公司、保险公司、信托投资公司等机构合作，建立文化企业融资对接机制，实现文化企业和金融机构信息共享，同时鼓励商业银行与融资担保公司合作，探索建立文化企业信贷风险分担和补偿机制，分散金融风险。

2. 搭建金融服务平台

一是完善文化产业投融资信息共享平台。继续完善河北省金融服务平台上现有的"文旅类"板块，建立中小微企业和项目融资需求库，定期更新企业、银行、产权交易中心、保险、信托等投融资信息，进一步完善文化金融市场信息系统，全面整合各方发展优势，构筑创新合力，推动文化产业的各项资源得到更加合理的利用。二是构建政府、企业、金融机构交流平台，定期开展由政府、银行、企业参与的文化产业发展讲座、合作推进会、融资对接会等活动，促进政策落实、项目推进、产品开发以及资金使用等相互间的有效衔接，为文化企业与金融机构提供有效交流平台，并形成长效机制。

3. 优化金融支持文化产业的良好环境

一是从政府层面上，要加强引导，在当前国家高度重视和大力支持文化产业发展的背景下，对具有代表性的龙头文化项目，应当采取贷款贴息、项目补贴、补充资金和风险补偿等多种形式，给予一定财政支持和资金支持。对于一些具有公益性、基础性、非经营性特征的文化项目，还可以通过财政资金的直接投入，如设立专项文化基金、建立风险补偿机制等方式，为其提供间接的、长期的、稳定的金融支持。二是从金融机构层面上，要进一步完善对专利、著作权等无形资产的评估、登记、质押、流转等各个环节和过程的管理制度，以政府为主导，构建由文化企业、行业以及银行等金融机构共同参与的无形资产的流转市场和培育市场。

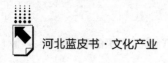

（二）探索多元化、多层次的文化企业融资方式

1. 创新政府公共资金支持方式

在文化企业发展初期，政府应加大财政扶持力度，充分利用财政资金的激励、导向和杠杆放大效应，为文化企业尤其是中小微文化企业的创新发展提供更多资金支持。持续进行金融政策改革，设立文化产业投资基金和贷款风险补偿金，鼓励银行提升文化产业授信额度，并通过设立文化产业投资基金为河北省文化企业和文化重点项目吸引更多优质资金。

2. 构建直接间接相结合融资体系

鼓励文化企业根据情况和融资需求选择适合的融资方式。一是在直接融资方面，支持文化企业上市融资，鼓励龙头企业在多级主板市场上市；设置和完善文化企业评级制度，鼓励成长空间较大的文化促进企业向银行进行贷款融资。二是持续加大对间接融资的支持力度。鼓励初创期的文化企业通过天使基金和政府专项基金获得资金支持。在政策上给予支持，鼓励金融机构为文化企业定制专属融资项目，拓宽服务范围，根据文化企业的发展周期提供不同的产品与服务。三是推动文化产业与风险投资有效对接，在风险投资范围内，鼓励将风险投资更多地投向处于创业初期的文化企业。

（三）健全金融支持文化产业发展的配套机制

1. 健全文化金融风险防控机制，降低风险敞口

金融机构要根据文化产业的风险特征，建立文化产业信贷风险管理机制，并在此基础上，建立完善的融资担保制度和贷款风险补偿制度，有效分散投资文化企业的金融风险。一是建立多层次、多领域、差异化的融资担保制度，提高文化企业的信贷额度。由政府出资设立或引进社会资本成立文化产业融资担保机构或担保基金，创新担保产品，充分发挥政府在金融风险防控方面的引导作用，为符合国家鼓励政策的文化金融项目提供担保，通过担保、联合担保以及担保与保险相结合等方式，多渠道分散文化企业的融资风险。二是加大财政扶持力度，建立贷款风险补偿制度，安排专项资金，采取

贷款贴息、保险费用补贴、融资奖励等方式，鼓励金融机构、投资基金、社会资本投入文化产业；成立贷款风险补偿基金，按规定对信贷损失或担保代偿损失给予适当补偿。三是促进银行、保险业的深度融合，促进保险公司开展文化金融产品的创新，为文化企业和文化项目提供贷款保证保险和信用保险业务，以弥补融资担保制度在分散风险方面的缺陷。

2. 完善无形资产评估机制

一是产权管理部门要健全对著作权、专利权等无形资产的管理办法，形成相应的评估、登记、质押、托管、流转及变现等处置方式，并在此基础上构建一套完善的文化产业版权评估体系。二是充分发挥文化产权交易所的作用，培育流转市场，建立和完善文化企业无形资产流转交易体系。

3. 建立多部门信息沟通机制

政府相关部门要加强与地方金融、人民银行、银保监会等部门联系，建立信息沟通和协调推进机制，不定期组织开展项目、企业调研，多层面召开工作推进会、政银企对接会、金融支持文旅产业专题座谈会等，促进政银企合作。支持金融机构设立文旅事业部，综合运用贷款、债券等融资工具为文旅企业和项目提供专业化金融服务。

（四）进一步改进和完善文化企业的金融服务

1. 金融机构要增强服务意识

一是组建专家团队和成立服务部门，设立专营机构，积极向文化企业提供优质的金融服务。对于国家重点支持的文化企业和项目，要精简审批程序，提高贷款审批效率。二是灵活应用权利质押融资模式，比如利用股权作为抵押进行融资，或用未来相对稳定的现金流做质押融资。三是加强银行与非银行机构的协作，将不同的金融业务与产品结合起来，推出信贷、债券、信托、基金、保险等多种工具融合的一揽子金融服务体系，把文化企业从初创期到成熟期各个发展时期的融资方式衔接好。四是强化金融辅导对接。设立"金融辅导员制度"，开展金融诊疗行动和"百行进万企"活动，宣传推广河北省金融服务平台。

2. 吸引培育文化金融专业人才

一是政府可以通过提供良好的福利和优惠政策实施人才引进计划，同时建立相应的奖励制度，吸引中外高水平的文化金融专业人才，充实文化产业的人才储备。二是金融机构和文化企业应积极开展相关融合讲座，组织现有从业人员参加专业培训，提高员工的金融知识储备和文化产业认知，变单一型人才为复合型人才，为金融推动文化产业高质量发展注入活力。

参考文献

郑臻：《以文化产业高质量发展推动文化强省建设》，《山东干部函授大学学报》（理论学习）2021 年第 3 期。

李呈：《数字金融助力文化产业高质量发展：机制、效果、挑战与路径》，《东岳论丛》2023 年第 5 期。

黄永林、傅明：《中国式现代化背景下文化产业供需双向升级和高质量发展》，《福建论坛》（人文社会科学版）2023 年第 6 期。

赵星：《普惠金融助推文化产业高质量发展研究》，《产业创新研究》2023 年第 21 期。

B.4

共建"一带一路"国家哈萨克斯坦文化产业发展特点分析及与河北省合作前景研究

摘　要： 2023 年，"一带一路"倡议进入高质量发展的第十年。从谋篇布局的"大写意"阶段到如今精谨细腻的"工笔画"阶段，"民心相通"在中国与哈萨克斯坦的多领域合作中都发挥着不可或缺的桥梁作用。2023 年是中国与哈萨克斯坦建交 31 周年，中哈两国在联合声明中强调，双方将深化教育、科学、艺术、体育、旅游、新闻出版、广播电视网络视听、电影制片等领域合作，中哈两国领导人宣布 2024 年为中国"哈萨克斯坦旅游年"。河北省应在省州结好、文旅合作、医疗康养、教育文化等方面形成一系列突破，谋划一系列措施，推出一系列活动，积极利用哈萨克斯坦大力推动本国文化创意产业发展，以及加强与我国的旅游和中医药合作等，抓住重大机遇，共谋繁荣发展。

关键词： "一带一路"　文化产业　哈萨克斯坦　河北省

哈萨克斯坦是"丝绸之路经济带"倡议的发轫之地。2013 年 9 月 7 日，国家主席习近平在哈萨克斯坦纳扎尔巴耶夫大学发表题为《弘扬人民友谊 共创美好未来》的重要演讲，提出共同建设"丝绸之路经济带"倡议；2023 年，历经十年的发展，"一带一路"倡议的"朋友圈"不断壮大，共有 150 多个国

家和30多个国际组织携手,一大批标志性项目陆续建成并投运,共建"一带一路"成为当今世界范围最广、规模最大的国际合作平台。国之交在于民相亲,民相亲在于心相通,文化交流合作已经成为共建"一带一路"民心相通的人文基础,在架起人文交流、文明互鉴友谊之桥的同时,也为我国与共建"一带一路"国家拓展了无限的发展机遇。

一 哈萨克斯坦文化产业发展现状

哈萨克斯坦是一个多民族国家,共有140个民族,主要有哈萨克族、俄罗斯族、乌孜别克族、乌克兰族、日耳曼族等。截至2022年1月1日,哈萨克斯坦人口为1912.24万,其中哈萨克族占68.51%,俄罗斯族占18.85%,乌孜别克族、乌克兰族、维吾尔族、鞑靼族、日耳曼族等其他民族占12.64%。哈萨克语属于突厥语族,哈萨克语和俄语同为哈萨克斯坦的官方语言。①

哈萨克斯坦教育基础较好,全国基本无文盲,成年人识字率99.7%。中小学实行义务教育,中等教育覆盖率98.5%,国立和公立高校采取奖学金制和收费制两种方式。中等教育11年制,正在104所中学开展12年制教育试点工作。截至2021年底,哈萨克斯坦共有各类高校128所,其中,国立大学40所、私立大学86所、国外办学机构2所,包括国立阿里—法拉比大学、古米廖夫欧亚国立大学、纳扎尔巴耶夫大学等。进入21世纪,随着经济的复苏,哈萨克斯坦的科技体制改革提上了议事日程,科研经费也有所提高。根据2021年的统计数据,哈萨克斯坦共有科研机构386家,包括国家科学和技术研究所101家、大学研究机构105家、企业化科研机构142家、民办非营利性其他各类科研机构38家。全国科技人员总数21617人,包括研究人员17092人,其中科学博士1962人、科学副博士3843人。

截至2022年4月,哈萨克斯坦实际运营媒体5151家,其中,本国媒体

---

① 《哈萨克斯坦》(2022版),商务部官网,http://www.mofcom.gov.cn/dl/gbdqzn/upload/hasakesitan.pdf。

4873 家、外国媒体 278 家。周期性出版机构 3665 家，电视和广播媒体 191 家，广播公司 84 家，通讯社 527 家，网络媒体 406 家。主要通讯社有哈萨克斯坦通讯社、"今日哈萨克斯坦"通讯社、"国际文传电讯哈萨克斯坦"通讯社等，主要电视媒体有"哈巴尔"广播电视公司（国家控股）下属的"哈巴尔"电视台、"叶尔阿尔纳"无线电视频道以及"里海网络"卫星频道、哈萨克斯坦国家广播电视台公司（国家控股）下属的哈萨克斯坦国家电视台、"第一频道—欧亚"电视频道等，主要广播媒体有哈萨克斯坦国家广播电视公司（国家控股）下属的哈萨克斯坦电台、"哈巴尔"广播电视公司（国家控股）下属的"哈巴尔热点调频"电台、"俄罗斯—亚洲"电台等。报刊包括《哈萨克斯坦真理报》（俄文日报）、《主权哈萨克斯坦报》（哈文日报）、《先行者报》（俄文日报）、《实业周报》（俄文周报）等。

哈萨克斯坦作为中亚五国中国土面积最大、经济实力最雄厚的国家，其文化产业相较能源、农业等传统行业并不十分发达。哈萨克斯坦文化产业的范畴可大体分为传统文化产业和创意经济两个部分。传统文化产业通常被视为与传统活动（如洗浴文化）和传统节日（如诺鲁孜节，即迎春节）等相关的经济活动。2008 年，联合国贸易和发展会议发布了第一份关于创意经济的报告，许多国家把创意经济作为比文化产业更广泛的行业概念使用，其中也包括哈萨克斯坦。创意经济被视为通过创意资产促进经济增长和发展的经济活动，起到增加人民收入、创造就业岗位、促进进出口平稳发展，以及增强社会包容性、提高文化多样性、促进人力资本开发的作用。哈萨克斯坦于 2021 年颁布《2021—2025 年创意产业发展的构想》[1]，作为进一步落实本国 2025 年前国家发展计划的措施。哈萨克斯坦的创意产业包括以想象力、创造力和智力资本为原材料的经济部门，根据联合国和哈萨克斯坦《经济活动总分类》规定，除了与文化和艺术经典相关的传统经济部门外，创意产业还包括制造业、信息和通信、科学和技术活动、艺术、娱乐和休闲等部

---

[1] Постановление Правительства Республики Казахстан от 30 ноября 2021 года № 860 "Об утверждении Концепции развития креативных индустрий на 2021 – 2025 годы", https：// adilet. zan. kz/rus/docs/P2100000860.

门的14个领域，即设计、艺术、时尚、电影、音乐、媒体、计算机图形学、教育和其他以智力活动为基础的领域。

根据哈萨克斯坦国家统计局统计，创意产业在哈萨克斯坦2020年国民生产总值中所占比重达2.67%，从2017年到2020年，创意产业对经济的贡献平均稳定在2.8%的水平。自2010年以来，哈萨克斯坦的创意产业名义上增长了3.2倍，与同期哈萨克斯坦整个经济增长保持相同水平。2010~2020年，增长较快的创意产业分别是"门户网站和通讯社"（增长了65倍）、"文化娱乐活动和艺术活动"（增长了3.8倍）、"设计、摄影和翻译"（增长了1.2倍）和"电影和电视节目"（增长了2倍）。同时，哈萨克斯坦的创意产业就业率呈现明显上升趋势。截至2020年底，上述行业就业人员为31.02万人，占全国就业人员总数的3.5%。创意产业就业人数较多的地区分别是阿拉木图市（占就业总人口的7.3%）、阿斯塔纳市（占6.4%）和西哈萨克斯坦州（占4.0%）。这些地区创意产业的就业人数几乎占全国创意产业就业人数的40%。十年来，创意产业就业人数增加了7.42万人，增长了31.4%。办公地点多为城市地区，从业人员多受过专业高等教育。哈萨克斯坦创意产业人均工资明显高于全国平均水平，这一趋势从2010年起一直保持到2016年，当年创意产业与全国工资差距最大：2016年哈萨克斯坦创意产业人均工资达到19.16万坚戈（约合567.10美元），全国平均工资为14.29万坚戈（约合423.00美元），创意产业平均工资高出全国平均工资34.0%，即4.87万坚戈（约合144.10美元）。2016年以后，创意产业工资有所下降，低于全国平均工资水平，截至2020年底，创意产业的平均工资为20.51万坚戈（约合511.20美元），低于21.30万坚戈（约合530.9美元）的全国平均工资。2010年至2020年，哈萨克斯坦创意产业的投资额增加了21.50亿坚戈（约合536.00万美元），主要分布于图尔克斯坦州（15%）、阿拉木图市（7.1%）和巴甫洛达尔州（2.0%）。①

① Постановление Правительства Республики Казахстан от 30 ноября 2021 года № 860 "Об утверждении Концепции развития креативных индустрий на 2021-2025 годы", https://adilet. zan. kz/rus/docs/P2100000860.

哈萨克斯坦的创意产业通常在地区层面进行发展规划。目前，哈萨克斯坦的创意产业主要集中在阿斯塔纳、阿拉木图、奇姆肯特、卡拉干达等人口密集、地理位置优越、经济较为发达的城市，例如，在阿拉木图市开设有"AlatauCreative HUB"大型创意中心，其中包括联合办公空间、25 家儿童创意俱乐部、创意路演平台、媒体库和教育展览中心，重点培育艺术和文化方面的新技术；在阿斯塔纳市开设有"FestivalAvenue"创意协会网络、创意场所，以及剧院、图书馆、音乐厅、影院等。但不同地区的创意产业发展条件却相差甚远，仅大型城市拥有丰富的文化基础设施，在国家层面缺乏统一规划，地区创意产业发展仅限于规划外的零星措施，对创意产业的发展形成了制约。同时，哈萨克斯坦政府为创意产业企业提供的商业支持也十分有限，缺乏专门支持创意产业经营实体的立法框架。财政支持大多优先向传统经济发展部门倾斜，如农业、制造业等，对创意产业的发展关注不足。2020~2023 年，受新冠疫情影响，从事创意产业的企业可申请获得一定的资金支持，部分行业限制暂时取消，仅 2020 年一年，创意产业（艺术、娱乐和休闲、信息和通信、科学和技术活动）的 255 个项目就获得了总额约 200亿坚戈（约合 4984.70 万美元）的组合贷款支持。

结合近年发展情况分析，哈萨克斯坦创意产业仍存在以下体制机制障碍：第一，立法层面缺乏对创意产业和经营实体的支持，进一步限制了创意产业企业可使用的基础设施和金融、非金融支持工具；第二，现有的政府激励措施侧重于农业、制造业等传统经济发展部门，未考虑创意产业发展的特殊性，即该行业主要生产要素不是机器设备而是人力资本；第三，由于从事创意产业的中小企业有赖于知识产权管理的合法性和有效性，且对用于签订许可协议的现代工具开发不足，亟须在执法层面改进和提高知识产权保护的执法实践，特别是提高知识产权管理的组织活动的透明度以及创意产业参与者的法律素养；第四，创意产业发展面临人力资源短缺、用人素质不高的问题，本国人才发展体系无法有效发挥形成创造性思维和创造性潜力的作用，同时，创意产业的创业主体在寻找、聘用和培养人才方面存在困难，而人才是创意产业的基础。根据世界知识产权组织的全球创新指数，哈萨克斯坦在

"员工知识"方面排名世界第 52 位，在"人力资本和科学"指标方面，哈萨克斯坦在 132 个国家中排名第 66 位，大幅落后于土耳其（第 26 位）、俄罗斯（第 29 位）、白俄罗斯（第 38 位）和乌克兰（第 44 位）等国家；第五，政府缺乏对创意产业与其他产业交叉产生的、具有巨大商业前景的创意活动的关注，文化部门支出主要用于举办文化活动和维护基础设施，而非提高创意产业附加值；第六，缺乏支持创意产业初创企业和此类企业未来可持续发展的专业基础设施，如创意集群、创意中心，以及企业孵化器、加速器、专业联合办公空间、艺术空间和美术馆等，当前社会对其认知仅相当于商业或购物中心，政府对相关基础设施缺乏有效管理，并没有对创意活动进行多重监管和限制；第七，哈萨克斯坦的创意产业投资吸引力较弱。由于创意产业的项目风险较高，行业企业的主要资产是人才及其创造的知识产权，传统银行融资工具并不青睐这一商业模式，因此，哈萨克斯坦十分缺乏针对创意产业的专门融资工具，国家对于创意产业发展投入的资金和补贴并没有为私营企业和创业企业营造出积极的激励环境。

为了解决创意产业现存的问题，哈萨克斯坦政府计划在"出口导向""民族认同""和谐""平衡""效率""可及性""透明""环保"八大原则的基础上，提高本国创意产业的核心竞争力，营造良好的创意产业发展环境。首先，积极发挥教育的作用，通过改变教育方法，逐步使教育更具创造性，激发个人创新创造思维，以保证创意产业相关的知识和技能有效传播。其次，为城市创意发展营造良好条件。世界成功经验表明，城市进步是推动创意产业发展的主要催化剂，哈萨克斯坦目前 62%的创意企业位于阿斯塔纳市和阿拉木图市，其发展脉络最接近信息技术集群的发展方向。哈政府计划到 2025 年前，将阿斯塔纳、阿拉木图和奇姆肯特等城市打造成创造力领导者高地，并根据地方特色进行针对性开发，在阿拉木图等城市建设创意产业园、多功能艺术空间和创意集群，并向全国推广复制成功经验，从而使重大创新创意突破成为可能。最后，从立法和财政层面，加强对创意产业的支持。主要通过确定立法框架和商业活动基本条件制定创意产业的行业标准，特别是进一步加强知识产权保护，制定行业发展战略和路线。从财政层面加强对创意产业企业的贷款、补贴、税收优惠和融资工具的支持，为创意项目商业化创造良好条件，在国际社会打造哈萨克斯坦特有的文创品牌，促进创意产品走出国门，形成独有的品牌效应。

二 河北省与哈萨克斯坦文化产业合作前景分析

2023年是中国与哈萨克斯坦建交31周年，也是"一带一路"倡议提出十周年，中哈两国高层互访频繁。2023年5月，哈萨克斯坦总统托卡耶夫访问中国期间，中哈两国发表联合声明，表示将以"一带一路"合作为主线，大力推动"一带一路"倡议与哈萨克斯坦"光明之路"新经济政策对接，在此框架下，双方将互设文化中心，以2015年签订的《中华人民共和国政府和哈萨克斯坦共和国政府间文化和人文合作协定》为基础，深化教育、科学、艺术、体育、旅游、新闻出版、广播电视网络视频、电影制片等领域合作，并支持地方间开展各种形式的交往合作，发掘地区边境合作潜力，鼓励更多省州和城市结好，进一步加强民间交往。[①] 2023年10月，第三届"一带一路"国际合作高峰论坛期间，中哈两国领导人在会谈时再次强调，中哈互免签证协定即将生效，2024年将在中国举办"哈萨克斯坦旅游年"，双方要加强人文交流和地方合作，推进鲁班工坊建设，厚植社会民意基础。[②]

截至2023年，河北省已与共建"一带一路"64个国家和地区建立往来合作关系，共建"一带一路"国家已经成为河北重要的"走出去"新兴市场。2023年9月15~24日，文化和旅游部、河北省人民政府共同主办的

① 《中华人民共和国和哈萨克斯坦共和国联合声明（全文）》，外交部网站，2023年5月17日，https://www.mfa.gov.cn/web/ziliao_674904/1179_674909/202305/t20230517_11079124.shtml。

② 《习近平会见哈萨克斯坦总统托卡耶夫》，外交部网站，2023年10月17日，https://www.mfa.gov.cn/web/gjhdq_676201/gj_676203/yz_676205/1206_676500/xgxw_676506/202310/t20231017_11162056.shtml。

"2023'一带一路'·长城国际民间文化艺术节"在河北省廊坊市、秦皇岛市成功举办，受到海内外广泛关注。这一活动的圆满举办，既是贯彻落实习近平总书记2021年向艺术节亲至贺信精神的重要举措，又夯实了共建"一带一路"民意基础，贴合"一带一路"高质量发展的时代要求，有利于弘扬丝路精神和长城文化，促进世界文明的交流互鉴。在此基础上，河北省应进一步挖掘与共建"一带一路"友好国家的文化产业合作潜力，夯实"民心相通"基础。哈萨克斯坦是中亚五国中面积最大的国家，相比农业、制造业等哈萨克斯坦的传统经济发展部门，河北省与哈萨克斯坦虽然在文化领域的合作较为薄弱，但仍具有十分广阔的合作前景。哈萨克斯坦计划在2025年前，将文化产业（即创意产业）对经济增长的贡献率提高到5%，就业率增幅4%，中小企业数量增加1.5倍，新增3万个就业岗位，出口增长2亿美元。① 借助这一契机，河北省可从以下几个方面加强与哈萨克斯坦的文化产业合作。

一是与哈萨克斯坦建立友好省州关系。在友好省州伙伴的选择上，可考虑阿拉木图州。阿拉木图州南接吉尔吉斯斯坦、东靠中国新疆维吾尔自治区，北临巴尔喀什湖，伊犁河自东向西注入。全州面积为22.39万平方公里，居住人口203.9万人，下辖16个区、10个城市、14个镇，州首府为库纳耶夫市。阿拉木图州主要矿产有铁、煤、钨、铂、铝和盐等，主要经济产业为石油工业和农业，是哈萨克斯坦的主要能源和农业州。其工业门类也较为齐全，近年在哈萨克斯坦各州中经济表现亮眼。阿拉木图州交通运输较发达，公路长9300公里、铁路长912公里，中哈边境5对开放口岸中有3对位于该州，即阿拉山口—多斯特克口岸、霍尔果斯—努尔绕尔口岸、都拉塔—纳伦科尔口岸，其中阿拉山口、霍尔果斯开设铁路口岸。该州目前与四川省、新疆维吾尔自治区建立了友好省州关系。

二是依托2024年我国的"哈萨克斯坦旅游年"框架，深化双方文旅合

---

① Постановление Правительства Республики Казахстан от 30 ноября 2021 года № 860 "Об утверждении Концепции развития креативных индустрий на 2021–2025 годы", https://adilet. zan. kz/rus/docs/P2100000860.

作。2023 年 11 月 10 日，中哈互免签证协定正式生效，为以旅游探亲等为目的的人员往来提供了极大便利。中哈两国在文化上拥有许多相同的亚洲文化特点，通过更紧密丰富的交流互鉴，推动双方在旅游目的地建设、旅游产品开发、旅游服务优化和旅游管理提升等方面的合作。以文化和旅游的深度融合推动相互间的"一带一路"旅游合作，积极探索交流合作中的新融合方式，聚焦平台巩固、品牌提升、丝路艺术精品创作、产业促进和科技成果推广等，力图在业态融合、产品融合、服务融合和交流融合等方面取得更多成果，推出一批与哈萨克斯坦的文化和旅游深度融合的典型案例。尽早形成哈萨克斯坦旅游促进方案，以商促旅，以旅带商，商旅共进，在投资便利化、旅游便利化、专业人员往来、数字经济等方面积极搭桥，推动文旅合作可持续发展。

三是互办"文化节""文化日"等活动，扩大文化交流，组织文艺团体和艺术工作者巡回演出，与哈萨克斯坦国家博物馆、档案馆等联合开展"张库大道"、万里茶道和古丝绸之路的历史档案研究，挖掘张家口等城市在万里茶道上悠久的历史，积极拓展新形式的线上线下文化交流，加强影视剧译播等广播电视节目交流与合作，举办"一带一路：我眼中的哈萨克斯坦/我心中的河北"视频大赛、"唱响丝路"中外文歌曲大赛等文化活动，推动宣传双方历史文化名人名篇，如河北省著名元曲家关汉卿的元杂剧、哈萨克斯坦著名诗人阿拜的《箴言录》等，深入挖掘双方历史文化名人故事，举办如以我国著名作曲家冼星海和哈萨克斯坦音乐家拜卡达莫夫的友谊为题材的联合音乐会等活动。

四是借力在哈"汉语热"和在华"哈语热"升温，推动双方高校和科研机构间开展留学生互访、学者互访，积极承办"汉语桥"语言大赛、中国—中亚青年领袖研修交流营、中哈摔跤国际青年交流赛等活动，举办青少年和儿童中文故事大赛、中国歌曲大赛和中国知识竞赛等系列活动，使青少年成为中哈友好的年轻友谊使者，推动中哈友好深入人心。依托高校间的"孔子学院"和"孔子课堂"，以"云旅游""云课堂"等依托网络技术的全新人文交流方式推动哈萨克斯坦青年人才了解中国、亲近河北，开展夏令营、冬令营活动，感受河北奥运文化。支持为哈萨克斯坦优秀学子提供政府奖学金，宣传、鼓励青年人才来冀创新、创业。

五是深入挖掘哈萨克斯坦"银发经济"的医疗康养需求，发展中医药康养合作。哈萨克斯坦的医疗卫生体制比较薄弱，公立医院的基础设施较落后，医疗设备陈旧老化，医生诊疗水平较低，行业管理有待规范。对公共医疗的投入不足，导致公立医院的医疗设备因得不到更新而老化严重，远不能满足患者的就医需求。截至2021年底，共有医疗机构773家，综合医务人员76443人，中等医务人员185757人。截至2021年底，哈萨克斯坦居民人均寿命70.23岁。根据哈萨克斯坦分析网站Ranking.kz消息，哈萨克斯坦已出现人口老龄化趋势，2022年初，65岁及以上女性人口占全国总人口的比重达到了10.1%。与此同时，65岁及以上男性人口占全国总人口的比重在过去十年从4.8%增加至6.1%。根据联合国预测，哈萨克斯坦人口老龄化负担在逐年加重。2022年，老龄人口占比为12.9%，预计这一比重将不断增加，于2025年达到14.1%、2030年达到15.9%、2040年达到17.1%、到2050年或将达到19%。① 在医疗基础薄弱和人口老龄化趋势显著的情况下，中医药在哈萨克斯坦民间受到普遍欢迎，民众对针灸、拔罐、刮痧、推拿、砭石、艾灸等中医药疗法的接受程度很高，特别是中医重视预防、"不治已病治未病"的概念十分契合近年来的全球健康观念。在此基础上，河北省应鼓励本省中医药标准"走出去"，助力哈萨克斯坦形成和完善中医药保健领域的法律法规和出台优惠政策，降低中医药行业的准入门槛，支持以岭药业、石药集团等大中型医药企业与哈萨克斯坦医疗部门及企业进行战略合作，在哈萨克斯坦设立分支机构、中医康复诊疗中心和药材及保健品种植、生产和加工中心，在深入了解当地文化和民众医疗需求的基础上，发展自身品牌、推动当地就业和健康产业发展。充分利用"互联网+"等新兴业态，发展中医药健康服务业，积极培养中医外语人才，以中医带动哈萨克斯坦的医疗发展，辐射中亚其他国家，吸引中亚民众来河

---

① 参见Ranking.kz，https：//ranking.kz/。

北省开展医疗和康养旅游。加强与当地医疗机构、科研院所、高等院校等的合作，建立协同创新机制与合作平台，进一步推动中医药及健康产品在当地医疗健康体系中的应用，与哈萨克斯坦国医疗保健产业互为补充，共促繁荣发展。

参考文献

李思容、刘彤：《中国对中亚五国文化贸易发展研究：现状、问题与对策》《内蒙古财经大学学报》2024 年第 2 期。

葛继宏、叶森：《我国对外文化贸易发展研究：现状、问题与对策》，《浙江社会科学》2022 年第 12 期。

徐向梅：《中国与哈萨克斯坦文化合作：历程与意义》，《俄罗斯学刊》2022 年第 4 期。

王若雨：《"一带一路"背景下中国与哈萨克斯坦深化旅游合作面临的挑战与路径分析》，《新疆大学学报》2023 年第 6 期。

王宪举：《一带一路框架下欧亚地区的人文合作》，《开放导报》2023 年第 1 期。

B.5

数字赋能河北特色历史文化街区

高梦彤 赵 南*

摘 要： 历史文化街区是人民精神文化生活的重要组成部分，河北在历史文化街区保护和活化利用上做了大量工作且成效显著。本文首先梳理了河北现公布认定的 37 个省级历史文化街区，发现其在资源开发、创新性改造、服务质量等方面还存在发展瓶颈，缺少具有知名度的国家级品牌，在数字化建设方面也应加快进度。其次通过分析国内外历史文化街区数字化建设的成功案例，总结对河北历史文化街区发展有益的经验。最后提出应从数据系统搭建、基础设施建设、数字场景打造和提升运营效率等方面探索特色历史文化街区发展新模式，唤醒街区价值潜能。

关键词： 历史文化街区 高质量发展 数字化

历史文化街区作为承载城市历史、文化变迁的空间载体，是城市历史的见证和代表，国家也越来越重视城乡历史文化的传承。2020 年 10 月 13 日，习近平总书记在广东考察时指出："现在我国经济社会发展很快，城市建设日新月异。越是这样越要加强历史文化街区保护，在加强保护的前提下开展城市基础设施建设，有机融入现代生活气息，让古老城市焕发新的活力。"①为历史文化街区保护和活化利用提供了方向和指引。《河北省人民政府办公厅关于实施城市更新行动的指导意见》（冀政办字〔2023〕114 号）中把着力打造活力街区、加快推动数字化基础设施建设、保护传承历史文脉和塑造

---

* 高梦彤，河北省社会科学院经济论坛杂志社研究实习员，研究方向为文化产业和区域经济；赵南，中共石家庄市藁城区委党校助理讲师，研究方向为马克思主义和全面深化改革。

① 《保护好中华民族精神生生不息的根脉》，中共中央党校网站，2022 年 3 月 20 日，https：//www.ccps.gov.cn/xxwx/202203/t20220320_ 153359.shtml。

城市特色风貌列为重点任务。在城市追求高品质、特色化发展趋势下，数字技术可以优化城市空间布局和各项资源配置，打造高品质数字生活空间。通过数字化铺就的新路，提高历史文化街区中独特文化价值的性价比与利用率，在存量赓续过程中推进非遗文化和不可移动文物的活化利用。

一 河北历史文化街区发展概况

《中共中央　国务院关于进一步加强城市规划建设管理工作的若干意见》（中发〔2016〕6 号）中提出"用五年左右时间，完成所有城市历史文化街区划定和历史建筑确定工作"，根据河北省住房和城乡建设厅及各市政府公开信息整理，截至 2021 年 12 月底，河北共划定历史文化街区 42 片。截至 2023 年 1 月，经过认定的省级历史文化街区数量达到 37 个（见表 1）。

表 1 河北历史文化街区

城市	街区	城市	街区
邢台市	邢台市古官道历史文化街区	张家口市	张家口堡历史文化街区
	邢台市北大街历史文化街区		大境门历史文化街区
	邢台市羊市道历史文化街区		宣化区牌楼西街历史文化街区
	邢台市天寿寺历史文化街区		宣化区庙底历史文化街区
石家庄市	正定县开元寺历史文化街区		蔚县鼓楼后街历史文化街区
	正定县隆兴寺历史文化街区		蔚县财神庙街历史文化街区
	赵县柏林禅寺历史文化街区		蔚县公道巷历史文化街区
	赵县城隍庙历史文化街区	保定市	保定直隶总督署—西大街历史文化街区
邯郸市	邯郸市串城历史文化街区		保定淮军公所—清河道署历史文化街区
	邯郸市新华路历史文化街区		保定市东大街—北大街历史文化街区
	大名县古城东大街历史文化街区	定州市	定州市开元寺塔历史文化街区
	大名县古城南大街历史文化街区		定州市西关南街历史文化街区
	大名县南关艾家口历史文化街区	唐山市	开滦唐山矿历史文化街区
	大名县金滩镇青龙街历史文化街区		启新水泥厂历史文化街区
承德市	承德市二道牌楼历史文化街区		培仁历史文化街区
	承德市滦河老街历史文化街区	衡水市	冀州老街历史文化街区
	承德市寿王坟历史文化街区		直隶六师(旧址)历史文化街区
秦皇岛市	山海关东头条至东三条历史文化街区		
	山海关东三条至东八条历史文化街区		
	秦皇岛港大码头历史文化街区		

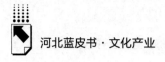

（一）历史文化街区的建设情况

历史文化街区承载了民族文化和城市记忆，将自然生态、历史文化和现代都市气息融为一体，历史文化街区的保护和建设提升了城市空间品质和文化魅力，吸引的群体大多为在"一小时交通圈"内的游客，游客流量大但平均消费水平不高。河北历史文化街区游客在休闲时间自由选择游览历史文化、赏鉴民俗精粹、学习人文艺术、品尝美食名吃等多种休闲活动，采用"大品牌，小商户"的经营模式，吸引全国各地知名商家入驻，特色街坊遍地开花，满足当地居民和游客的多种需求，同时为城市更新提供新功能，成为周边居民消费休闲的目的地和打卡地。

（二）保护规划编制和挂牌情况

承德、邢台、涿州、秦皇岛、邯郸等市已编制完成重点片区的历史文化街区保护规划，并把重点保护历史城区、历史文化街区等文物保护单位及其周围环境列入市城乡总体规划的重点工作。唐山、衡水新增的 5 个省级历史文化街区的保护规划编制工作也在有序推进当中。

（三）街区类型和价值特色

河北历史文化街区分布较均衡，各市街区文化底色不同。邢台古城是太行山东麓古官道上的交通重镇，保留了众多商贸集散地，也是宗教建筑遗产集中地，其中，以道德经幢、火神庙为代表的道教文化建筑居多；石家庄有千年古城正定、千年古县赵县，寺庙文化、桥文化底蕴深厚；邯郸是成语典故之都、太极之城，是秦始皇的故乡，街区建设彰显了对 2000 年文化品牌的传承；承德具有特色风味美食，休闲广场等场所的公共服务品质较高，并以历史文化街区为载体打造了首部以皇家文化为主题的实景演出《鼎盛王朝·康熙大典》，赚足游客眼球；秦皇岛以滨海浪漫和市井记忆打造一站式全年龄休闲娱乐中心和精神高地，颇受游客欢迎；张家口历史文化街区的古建筑融合了佛教、道教和西方文化的特色，保护和修建了各种古香古色的楼阁和皇家寺庙；保定历史文化街区具有明朝、清朝、民国时期风貌特色，以文化商业建筑为主，兼有衙署、学府、祠堂、水社、金融、传统民居建筑，保定古城西大街更是有"直隶第一街"美誉；定州开发建设了定州博物馆、崇文街、宋街、开元寺大街等一批集文化旅游、休闲娱乐、特色商业于一体的综合性历史文化街区；唐山是中国近代煤炭工业的起源地，其历史文化街区是工业遗产的典型代表，展现了中国近代工业文明的发展历程；衡水建筑以明清风格为主，运河风情对游客具有极强的吸引力。

二 河北历史文化街区改造提升的举措

河北高度重视历史文化街区划定和历史建筑确定工作，接连印发了《关于进一步加强城市建设管理工作的实施意见》《关于开展历史文化街区划定和历史建筑确定工作的通知》等系列文件对此项工作内容、目标、要求和进度安排提出明确要求，推动各地制订具体工作组织和行动计划，认真部署各项工作安排。主要表现在以下几个方面。

（一）建立长效督导机制

由河北省住房和城乡建设厅派专人负责此项工作，并督导各设区市及公布为历史文化名城的县（市）建立工作协调机制及专人负责制度。此外，督促各地切实做好历史文化街区保护传承工作，加快历史文化名城保护规划编制工作，提出各地编制（修编）期限至 2035 年的历史文化街区保护规划，增强保护工作的科学性、整体性和严肃性。在强化组织领导方面，河北明确各地加强历史文化名城保护工作组织领导，进一步健全名城保护领导小组，完善监管职能，扎实推进历史文化街区保护相关工作的开展。

（二）加大资金补助

河北加大资金投入力度，省政府每年有固定资金用于历史文化街区环境整治和基础设施改善。同时，拓宽资金渠道，推动各地加大历史文化名城、

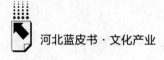
历史文化街区和历史建筑保护资金投入力度，建立政府引导、市场化运作、多渠道筹措的经营模式，鼓励社会各界以多种投资方式参与历史文化街区保护和建设。

（三）推进数据库建设

充分利用现有数据规划平台系统，建立历史文化街区和历史建筑数据库，记录历史文化街区和历史建筑基础信息，为信息查询、补充、更新提供技术支撑。同时，开展城乡历史文化资源普查，建立省市县三级保护名录，持续开展补充认定工作，对已公布的保护对象实行挂牌保护，进行数字化信息采集、测绘建档。

（四）督促历史文化街区申报

持续督促各地加快开展历史文化街区划定和申报、历史建筑普查和确定工作。组织有关设区市及公布为历史文化名城的县（市）申报历史文化街区，并适时公布一批历史文化街区。

三 河北历史文化街区保护和利用存在的问题

河北历史文化街区整体规划合理，"商业化+文化"形成多元化业态布局，但仍存在资源开发不充分、商业化和同质化严重、服务质量不高等问题。

（一）历史文化街区统计不健全，文化基因挖掘不足

规划部门对历史文化街区的管理主要依据文件资料，各项数据比较零散。在一些经济较为落后、地理位置也相对偏远的街区，村民缺乏对文物古迹、建筑文化的保护意识。由于保护和开发不到位，很多知名度较低的历史文化街区没有记录到册。即使有记录，其对历史文化街区内现存建筑、古树评定内容也不够细化，找不到有关质量、层数、年代、风貌等层面内容的详

细资料，更无法对文物进行更深入地研究。对历史文化街区的文化基因挖掘不足，无法充分了解当地历史文明，不利于后期的活化利用。

（二）商业同质化严重，文化保护经营持续性差

在历史文化街区的活化利用中，运营管理者的理念更多是把历史文化遗产作为吸引游客的营销资本，追求"网红化"，街区中多为千篇一律的商业店面和旅游商品，忽略了街区业态的因地制宜，流于表面的文化复苏使街区生态环境遭到破坏，同时商业运营往往急于获利而消费历史情怀，缺少发扬优秀传统的驱动与历史文化二次创新的引领，导致改造后的街区产业同质化，部分商铺与当地文化元素冲突、规划不协调，不利于街区的健康可持续发展。

（三）基础设施供需矛盾，给出行体验带来负面影响

主要表现为道路交通改造不完善。首先，位于城市中心的历史文化街区的改造更新缺乏对道路交通网络的合理规划。如正定历史文化街区商业性街道靠近城市主干道，车流量大，导致交通拥堵且游客停车困难，这必定会给历史文化街区的游玩氛围带来负面影响，降低游客出行体验。其次，街区改造进程缓慢。历史文化街区的改造不是一次性完成的，很多街区在一期工程完成后便引入客流量，却在浅游过后没有后续，使完工街道风格与周边街区风格不协调，有头无尾，让人失去游购兴趣。

四 "数字+"历史文化街区的经验借鉴

国内外打造数字化历史文化街区的节奏紧跟科技发展步伐，无论是对历史文化街区的开发保护还是创新性建设改造，都有丰富的经验可供借鉴。

（一）巴黎圣母院：数字技术重建历史建筑

2019 年，巴黎圣母院因一场大火毁坏了景区内的核心建筑，但在科技的

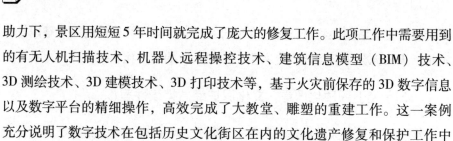

助力下，景区用短短5年时间就完成了庞大的修复工作。此项工作中需要用到的有无人机扫描技术、机器人远程操控技术、建筑信息模型（BIM）技术、3D测绘技术、3D建模技术、3D打印技术等，基于火灾前保存的3D数字信息以及数字平台的精细操作，高效完成了大教堂、雕塑的重建工作。这一案例充分说明了数字技术在包括历史文化街区在内的文化遗产修复和保护工作中的重要性和先进性。利用数字技术，既可以保存文物的细节数据，又能够最大限度地还原文物的原貌，甚至可以利用数字技术预防文物遭到破坏。

此外，通过三维扫描技术获取巴黎圣母院内文物和建筑的"立体照"，使文物突破物理空间限制，以互联网和移动终端实现资源共享，让大众立体化、深层次、全方位、跨时空地进行艺术欣赏和体验。

（二）佛罗伦萨街区：遗产数据系统的数字化探索

在历史性城镇景观理念指引下，国际上有多地在如何运用数字化信息技术更好地保护历史景观方面做出了实验性和示范性的探索，其中佛罗伦萨遗产数据系统就是典型案例之一。

2022年佛罗伦萨在意大利文化部的资助下开发了遗产数据系统。意在强化对历史文化遗产的整体、动态保护，充分调查城市遗产的形成过程，破除保护和发展之间的矛盾，将历史文化遗产视为一个活态景观进行整体考虑，融入城市发展的整体规划中，建立动态管理框架维护城市景观并延续历史价值，增强历史文化遗产保护的可持续性。

佛罗伦萨世界文化遗产数量大、类型多、构成复杂，数字信息技术在测绘、分析、记录、模拟和可视化等方面的快速发展，能够更有效地辅助城市历史景观的科学保护和管理。以动态发展的思维，从人的观赏体验出发，引导城镇历史景观新与旧的和谐共生，强化公众与各类遗产的链接，鼓励社会与公众广泛参与世界遗产的保护更新。

（三）江苏如皋东大街：数智化赋能文化遗产转型

如皋利用无人机摄影、三维激光扫描、三维建模等技术手段，对历史建筑进行测绘建档，赋予历史建筑"数字"身份。建立历史建筑电子档案，准确直观地反映出历史街区的现状风貌以及历史保护建筑所处的周边环境，为街区保护、研究、展示等提供可靠依据。在众多技术手段中，文物的数字化是最重要的预防性保护措施。随后，如皋建立了历史街区保护信息管理系统，并重点推出三维全景浏览功能，通过三维模型可以清楚地看到历史街区的整体概况。高科技手段让管理人员对历史建筑有了更精细、更全面的把控，实现了历史建筑的保护中心从"抢救性保护"向"预防性保护"的转变。

（四）平江历史文化街区：焕发历史遗存信息新活力

平江历史文化街区是苏州古城保存最完整、最典型的历史文化片区，距今已有 2500 多年的历史，街区有丰富的历史遗迹和人文景观，展现江南水乡生活。平江历史文化街区通过"姑苏古城"小程序，为平江历史文化街区的各类保护对象提供可视化的信息展示平台，数字孪生技术真实还原有别于传统游览方式的历史场景，形成线上线下一体化的文化体验，用户在程序中不但能够看到婉约的白墙青瓦、娟秀的小桥流水、惆怅的烟雨，与美景佳肴相伴，还能邂逅风度翩翩的"元宇宙少年郎"，发生一场穿越千年的互动。同时，数字化搭建的系统化知识网络让深藏的历史遗存信息更容易被人们认识了解，让江南文化焕发新的活力。

（五）青岛中山路街区：打造"城市元宇宙街区"

青岛不断推进城市数字变单创新，对城市形象、空间格局、营商环境、业态组合等方面进行全面提档升级。中山路街区利用数字技术增加街区立体感、现代感、科技感，建造裸眼 3D 大屏、5G CAVE 立体影院，更具特色的是结合青岛方言设计出数字人"青岛小嫚"，大大提升了街区的灵动性。游客在街角通过裸眼 3D 大屏与宇航员"击掌"，实现虚拟与现实的碰撞。通过数字创意手段和 5G 沉浸式技术激活释放中山路街区文化特色和 IP 价值，给游客带来新体验。2020 年，圣弥厄尔大教堂表面由定制激光投射不同颜色的图案火爆出圈，传统夜景照明被更高级的光影演绎方式代替，通过各种光艺术装置，带动人们的裸眼、沉浸、多维、全景、虚拟、仿生等感官体验，进而激发人们的情感，有助于特色文旅主题商业街区的发展。以科技赋能灯光，以灯光点亮夜经济，释放中山路强大的地标效应。此外，街区打造专属微信小程序，内设智能导览、找停车场、活动预约、游客服务、街区介绍、讲解预约等功能，为游客提供了便利。

五　对策建议

河北特色历史文化街区汇聚了生态自然风光、交通和商业要道、宗教寺庙学府和传统民居建筑遗产、皇家文化、汉语和哲学文化、工业文化等元素，对建筑设计和文化内涵进行数字赋能，促进了中华优秀传统文化与现代文明的交融交织，让"数字+"点亮文化传承发展的新面貌。

（一）建立历史文化街区数据库，强化街区数字化管理

一是建立历史文化街区文物数据库。利用先进测量技术，对历史建筑进行精细化扫描，精确采集历史建筑的几何数据信息和空间位置信息，完整、准确、真实地永久保存文物信息，为后期的修复和保护工作积累数据。利用数字科技加速文物的数字化资源转化，例如，邢台利用三维扫描技术对古城历史文化街区和历史建筑进行测绘，并建立电子数据库，让历史文化街区和历史建筑拥有了"3D 身份证"，在保存历史建筑现状的同时，也为制定精准保护及活化方案提供科学依据，赋予历史建筑生命力。

二是建立历史文化街区管理数据库。通过物联网、大数据、人工智能技术等手段实现历史街区大数据的抓取整合、数据清洗、挖掘分析，为街区的改造、科学化运营管理和决策提供数据支撑。融合城市时空大数据、城市物联感知数据，从宏观微观、室内室外构筑一个高精度、多耦合的历史文化街区数字化管理平台。对重点建筑和店铺采取智能化监督管理，监控其客流量和安全系数，基于数字孪生"一张图"实现对数据的可视化统一监管。对停车场进行市内实景三维建设，对车辆情况进行分析和统计管理。

三是建立历史文化街区用户数据库。通过打造数字化管理平台实现信息互联互通、社会公共服务等功能，并起到很好的宣传推广作用，使群众更便捷地参与进来，跟踪用户数据，记录用户反馈信息，以更好推动历史街区的保护工作。

（二）高科技赋能基础设施升级，打造智慧街区新样板

1.加强街区生态片区保护利用

一方面，加快实现生态环保基础设施现代化。构建集污水、垃圾、固体废物、危险废物、医疗废物处理处置设施和监测监管能力于一体的环境基础设施体系，形成由街区向周边延伸覆盖的环境基础设施网络。另一方面，要增强游客环保意识。打造多元化信息传播平台，及时传达环境信息，增强人们的环保意识，主动成为生态环境的"监督"者，积极参与街区环境保护。

2.加强街区商业片区运营管理

围绕街区经营服务、决策分析与内部管理等主题，建立数字商管系统，对街区商业相关流程进行全面数字化管理，实现空间资源管理、商户招商、商户入住退租、装修管理、合同管理、物业管理等功能的线上打通。商户方可通过移动端（如 App、小程序、公众号）进行信息填报，运营管理方可通过 PC 端、Web 端、移动端进行业务管理。搭建如二级消防管理系统、营销管理系统、车辆管理系统、舆情客情监测系统、街区资源环境监测系统以及对内的财务管理系统、办公自动化系统、投资和项目管理系统等，对街区的资源、环境，以及街区内部人事、财务、办公等进行智慧化管理。

3.加强街区公共区域智慧服务

完善智慧配套设施，充分利用大数据、互联网、云计算等智慧化手段提升街区管理效率。一是实现街区智慧停车。街区周边人流量、车流量大，对消费者来说，存在停车难、道路拥堵问题；对停车场来说，低利用率停车场的诸多泊位无人问津，高利用率停车场的排队拥堵问题严重。为了解决这些问题，把停车场泊位数据打通上传云端并实时共享，通过"乐游冀"小程序、自有数字信息平台、街区路口电子导示屏等终端触达用户，帮助用户快

速找到泊位，减少道路拥堵，同时也帮助停车场提高利用率和管理水平。二是实现街区智慧导引。将3D街区数据上传至百度地图App、高德地图App，实现一键智慧游，体验包含酒店、餐饮、娱乐等全方面关于街区行前、行中、行后的高水平的智慧导引服务，实现大数据与街区导游导览的深度融合与串联。

（三）数字技术融合空间创意，提升沉浸式娱乐新体验

一是"沉浸+景观"，让"看景"变"入景"。将数字化手段精细化投入特色街区，如利用AR可视设备使文化建筑展现原貌、重现历史事件，通过全息成像人物进行博物馆讲解，运用5D设备体验冰雪运动的极限趣味。总体上以数字技术和数智产品实现"产品+场景"的有效组合，拓展旅游景观从单一使用功能到文化共情、理念互动的传播功能，从而真正提升消费者的旅游体验，促进河北旅游产品、设施和资源的内涵式发展。

二是"沉浸+文化"，让"故事"变"现实"。运用虚拟现实、增强现实、4K/8K、无人机等技术开发沉浸式体验项目，发展全息影像、无人机表演、夜间光影秀等产品。鼓励各地依托传统文化产业优势，发展动漫、云展览、云娱乐、数字艺术、沉浸式体验、线上演播等新兴业态。

三是"沉浸+消费"，开拓新的社交方式。从客群角度出发，街区不仅可以提供产品，也可以提供"氛围感"。例如，近来在餐饮赛道大受追捧的"沉浸式小酒馆"，成为年轻人下班后小酌一杯的好去处，打造了一种全新的社交方式。扬州中国大运河博物馆内打造的沉浸式文化街区，让游客体验运河的壮丽景观和悠久历史。

（四）大数据洪流提高运营效率，提高街区品牌竞争力

一是线上线下互融并进。依托抖音直播平台等"云端窗口"，助推街区特色文化"走出家门"，吸引潜在客户"走进来"，"云端"直播使街区"潮"起来、文物"动"起来、文化"活"起来、民俗"热"起来。

二是构建立体化数字运营模式。在"市场—政府"的有效互动下推动

数据的合理化使用，精准把握街区品牌形象的群体性推广以及用户属性分析下的个性化推广。首先，利用各大平台搜索引擎，完成流量定向推送。其次，以大数据集成化描摹锁定基准客户，从而形成消费者数据库，针对数据库中的基准客户、备选客户、可能性客户再次、多次、重复性锚定推送，以数据场景提高游客关注度，引发其对出行目的地的选择。

参考文献

《习近平总书记的文旅足迹（党的十八大至十九大）》，《中国文化报》2021 年 7 月 1 日，第 5~8 版。

朱朝贵、苏韩：《数字化赋能让古建"活"起来》，《佛山日报》2023 年 8 月 8 日，第 A03 版。

张盖伦：《六百年的故宫里，看文化与科技融合》，《科技日报》2023 年 2 月 20 日，第 5 版。

《莆田市人民政府关于印发莆田市"十四五"节能减排综合工作实施方案的通知》，莆田市人民政府网站，2023 年 4 月 23 日，https：//www. putian. gov. cn/zwgk/zxwjs/szfwj/202304/t20230423_ 1814942. htm。

王梦然、刘海琴、陈洁等：《大风起兮，沉浸式文旅如何乘势》，《新华日报》2023 年 8 月 10 日，第 2 版。

B.6
中国式现代化视域下河北城市
公共文化空间建设路径探索

郭晓杰*

摘　要：　中国式现代化是物质文明和精神文明相协调的现代化，推进中国式现代化既要厚植现代化的物质基础，也要大力发展先进文化。城市公共文化空间作为先进文化的重要载体，决定着城市的文化品质、文明程度、幸福指数。近年来，随着国家和地方的重视，城市公共文化空间建设已上升到文化战略高度。当前，河北正处在建设文化强省、构筑文化高地的关键紧要阶段，城市公共文化空间高质量发展是建设文化强省的重要部分。本报告首先从理论和实践层面对城市公共文化空间建设进行探讨，其次对河北城市公共文化空间的发展现状进行深入剖析，最后从政策设计、运管模式、资源整合配置、场景应用、数据技术全面全链赋能五个方面为河北推动城市公共文化空间建设提出若干对策建议。

关键词：　中国式现代化　城市公共文化空间　高质量发展　河北省

党的二十大报告明确指出要以中国式现代化全面推进中华民族伟大复兴。强调"中国式现代化是物质文明和精神文明相协调的现代化"[1]。城市是人类文明发展的重要标志，公共文化代表了城市的现代化发展水平，而用

＊　郭晓杰，河北省社会科学院经济所研究员，河北省重点高端智库河北省社会科学院京津冀协同发展研究中心研究员，研究方向为区域经济和文化产业。
[1]　习近平：《高举中国特色社会主义伟大旗帜　为全面建设社会主义现代化国家而团结奋斗——在中国共产党第二十次全国代表大会上的报告》，人民出版社，2022，第22页。

于承载城市公共文化生活的载体就是城市公共文化空间。从中国式现代化的高度推动城市公共文化空间发展具有重要意义。

一 中国式现代化与城市公共文化空间建设的内在关系

中国式现代化是全方位现代化，文化在社会全面现代化中发挥着重大作用。文化繁荣发展事关民族自信心的确立，对社会全面现代化和民族复兴具有基础性意义。习近平总书记在学习贯彻党的二十大精神研讨班开班式上的讲话中强调："文化是一个国家、一个民族的灵魂，""文化自信，是更基础、更广泛、更深厚的自信，是更基本、更深沉、更持久的力量。"[①] 而现代公共文化服务体系是满足人民日益增长的精神文化需求、促进人民精神生活共同富裕的重要途径。人民群众多样化、多层次、多方面的精神文化需求离不开公共文化事业的发展和公共文化服务体系的完善。党的二十大报告中也明确指出要健全现代公共文化服务体系。通过持续推进城市公共文化服务标准化、均等化，加强公民道德建设，推进书香社会建设，提高社会现代文明程度。[②]

城市公共文化空间是公共文化服务载体，其蕴含着城市文化形象和精神内涵，体现着城市的亲和力、向心力，决定着城市的文化品质、文明程度、幸福指数。随着城市发展从初期积累、增量扩张进入内涵品质提升的新阶段，文化越来越成为城市核心竞争力的重要支撑。通过"以文化人""以文化城"涵养民众素质、提升城市软实力成为今后城市发展的方向。因此，推动公共文化空间建设、发挥公共文化服务作用、满足人民群众文化需求则成为题中应有之义。进入"十四五"时期，国家及地方相继发布了相关政

---

① 习近平：《坚定文化自信，建设社会主义文化强国》，《求是》2019 年第 12 期。
② 《在推进中国式现代化中走在前做示范 谱写"强富美高"新江苏现代化建设新篇章》，《人民日报》2023 年 7 月 8 日，第 1 版。

策措施，把重塑公共文化空间，打造贴近群众、便利群众、兼顾艺术与内涵的新型公共文化空间作为促进公共文化服务高质量发展的重要内容。例如，2020 年《关于促进全民阅读工作的意见》提出，科学规划、合理布局，建好用好向公众提供阅读服务的场所和设备。[①] 再如，《"十四五"公共文化服务体系建设规划》进一步明确提出，鼓励社会力量参与，结合老旧小区、老旧厂区、城中村等改造，创新打造一批具有鲜明特色和人文品质的新型公共文化空间。因此，推进城市公共文化空间的提档升级成为提升公共文化服务品质的重要着力点。

对于城市公共文化空间内涵而言，尚没有统一认可的定义。可以理解为具有文化艺术气质的公共空间场所，抑或可以开展公共文化活动的空间。不同的研究者对其内涵的概括也有差异。比如，其是面向所有公众 24 小时免费开放的公共领域，是人们享受自然、进行户外活动和社交活动的重要场所。公共文化空间作为一种"城市空间架构的文化维度和高级表现形式"，不仅强调空间的文化性，而且突出空间的公共性。

在公共文化服务现代化发展形势下，越来越多的公共文化空间成为城市文化新地标，为群众提供文化学术交流、休闲放松等多种内容。整体可分为六类：第一类是公共阅读空间，比如图书馆、数字阅览角、24 小时书吧、阅读联盟、城市书房；第二类是社区文化空间，比如街道文化站、小区文化礼堂、文化客堂间、睦邻中心；第三类是商圈文化空间，比如咖啡书吧、阅读茶室、文化商业综合体；第四类是街巷文化空间，比如街边美术馆、弄堂故事商店、胡同沙龙；第五类是文博艺术空间，比如博物馆、纪念馆、展示馆、非遗馆、艺术场馆；第六类是跨界文化空间，比如文旅客厅、地产定制文化中心。设施齐全、环境整洁的公共文化空间吸引了更高社会关注度和社会参与度，也使越来越多的社会群体参与其中，激发了各个社会阶层参与公共文化服务的热情。

---

① 《中宣部印发〈关于促进全民阅读工作的意见〉深入推进全民阅读》，中国政府网，2020 年10 月 22 日，https://www.gov.cn/xinwen/2020-10-22/content_ 5553414.htm。

二　城市公共文化空间的建构模式与典型做法

公共文化服务高质量发展离不开公共文化空间的建构。在全国城市公共文化空间实践中形成若干特点鲜明的建构模式与典型做法。凝练分析先进经验做法可以为河北推动城市公共文化空间建设提供有益借鉴。

（一）紧抓国家政策重大机遇，以"高位引导+创造性落实"协同并举推进城市公共文化空间建设

在推动城市公共文化空间建设过程中，一个典型做法就是从省级层面高位引导与地市创造性落实两个方面协同发力。一方面，省级政府根据国家公共文化相关政策积极出台本省对接方案，高点定位、统筹引领，紧抓国家政策机遇窗口期。例如，江苏省围绕"建全省样本、创全国示范、争全国最优"目标，不仅从组织方式上成立专门工作小组，同时出台《打造"千个最美公共文化空间"实施方案》等政策。浙江发布《高质量打造未来社区公共文化空间的实施意见》。另一方面，各地市结合区域优势进行创造性落实，形成独具特色的地方模式。例如，以创建"东亚文化之都"为抓手打造城市书房联盟机制的"温州模式"、将园区经验嵌入城市公共文化空间建设的"苏州模式"。

推动城市公共文化空间建设离不开政府的高位推动和相关部门的主动作为，同时也需要各地市发挥主观能动性，充分利用地区优势、文化资源特点创造性落实中央、省的相关政策，形成别具一格的公共文化空间建设模式。

（二）践行人民城市重要理念，以"政府主导+社会协同+居民参与"创新城市公共文化空间运营管理模式

人民城市人民建，人民城市为人民。发展城市公共文化空间就是为人民群众提供贴近度高、沉浸式体验强的公共文化活动，从而获得文化熏陶和精神美感。因此，吸引社会力量和人民群众全面参与城市公共文化空间的运营

管理有助于其更好地发挥作用。例如，浙江温州通过连锁运行、图书馆法人治理等创新模式最大限度地吸引社会各界参与城市公共文化空间管理和监督。① 北京发展多样运营模式，既有政府主办结合社会化运营管理的"公办民营型"，也有社会机构搭载公共阅读服务的"民办公助型"。② 上海以"邻里汇、汇邻里"为目标，将居民从城市公共文化空间的旁观者变为设计者，通过设立意见簿、组织定期访谈等方式邀请居民加入，增强居民对社区公共文化空间的认同感和归属感，推动社区合作、多元共治。③

发展城市公共文化空间要充分发挥政府、社会、居民三方力量。其中，政府起把方向、定原则作用，保证城市公共文化空间的基本、公平底色；各类社会力量参与城市公共文化空间发展可以提供多样化的产品和服务，创造良好的社会环境；激发居民的参与自觉性和主动性将使其实现从"旁观者"到"参与者"再到"传播者"的角色转型。

（三）遵循"四性"要求，以"经典场馆+新型空间"打造城市公共文化空间全矩阵

城市公共文化空间是公共文化服务的载体，公共文化服务所具有的公益性、基本性、均等性、便利性特征决定了城市公共文化空间形态发展的趋势不再拘泥于传统的、宏大的、地标性的图书馆或博物馆，而是发展出更多人人可及、处处可去、形式多样的新型公共文化空间。一些城市围绕"四性"要求顺势而为，对城市公共文化空间的内涵拓展和形态丰富做了有益探索。例如，广州实施"基本普惠型+特色提升型"两手抓战略，一手抓大型公共文化场馆提档升级、一手抓街区公共文化空间转型提质；上海更是将城市公共文化空间融入百姓生活，打造出社区书房、沿江驿站、街巷剧场、楼道美

---

① 《温州加快编织高质量公共文化服务网》，浙江省人民政府网站，2021年8月23日，https://www.zj.gov.cn/art/2021/8/23/art_ 1229559825_ 59127371. html。
② 卢旭：《北京东城：推动公共文化服务社会化不断升级》，《中国文化报》2022年7月15日，第4版。
③ 《"邻里汇"汇聚邻里心——上海市徐汇区创建居民共治共享新空间》，民政部网站，2018年5月25日，https://www.mca. gov.cn/n152/n166/c40679/content. html。

术馆、地铁音乐角等形式多样的新型公共文化空间。

要不断拓宽对城市公共文化空间内涵与外延的认识，遵循"四性"要求，深入探索挖掘城市公共文化空间新的表现形态。

（四）充分运用融合创新思维，以"城市更新+多场景应用"解锁城市公共文化空间新功能、新业态

近年来，随着对传统城市公共文化空间单一的、固化的、孤立的发展认知的不断突破，部分城市日益将城市公共文化空间纳入现代城市发展的整体框架，尤为突出的经验做法就是对当下如火如荼开展的城市更新活动与公共文化空间打造进行融合，不断创新拓展公共文化的应用场景，使城市公共文化空间呈现功能多维、业态多元的新特点。例如，成都、北京、上海等地在老旧厂区、街区、小区改造过程中注入文化内涵，首钢老厂铁粉储料仓变身艺术馆，成都老旧五金街区成为全球最酷文创潮流街区，上海老旧社区成为融公共阅读、共享厨房、互助养老为一体的公共客厅。再如，广东将城市公共文化空间建设品牌 IP——"粤书吧"嫁接到酒店、机场、商场、民宿、景区等更多场景中，催生了新业态。

城市公共文化空间打造与城市更新都是从空间维度重新配置城市资源，以全面提升城市功能品质和治理效能。因此，要以系统思维、开放思维、创新思维推进城市公共文化空间打造与城市更新融合发展，推动与不同应用场景的耦合共生，解锁更多新功能、新业态。如此，才可实现城市公共文化空间"以文化城、以文化人"的高质量发展。

（五）借力互联网大数据技术，以"云上+线下"打破城市公共文化空间与物理空间的界限

近年来，随着互联网、大数据等新一代信息技术的普遍应用，公共文化"上云端""云上见"日益勃兴。国家公共文化云网站显示，全国 31 个省（区、市）基本建成"线上图书馆""公共文化云"等虚拟文化空间。然而，这些线上公共文化活动却存在深度沉浸感弱、观众注意力易被分流、社

交属性体验差等困境。为破解这些困境，推进线上线下城市公共文化空间一体化、立体化发展，部分城市进行了一些探索。例如，广州运用 3D、5G、AR/VR 等技术搭建全国首条具有元宇宙元素非遗街区，增强了市民沉浸式体验感，实现了线上线下的融合交互；南京利用数字技术对传统文化资源予以"活化"，参观者可借助数字穿戴设备或 App 应用程序，瞬间"穿越"进中国古画中，身临其境感受古代南京风貌。

数字技术赋能文化已成趋势，将数字技术应用于城市公共文化空间发展可以更好地提升文化的传播力、吸引力和感染力。不仅需要继续将城市公共文化空间从线下"搬到"线上，更需要进一步探索如何深度利用数字技术实现线上线下的一体化、立体化、融合化发展。

三 河北城市公共文化空间的发展现状

随着城市公共文化空间的发展，近年来河北涌现出一批形式新颖的城市公共文化空间，如沧州的"遇书房·阅读空间"、石家庄的食草堂艺术小镇、秦皇岛的海边图书馆。但总体上存在缺乏规模化和体系化推进、基层渗透率不足、建设偏形式化、功能创新不够等问题。

（一）缺乏规模化和体系化推进，长期处于多点探索阶段

多年来，河北公共文化空间一直呈现各地自发生长状态，发展程度也是参差不齐。有的城市已越过初期探索阶段，在扩面提质、体制创新等方面不断突破，如沧州以"遇书房"为统一标识，实现统一建设、统一管理以及文献的统一配送和通借通还。而更多地区依然围绕公共文化场馆等传统建设模式添空白、补短板，发展新型公共文化空间的动力不足。究其根本在于，缺少省级层面的规模化、体系化推进，相比之下，其他一些省市则及时总结地方实践经验并适时从省级层面复制推广。例如，浙江在 2019 年推出《城市书房服务规范》，从定义、设施装备、服务内容等方面对城市书房制定了

省级地方标准；江苏以举办"最美公共文化空间"为抓手，激发全省开展公共文化空间建设的热情。①

（二）基层渗透率不足，公共文化服务效能亟须新突破

基层是公共文化服务触角的最末端，也是公共文化服务最薄弱的地方。为了更好体现公共文化服务的公益性、基本性、均等性、便利性，打通公共文化服务"最后一公里"，公共文化空间建设正在发生转向，不断向街区、社区、小巷等城市肌理拓展延伸。例如，广东、江苏、北京纷纷提出打造建设完善、覆盖均匀、便捷高效的"十分钟公共文化服务圈"，让公共文化服务触手可及。相比之下，河北公共文化空间在基层延展上相对滞后，如石家庄作为省会城市刚刚基本实现总分馆制，在商业街区、公园街角设置新型文化体验空间也只是初露端倪。

（三）公共文化空间建设偏形式化，群众文化参与度不高

一些公共文化空间建设重形式、轻内涵，导致群众文化参与度不高。例如，一些社区城市书房的开放时间正是居民上班时间，部分文化驿站常年是社区老年人的闲聊聚集地，无法发挥公共文化空间愉悦身心、进益智慧、增益文明的功能作用。还有一些公共文化空间由于宣传推广不够，人们知晓率很低，更谈不上使用。例如，在对地铁数字图书馆使用情况进行访谈时得知，人们都是在无意间发现该设施的，且报刊时效滞后、电子图书使用不便造成使用体验不佳，进一步阻滞了居民文化参与行为，也浪费了公共资源。

（四）功能创新不够，无法适应居民对高品质文化生活的期待

新时期，人民群众的文化需求呈现多层次、多方面、多样化的特点，这

---

① 邵子君：《江苏：在公共文化空间探寻"诗和远方"》，《中国旅游报》2021年12月24日，第3版。

对公共文化空间功能创新提出新要求。河北公共文化空间总体上呈现功能单一的特点，特别是一些社区书房仅强调阅读功能，而没有将其视为微型文化综合体不断开拓新功能。也有部分商业街区书吧，除了阅读还融合了文化沙龙、轻食餐饮等服务，但易受商业环境波动影响而面临不稳定。例如，笔者计划实地考察石家庄一处坐落在商业综合体内的城市书吧，但由于商业综合体的萧条，该书吧也难觅其踪。而发达省市除了继续完善已有功能外，还不断拓展新功能，以发掘城市文化生态多样性。例如，上海"邻里汇"将文化沙龙、阅读分享等"软性需求"与养老、托幼、就餐、日常维修等日常"刚性需求"融为一体。

（五）缺少开放视野，联动先进省市的积极性、主动性有待提升

近年来，国家积极推进公共文化空间提档升级，并着力推动公共文化空间建设从基层试点探索向全国推广普及，以实现全国公共文化一体化发展。这就要求各地发展公共文化空间时不仅要加强自身建设，还要主动融入全国公共文化空间大潮。江苏、浙江、上海作为公共文化空间发展先行者发挥示范效应，举办长三角及全国部分城市最美公共文化空间大赛，河南、山东、四川、重庆积极参与，以借鉴先进经验提高建设水平。[1] 相比之下，河北公共文化空间发展视野相对封闭，不仅至今没有形成一个全省统一的公共文化空间建设抓手，更缺少与先进地区连接的主动意识，无法充分借助全国发展大势。

四 推动河北城市公共文化空间建设的对策建议

当前，河北正处在建设文化强省、构筑文化高地的关键紧要阶段，城市公共文化空间高质量发展是建设文化强省的重要部分。因此，需要从制度设

---

[1] 王彬：《2021 年长三角及全国部分城市最美公共文化空间大赛获奖名单出炉》，《中国文化报》2022 年 1 月 18 日，第 2 版。

计、运营管理、发展手段等方面系统推进公共文化空间加快发展，从而激发文化之治愈之力、复苏之力、激励之力、调和之力、想象之力。

（一）抢抓政策高配时机凝聚共识，以顶层设计和基层创新的良性互动推进城市公共文化空间高质量发展

1. 抢抓政策机遇，加强顶层设计

公共文化空间的建设和升级日益受到国家的重视，新近出台的一系列重要文件对公共文化空间发展都设有专章，表明公共文化空间建设已经上升到文化战略层面。河北要紧抓政策机遇，可对标国家政策，加快出台符合本省实际的配套方案，对已经出台方案的，要在落实力度、落实成效上下大功夫，使政策红利直达快享。围绕"有没有、够不够、好不好"，充分利用现有基础，采取"边实践、边总结、边推广"的方式，加快构建关于城市公共文化空间建设的政策体系，把发展公共文化空间上升到全省文化战略高度。

2. 全省上下凝聚共识，激励基层增强主动创新意识

以大讨论形式增强全省对公共文化空间发展与区域经济社会之间内在联系的深刻认识，形成文化共富共识。以实施公共文化空间品牌打造工程为抓手，鼓励河北各市在借鉴先进、立足实际的基础上全力打造特色鲜明、效益显著、带动有力的公共文化空间品牌，以品牌建设为助力，逐步形成河北公共文化空间矩阵。树立开放思维，通过积极联动京津和主动对接长三角，融入全国公共文化空间发展大势。

（二）打造"131"共建共享新机制，围绕"建—管—运"全环节探索城市公共文化空间可持续发展模式

1. 构建"一个目标、三元主体、一套支撑体系"共建共享新机制

"一个目标"，即把提升公共文化服务效能作为城市公共文化空间建设管理核心目标。"三元主体"，即在坚持政府主体责任前提下，通过政策规划引导、竞争机制引入、公民参与评估监督建立政府部门—社会力量—城市

居民协同推进城市公共文化空间"三元主体"建设管理体系。其中，政府更多关注法规政策制定、资源调配、监管实施、环境营造等方面，社会力量（包括企业机构、民办非企业、基金会、各类协会等）可通过设施运营、服务供给、模式创新参与城市公共文化空间发展，城市居民在享受服务的同时可通过监督反馈发挥文化治理主体作用。"一套支撑体系"，即完善政策、法律、组织、机制、中介机构等基础性条件，打造促进政府、社会力量、城市居民之间相互作用、相互影响的，可动态调整的支撑体系。

2. 多模式探索城市公共文化空间建管运营类型

基于提升公共文化服务效能这一核心目标，可探索不同类型城市公共文化空间建管运营模式。大体有如下几种：公建自办型，这类型指政府创建主体，经费政府全额拨付或设立基金会，部分管理运营权限可下放给文化设施单位，如公共图书馆、博物馆；公建民营型，由政府投资建设，委托民间机构统一营运，期满后营运权归还政府，如城市书房；民营公助型，民间机构运营管理，政府利用购买公共服务方式予以资助，如社区文化中心；民建民营型，城市公共文化空间作为配套由企业投资建设并自营或托管，如特色博物馆、私人故居、地产书屋。

（三）整合优化配置再利用资源，基于便利性、可得性打造"十分钟公共文化服务圈"

1. 多渠道激活城市存量空间资源

以便民、利民、惠民为出发点，对社区、街道各类闲置、腾退空间资源进行摸底。紧密结合全省正如火如荼开展的城市更新行动，整合配置存量资源，合理利用社区原有公共用房、历史建筑、风雨连廊、庭院、露台、绿道等空间资源，拓展公共文化空间。可以选取公共文化空间发展基础较好的社区先行试点，综合集成利用规模不一、类型各异的公共文化设施，不断推进公共文化空间向社区延伸，向老百姓家门口拓展，将辖下居委会全部纳入"十分钟公共文化圈"服务范围，实现小区文化配送全覆盖。

2. 整合社会资源，增加文化服务供给

不断提供丰富的高质量文化内容，采取"百姓点单"、建立"文化超市"、绘制"需求地图"等方式定期安排专业人员到社区公共文化空间开展文艺辅导、培训、讲座等活动，推动优质公共文化资源下沉。通过社区艺术节、文化节等形式鼓励有一技之长的群众成为公共文化内容生产者，而公共文化空间则成为"没有围墙的剧场"和"永不落幕的舞台"。搭建数据化资源匹配平台，实现文化资源跨区域、跨城市流动。

（四）不断拓展场景应用和功能融合，以"文化+""+文化"为抓手构筑城市公共文化空间综合体

1. 创新拓展城市公共文化服务应用场景

不断突破城市公共文化空间的传统认知，以融合思维创新拓展城市公共文化空间应用新场景，让身处不同场景中的人都可以获得文化熏陶。大体有如下几种思路：嵌入式场景应用，将公共文化服务嵌入商圈、机场高铁、酒店等场景，提升文化底蕴，如上海浦东机场借助公共文化服务打造"文化机场"；沉浸式场景应用，充分利用文化的渗透性、关联性特征，大力延展"文化+"触手，使公共文化浸入自然山水与生活烟火中，如与岛屿森林融为一体的日本直岛地中美术馆、上海在"一圈一园一路"中打造小而美文化新空间、广东惠州海边图书馆；跨界式场景应用，打破行业限制，打造一批企业文化空间，延伸公共文化服务设施到厂区园区，如苏州工业园区公共文化中心、石家庄食草堂艺术小镇。

2. 破矩求新推进城市公共文化空间功能融合

探索城市公共文化空间核心功能拓展，推进其连接其他社会公共需求，实现功能融合。可在完善城市公共文化空间核心功能基础上附加职业技能培训、医疗健康普及、特殊人群服务等新功能。特别是针对河北已进入中度老龄化社会的现状，可借鉴上海"邻里汇"经验，将城市公共文化空间与托老、老年教育、老年社交等紧密结合，推进适老化城市建设。

（五）加快推进数字技术全面全链赋能，以活化城市公共文化空间，增强文化的渗透力和影响力

1. 推动文化资源数据库建设的扩面提质

加快推进具有地域特色的文化资源数据建设，推动"互联网+"向传统公共文化空间进一步渗透，推进基层传统公共文化空间的数字化升级。可以通过市场化采购方式引入科技创新头部企业，扩大公共文化供给主体，丰富线上公共文化内容。未来还可尝试推进某一类型公共文化空间建立统一数据平台，如"谷歌艺术与文化平台"（Google Arts & Culture）将全球多个博物馆数据纳入其中，打造"虚拟博物馆"，通过其虚拟街景技术，人们可以"亲眼所见"任一博物馆展品。[①]

2. 利用新技术新手段活化公共文化空间

充分运用 5G 赋能的 AR、VR 技术，利用政策、金融、税收等手段鼓励引导科技型企业探索在不同类型城市公共文化空间开展数字艺术项目，让空间和技艺"活"起来，给受众带来全方位、沉浸式体验。例如，深圳某科技企业在人流密集的科技园区创作了众多 NFT 艺术作品，在传播城市文化、营造互动参与氛围等方面做出了一定探索。

参考文献

傅才武：《健全现代公共文化服务体系的核心是提质增效》，《中国文化报》2022 年 12 月 13 日，第 3 版。

司马晓、孔祥伟、杜雁：《深圳市城市设计历程回顾与思考》，《城市规划学刊》2016 年第 2 期。

王玲：《基于公共文化空间视角的上海市博物馆旅游发展研究》，博士学位论文，复旦大学，2010。

---

① 《把全球 1000+博物馆搬到线上，神奇的 Google Arts & Culture 到底做了什么?》，钛媒体网，2019 年 5 月 14 日，https://www.tmtpost.com/3896470.html。

河北省民族地区乡村文化振兴的现实困境
与路径选择研究

徐　颖　徐　鹏*

摘　要：　河北省民族地区乡村文化振兴是贯彻落实国家乡村振兴战略的根本遵循，是传承和发展好河北省民族地区乡村文化的重要举措，是满足河北省民族地区乡村人民精神文化需求的现实需要。本文在调研的基础上，认为河北省民族地区乡村文化振兴应该在以下几个方面做出路径设计：一是挖掘民族文化资源、民族文化基因，打造民族特色文化产业；二是多措并举增强乡村人民对乡村文化的自信心；三是高质量建设民族地区乡村文化人才队伍；四是积极构建民族地区乡村文化振兴多元治理共治机制。

关键词：　民族地区　乡村文化振兴　文化产业　河北省

党的二十大报告提出，全面推进乡村振兴要"加快建设农业强国，扎实推动乡村产业、人才、文化、生态、组织振兴"①，可以看出，乡村文化振兴是实现乡村振兴的重要环节，也是实现乡村振兴的必要途径。河北省民族地区的乡村，作为全国区域乡村的一个部分，注定也要参与这一历史进程。因此，考察和分析当前河北省民族地区乡村文化振兴的现状和困

---

* 徐颖，河北省社会科学院邓小平理论、"三个代表"重要思想和科学发展观研究所（精神文明建设研究中心）助理研究员，研究方向为文化产业；徐鹏，重庆商务职业学院教师，研究方向为民族文化。

① 习近平：《高举中国特色社会主义伟大旗帜　为全面建设社会主义现代化国家而团结奋斗——在中国共产党第二十次全国代表大会上的报告》，人民出版社，2022，第31页。

境，进而思考民族地区乡村文化振兴的路径选择具有重要的实践意义和时代价值。

一 河北省民族地区乡村文化振兴
具有重要的现实意义

河北省民族地区乡村文化振兴是全国乡村文化振兴使命的重要组成部分，是传承并发展乡村农耕文化、乡土文化以及中华优秀传统文化的历史必然，是充分挖掘和发挥乡村文化内驱力的重要途径，同时也是提升乡村文化自信、建设文化强国的题中应有之义，具有重要的时代价值。

（一）民族地区乡村文化振兴是传承和发展中华优秀传统文化的时代必需

习近平总书记指出："坚定文化自信，是事关国运兴衰、事关文化安全、事关民族精神独立性的大问题。"[①] 习近平总书记高度概括了新时期坚定文化自信的重要意义。文化自信是更深层次的自信，是建立在中华民族五千多年文明发展史中沉淀下来的中华优秀传统文化基础之上的。民族地区的乡村文化是中华优秀传统文化的重要元素。河北省民族地区的乡村文化有其独特的文化特色和区域特色。但调研发现，现实中，河北省民族地区的乡村文化在整个时代文化多元和迅速变迁的过程中也面临诸多挑战和困难，如乡村文化的时代价值被轻视、乡村文化被边缘化、乡村文化被外来文化替代等，这些挑战和困难意味着，保护好河北省民族地区乡村文化的命脉、底蕴和特色，传承和发展好中华优秀传统文化，提升民族自信，已成为当今时代摆在河北人面前的重要课题。

（二）民族地区乡村文化是推进民族地区乡村全面振兴的重要支撑

马克思主义基本原理告诉我们，文化对经济社会发展具有巨大的影响作

---

① 《习近平著作选读》第一卷，人民出版社，2023，第536页。

用。民族地区的乡村文化必定也影响民族地区经济社会的全面发展，最终影响民族地区乡村全面振兴的实践效果。恩格斯指出："政治、法、哲学、宗教、文学、艺术等等的发展是以经济发展为基础的。但是，它们又都互相作用并对经济基础发生作用。"① 明确了文化与经济社会等其他方面因素之间的相互关系。新时期，重视河北省民族地区乡村文化振兴，必将为民族地区乡村全面振兴提供强大的精神动力、思想引领和价值追求，凝聚民族地区群众团结奋斗美好生活的力量。

（三）民族地区乡村文化振兴是满足乡村人民精神文化需求的现实需要

《习近平著作选读》第一卷中指出："人民对美好生活的向往，就是我们的奋斗目标。"② 这表明，新时代人民对生活有着更高的期待，这些期待不仅是物质生活方面的，更多是精神文化生活方面的。我国改革开放40多年来，社会经济实现飞跃发展，河北省民族地区乡村物质生活条件大幅改善，广大人民在基本的衣食住行等需求方面得到了很好的满足。正如马斯洛的社会需求理论所描述的那样，当人的基本物质生活需求得到满足后，必然会追求更高层次的需求，这个更高层次的需求主要就是指精神层次的需求。实现民族地区乡村文化振兴是满足乡村人民精神文化需求的现实需要。

二　河北省民族地区乡村文化振兴路径

在新的历史起点上，河北省民族地区乡村文化传承着中华文明永不熄灭的精神火种，"彰显着中华民族的思想智慧和精神追求"③，我们有建设好、发展好乡村文化的使命责任。基于调研河北省民族地区文化振兴现实面临的困境，提出河北省民族地区乡村文化振兴应该从以下几个方面进行优化和选择。

---

① 《马克思恩格斯选集》第四卷，人民出版社，2012，第649页。
② 《习近平著作选读》第一卷，人民出版社，2023，第58~59页。
③ 《论"三农"工作》，中央文献出版社，2022，第253页。

（一）挖掘民族文化资源、民族文化基因，打造民族特色文化产业

2023年，河北省已经打造了全省"这么近，那么美，周末到河北"的文化旅游品牌。民族地区应该利用好这一品牌影响力，思考民族地区乡村文化振兴的具体思路，让民族地区乡村文化真正赋能乡村振兴。一是打造民族文化资源特色文化产业。在振兴民族地区乡村文化产业的过程中，要坚持乡村特色文化与本地区产业深度融合、驱动发展，要深入挖掘乡村特色文化元素，赋予其时代特征，依托特色文化资源进行产品化服务，结合地域特征、民族风俗特点进行文化附属产品的研发，创造具有鲜明民族特色的乡村文化品牌，将其融入有创新性的产品或产业链中并形成区位优势。充分利用"乡村环抱山河"的旅游资源、饮食文化、风俗文化等，打造特色文化旅游产业，在提高经济效益的同时注重社会效益，因地制宜，努力探索出适合河北省民族地区乡村文化产业发展的有效模式，促进民族地区乡村文化振兴战略的整体推进。在调研雕刻之乡曲阳时发现，曲阳的雕刻已经形成良好的产业环境，已经融入当地人民的日常生活之中，人们茶余饭后谈论的都是关于雕刻的话题，这可以为民族地区乡村文化发展提供很好的借鉴。二是打造民族基因特色文化产业。河北省民族地区乡村村民依然存有农民群体勤劳务实的朴素的价值观念，我们可以结合乡土风貌、风俗习惯，将这些乡村特征塑造成具有民族特色的文化，以中华优秀文化资源为载体，提升其影响力和认可度，进而形成民族品牌，推动本地区产业发展。例如创新文化产品，开发特色文化旅游产业、手工艺品，举办民俗文化节等，并将其打造成地区特色品牌，以此增加文化附加值。三是加强民族文化产业打造的顶层设计。在打造特色乡村文化建设过程中，同质化问题一直都困扰着各地区的发展，河北省民族地区乡村文化产业的打造要切合民族地区本地区实际，总体把握各个民族地区的差异和特点，要充分尊重其差异性，因地制宜地发展民族地区乡村特色文化。河北省民族地区乡村地域广阔，受自然条件、劳作方式、风俗习惯等因素的影响，形成了千姿百态的乡土文化，这对形成特色乡村文化产业来说是得天独厚的优势条件，必须利用好、规划好、发展好。

（二）多措并举增强乡村人民对乡村文化的自信心

河北省民族地区乡村文化振兴，亟须增强农民群体在乡村文化振兴中的主体意识，强化文化自信心。要使民族地区乡村文化焕发生机，就必须充分发挥乡村人民自身的主动性、积极性，提高参与度，提升文化自信。一是深入挖掘民族地区乡村文化的优势与时代价值，提升对自身文化的自信心与自豪感。习近平总书记指出"把社会主义核心价值观融入社会发展各方面，推动中华优秀传统文化创造性转化、创新性发展，不断提高人民思想觉悟、道德水平、文明素养，不断铸就中华文化新辉煌"[1]。说明乡村文化作为中华传统文化的重要组成部分，也随着时代的进步在转化和发展。民族地区必须重视这个"转化和发展"，深入挖掘民族地区乡村文化的时代价值并加以传承和弘扬，使乡村人民充分感悟自己乡村文化的厚重感、历史感，增强乡村人民对乡村文化的认同感。例如，将挖掘出来的民族文化打造成各种文化活动，在民族聚居区建立乡村文化小分队，专门负责挨家挨户宣传近期将要开展的民族文化活动，有效利用村部的宣传栏、文化墙等，组织开展多种多样的文化宣传活动，让民族地区乡村文化焕发出强大生命力。同时，借助自媒体平台搭建乡村文化宣传微信公众号、官方微博账号、官方抖音账号、乡村文化服务网站等多种网络平台，线上线下双管齐下，将乡村文化优势及价值深深烙刻在村民心中，使其增强自信心与自豪感，重拾文化自信。二是坚持以习近平新时代中国特色社会主义思想为指导，以社会主义核心价值观为引领。坚持以习近平新时代中国特色社会主义思想为指导，以社会主义核心价值观为引领，带动广大乡村人民把建设美丽文化乡村的愿景内化于心，外化为参与乡村文化振兴的实践行动。例如，组织专家宣讲团、乡贤宣讲团开展宣讲学习活动，让乡村人民知道为什么要推行乡村文化振兴，乡村文化振兴和自己的关系如何，乡村人民应该怎么做。三是打造能够激发乡村人民参与文化振兴的各类活动。相关部门要思考本地区的民族文化特色，积极开展符合乡

---

[1] 《习近平著作选读》第二卷，人民出版社，2023，第164页。

村人民实际且能调动其积极性的乡村文化活动，提前让乡村人民进行文化"热身运动"，以此正确提高村民对自身文化价值的认知能力，让乡村人民真正感悟到自身成为文化活动主角的成就感和责任感，并让这种"成就感"和"责任感"逐渐变为积极打造文化振兴的"内驱力"，最终让这种"内驱力"转化成乡村人民能够自主积极参与到乡村文化振兴的时代大潮中的永久动力。

（三）高质量建设民族地区乡村文化人才队伍

民族地区乡村文化人才队伍建设水平的高低直接影响着民族地区乡村文化振兴的水平。一是高质量建设乡村文化人才队伍。习近平总书记强调："教育、科技、人才是全面建设社会主义现代化国家的基础性、战略性支撑。"① 推进河北省民族地区乡村文化建设，人才是关键，人才为乡村文化建设提供智力支持和服务保障，更是推动产业资源快速发展的内生动力。一方面要提供相关配套措施留住人才。要建立健全人才引进优惠政策机制，着力吸引高校优秀毕业生和具有企业丰富经历的高素质从业者，充分运用他们所掌握的专业管理理念和先进技术，结合当前时代发展潮流，打造新奇的文化产品，促进文化产业的发展，积极为乡村文化振兴做出应有的贡献。另一方面要任人唯贤，善于用好人才。立足乡村文化振兴的实际，建立正确的用人机制，做到因才施用，让人才优势在乡村文化建设中的效能得到最大限度发挥。二是建立数字人才思维，充分利用"外脑人才"。在数字时代，人才可以实现时间和空间的分离。我们在构建乡村文化人才队伍的过程中，要树立数字人才思维，学会充分利用数字平台、数字资源，借用"外脑人才"。这就需要乡村在实现乡村文化振兴的过程中，充分重视乡村文化基础设施的建设和打造，建立完备的数字技术系统，充分建立与乡村以上各个层级的连接与沟通，实现对"外脑人才"异地异省的指导，同时练好内功，积极加强对当地人才对数字技术的学习、应用的培训和指导。

---

① 习近平：《高举中国特色社会主义伟大旗帜 为全面建设社会主义现代化国家而团结奋斗——在中国共产党第二十次全国代表大会上的报告》，《人民日报》2022 年 10 月 26 日，第 001 版。

（四）积极构建民族地区乡村文化振兴多元治理共治机制

在民族地区乡村政府的主导下，积极构建民族地区乡村文化振兴多元治理共治机制，充分发挥各个多元治理主体的作用，相互配合，共同参与。一是要发挥民族地区乡村"有为政府"的作用。民族地区乡村政府在民族地区乡村文化振兴过程中发挥主导作用，民族地区乡村政府能否准确把握乡村文化振兴的职能定位、给予科学合理的相关政策支持，决定着乡村文化振兴的推进效果。各地乡村政府应立足当地的实际状况制定适合本地区、本民族乡村文化振兴的"顶层设计"，做好充分调研，做好相关乡村文化振兴基础设施建设，做好各种乡村文化振兴的体制机制建设等，做好掌舵护航，在乡村文化振兴过程中当好"有为政府"。二是要发挥民族地区乡村"有效市场"的作用。民族地区乡村文化振兴要遵循市场经济的一般规律，让市场在乡村文化振兴中发挥其应有的有效配置资源的作用，通过这只"无形的手"在乡村文化振兴的各个环节发挥作用，形成市场化的运作机制以满足农民日益增长的美好文化需要，让"有效市场"真正动起来。三是要发挥民族地区乡村"人民有位"的作用。乡村人民"有位"，就是要给予乡村人民在乡村文化振兴过程中重要的"位子"，让"位子"转起来、活起来，让乡村人民在乡村文化振兴过程中有认同感、有价值感、有主体性、有获得感等，这些都需要在发挥好"有为政府"和"有效市场"作用的基础上，积极做到建立和完善乡村人民参与文化治理的体制机制、打造"人民有位"的文化治理生态、提升乡村人民参与文化振兴的个人能力等。

参考文献

《中共中央国务院关于实施乡村振兴战略的意见》，《人民日报》2018 年 2 月 5 日。

中共中央党史和文献研究院：《习近平关于"三农"工作论述摘编》，中央文献出版社，2019。

《乡村振兴战略规划（2018—2022 年）》，《人民日报》2018 年 9 月 27 日。

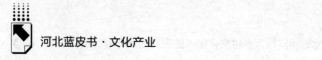

费孝通：《乡土中国生育制度乡土重建》，商务印书馆，2011。

习近平：《在全国脱贫攻坚总结表彰大会上的讲话》，人民出版社，2021。

习近平：《扎实推动共同富裕》，《求是》2021年第20期。

《中共中央国务院关于实施乡村振兴战略的意见（2018年1月2日）》，《人民日报》2018年2月5日。

B.8
保定文化遗产活化

——基于文化软实力提升途径*

张祖群　赵浩天　王　滢**

摘　要：　文化是一个城市和地区的血脉和灵魂。保定在中国百强城市软实力排行榜中名列第58位（处于中下游），保定厚重的文化资源、文明积淀与其文化软实力排名不相称。从文化遗产角度分析保定文化软实力的差距，从文化遗产活化入手，进行整体文化谱系编码与识别，合计识别出223项保定的中华优秀传统文化遗产谱系、108项保定的革命文化遗产谱系、61项保定的社会主义先进文化遗产谱系。开展传承保定中华传统优秀文化、弘扬保定革命文化、发展社会主义先进文化三大工程，以提升保定的文化软实力。

关键词：　文化遗产　文化软实力　保定

* 基金项目：教育部首批新文科研究与改革实践项目"新文科背景下产品设计专业建设的探索与实践"（编号2021160005）、中国高等教育学会"2022年度高等教育科学研究规划课题"重点项目《基于文化遗产的通识教育'双向'实施途径》（22SZJY0214）、教育部学位与研究生教育发展中心2023年度主题案例"中华优秀传统文化的文化基因识别与文创设计"（ZT-231000717）、世界中餐业联合会2024年度重点课题"中华饮食文化：遗产名录、属性特征及文明互鉴"（WFCCI—2024—KT006）、工业和信息化部2024年软课题"统筹推进新型工业化和新型城镇化的路径和机制研究"（GXZK2024-01）、2024年北京理工大学"研究生教育培养综合改革"课程建设专项教学案例"从公约认知到文明互鉴——文化遗产创新设计案例"。

** 张祖群，中国科学院博士后，北京理工大学设计与艺术学院文化遗产系教授级高工，硕士生导师，研究方向为文化遗产与艺术设计、遗产旅游等；赵浩天，北京理工大学设计与艺术学院2021级硕士生，研究方向为文化遗产与艺术设计；王滢，北京理工大学设计与艺术学院2023级硕士生，研究领域：文化遗产与艺术设计。陈琦、贺婷婷、赖彦麟、许靖威、董筱菡、李晶等参与整理部分资料，特此致谢。

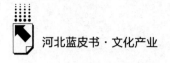

一 保定文化软实力差距与原因分析

张志国（2009）从城市本土文化的发掘角度阐述保定现代城市发展。不同学者从提升路径（曲江滨，2010）、建设文化名城（杨彦华，2011）、京津冀协同发展（李艳庆等，2014）等角度分析保定城市文化软实力。

（一）保定文化软实力的差距

1. 保定旅游资源潜力有待发掘

保定拥有国家级文旅资源118家，4A级以上旅游景区仅18家（其中5A级旅游景区3家，4A级旅游景区15家），占比仅为15%。保定对5A级旅游景区的培育不足，且高等级旅游景区的开发数量与其强大的旅游资源赋存不相匹配。保定文化旅游业收入占全市总收入的比重低于河北文化旅游业收入占全省总收入的比重。保定旅游景区密集，但高星级酒店数量占比低；旅行社数量多，但小型旅行社占比大，综合服务水平较低。缺乏规模大、实力强的旅行社企业。游客来源单一且增速缓慢，水平相对于国内发达地区还有充分发展空间。

2. 保定非遗传承与保护需要加强

保定有国家级非物质文化遗产15项、省级非物质文化遗产69项。保定非物质文化遗产数量丰富、涵盖类型广，涉及传统民俗、民间戏剧、民间艺术等类型。非物质文化遗产难以为继，大量的人才流失，加之现在大多年轻人不愿意学习非遗，导致非遗传承的老龄化问题严重。据2023年统计，目前保定非遗传承人的平均年龄是59.4岁，其中传承人年龄在55岁（含55岁）以上的有56人，占到传承人总数的67.4%。传承人年龄相对较大，非物质文化遗产的传承面临难以为继的困境，由于传承人才的匮乏，传统民俗日渐萎缩甚至消亡。

3. 保定公共文化设施维护利用需要加强

截至2021年末，全市有公共图书馆21个，博物馆22个，剧场、影剧院7个，有线电视用户38.3万户。保定有近20所高校，若开辟为公共文化机构、设施，可利用的图书馆总数应远超保定市人民政府发布的《我市着力健全现代公共文化服务体系》中统计的 21 个。保定的图书馆、音乐厅、博物馆、历史街区等已建成多年，需要进行一定维护、翻新，解决设施老化问题，提高利用效率。大量城市文化设施的软硬件配置需要赶上时代步伐，根植传统与跟进时尚。

4. 保定文化产业竞争力有待提高

从文旅产业增加值来看，保定文旅产业增加值总量较少、占比较低，对保定经济发展的贡献度较低，还不能成为支柱产业。从从业人员占比来看，文旅产业的从业人员占社会全部从业人员的比重较小，文旅产业的贡献度和影响力相对于国内发达地区还有较大上升空间。客观上由于保定的人才流失严重和城市知名文化品牌缺位，其整体文化企业自主创新能力有待提高，国内国际市场竞争能力也有待提高。

5. 保定地方场所精神需要提升

场所精神是一个城市历史底蕴的动态展示，它通过人造物象呈现的理性特征、文脉传承，向"他者"营造了其所在地区的物质以及非物质的感性氛围。其文化记忆是居民认同感的重要来源，通俗地说，场所精神就是依赖当地民众所产生的集体文化记忆，同时也是判断一个地区文化区别于其他地区文化的重要依据。场所精神的形成有赖于文化记忆的内在维系，而文化记忆又由"经典化"的语言景观进行外在体现。保定丰富的文化遗产资源促进了保定场所精神的产生，然而由于发展过程中不可避免存在种种阶段性问题，目前保定的地域场所精神正在流失，使得历史的严谨性和文化本身的内涵大打折扣。从"京畿重地"到"历史名城"，再到今天的"京津冀世界级城市群中的现代化品质生活之城"，民众对于保定的认同感和归属感亟待加强。

（二）造成保定文化软实力有待提高的原因

保定的文化资源富足，但对于文化深度挖掘不够，存量—用量之间体现矛盾；保定文化资源非常丰富，但旅游资源多而杂，每种文化资源都不能充

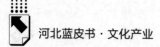

分展示出文化张力。保定紧邻京津两市，打造城市文化名片的难度大，亟须凸显保定文化的独特性和不可替代性。

保定文化遗产内生动力欠佳的原因主要表现为以下四点。一是保定的软实力宣传方式有待完善和提高，潜在人群缺乏对保定文化的了解。目前保定的旅游客源多来自京津冀地区，而其他地区游客对保定的了解程度一般。为了优化和传播保定文旅资源，亟须结合当下新兴的技术手段和传播方式进行深度传播，将文化保定的魅力辐射至中国甚至全世界。二是文化遗产活化水平需要提高，没能与新时代文化消费需求和社会功能很好地结合，且缺少创新，加之疫情影响，很难发挥综合效益，以至于逐渐落后于某些文化软实力较强的城市。三是传统文化缺少与新技术手段的结合，没有很好地在现代语境下溢出传统文化的价值魅力。四是保定传统文化的价值承载能力需要加强，亟待民众认知、认可传统文化价值，如不进行人工干预，一些传统文化事项将处于萎缩甚至消亡境地。

二 保定文化遗产活化的三大系统工程

明清两代形成五个版本的保定府志：明代弘治七年（1494）《保定郡志》（25 卷）；明代隆庆五年（1571）初修《保定府志》；明代万历三十五年（1607）续修《保定府志》（40 卷）；清代康熙十九年（1680）《保定府志》（29 卷）；清代光绪五年（1879）《保定府志稿》（29 卷）。河北文物局主编的《中国文物地图集（河北卷）》，2013 年分上、中、下三册在文物出版社正式出版。新中国成立后的三次全国文物普查（保定部分）、于 2024 年 3 月启动的第四次全国文物普查试点（保定部分）搜集了大量保定文史材料。保定地方文旅部门对于国家非遗、省（市）非遗的申请、认定、管理考核等，形成了关于非遗的基础数据。张士彬（1994）将保定历史文化名城的特色概括为五点：历史悠久、古迹众多、文教昌盛、军事重镇，革命传统。物质文化基因与精神文化基因决定了一座古城的外在风貌、物质形空间、内在城市肌理。在时代发展变迁脉络中，基于公众认知调查的城市意象认知地图是判别城市意象重要性与保护方式的重要途径。分别从传承中华优秀传统文化、弘扬革命文化、发展社会主义先进文化三大工程入手，破解保定文化产业竞争力、旅游开发有待提高，文化遗产、场所精神保护缺失等表象，需要活化保定文化遗产，重新激活和唤醒这些尘封已久的保定基因，给保定文化软实力打一剂"加强针"。

（一）传承中华优秀传统文化的遗产活化工程

1.保定的中华优秀传统文化遗产编码与识别

中国的文物古迹有丰富的文化背景，建筑讲礼制，名楼有诗文，是城市历史"活"的见证。以8批全国重点文物保护单位（编码为GB开头，数字随着入选批次由1开始增加，依此类推）、6批河北省重点文物保护单位（编码为SB开头，数字随着入选批次由1开始增加，依此类推）、5批河北省省级非物质文化遗产名录（编码为SFY开头，数字随着入选批次由1开始增加，依此类推）、5批国家级非物质文化遗产代表性项目名录（编码为GFY开头，数字随着入选批次由1开始增加，依此类推）、工业和信息化部公布的5批国家工业遗产（编码为GGY开头，数字随着入选批次由1开始增加，依此类推）、国家文物局和中国食品工业协会确定的中国食品文化遗产（编码为GSY开头，数字随着入选批次由1开始增加，依此类推）为基础对保定文化遗产进行分类编码整理，其中非物质文化遗产分为民间文学（编码WX），传统音乐（编码CY），传统舞蹈（编码CW），传统戏剧（编码CX），曲艺（编码QY），传统体育、游艺与杂技（编码YY），传统美术（编码CM），传统技艺（编码CJ），传统医药（编码CYY），民俗（编码MS）；物质文化遗产分为古建筑（编码GJ）、古遗址（编码GYZ）、古墓葬（编码GMZ）、石刻（编码SK）、石窟寺（编码SKS）。合计识别出223项保定的中华优秀传统文化遗产谱系（见表1）。

2.中华优秀传统文化遗产活化列举

以最为重要的几项举例阐述文化遗产活化途径，如下。

燕下都遗址（GB1SB1-GYZ）活化。①坚持国家属性、考古支撑、保护第一、合理利用、创新驱动、融合发展的基本原则，通过加强燕下都遗址考古工作、深化理论制度研究与科技应用、实施燕下都遗址综合保护工程，确保燕下都遗址文物本体和周边环境总体安全。加强遗址考古研究、保护管理、展示利用、文化教育、旅游休闲、传承创新、传播交流等综合功能。②利用最新展陈技术揭示燕下都遗址丰富的文化内涵，提升燕下都遗址展示利用水平，推动国家考古遗址公园高质量发展。可以按照"遗址+博物馆"模式进行遗址非接触性参观，以燕国文化为卖点，将燕下都遗址丰富的燕国生活、文化遗存进行单独设馆展出。③将古代的尚武文化与注重血脉的王权文化相结合，将荆轲、太子丹等人的故事加以艺术性改编，编排为舞台化话剧或歌剧，展演燕国作为西周开国诸侯深厚的文化底蕴。

保定长城（SB1-2GJ）活化。①重点利用文物和文化资源外溢辐射效应，通过"连点""成线""建网"，规划建设4个核心展示园、2个集中展示带、7个特色展示点，积极建设长城国家文化公园（保定段），积极发展特色文化旅游产业。②以长城文化资源为基点重点辐射周边乡村地区，助力乡村振兴，首批重点打造10个长城村落（大龙门村、柱角石村、隋家庄村、石窝村、插箭岭村、独山城村、倒马关村、黄土岭村、富有村、大庞村）。③大力推进保定长城文化旅游与研学。与相关大学文化遗产、旅游管理、历史、建筑等专业开展合作，定期输送青年学生参观学习。以乌龙关长城为例，作为保存最为完整的长城之一，历经五六百年无丝毫垮塌。④借助互联网与多媒体平台进行宣传，吸引长城兴趣者，特别是"明粉"群体，以文字、图片、视频、直播等形式宣传保定长城的风采。

刘伶醉（GB6SB4GYZ，GFY5Ⅷ-145，GGY4，GSY1）活化。①以刘伶醉酒古烧锅遗址为中心，以"车间—遗址—外围一体化参观"的方式，设置酿酒生产线专用参观通道，让游客身临其境感受酿酒生产过程。②以刘伶醉酿酒工艺为核心，通过入门解说、沉浸式古装解说、车间生产流程、考古遗址阐释、文化墙导览、地下酒海参观、文创店品尝体验等各个环节，增加对刘伶醉的知识学习、历史敬畏、文化纵深感与现实获得感。③通过互联网平台开启直播带货、平台优惠等宣传活动，在国潮较为时兴的市场中，刘伶醉深厚的文化底蕴将是重要的加分项。

曲阳县定瓷（GFY2SFY1-CJ）、石雕（GFY1-CM）等活化。①挖掘定瓷传统工艺复兴，推进定瓷传统审美融入现代生活，加快文创、设计与市场对接，在保持原汁原味的基础上将传统与时尚审美相结合，形成"工作室（设计师）—公司定制—市场"的双向循环模式。②推进石雕产业园提升，加强石雕个体户、公司的集群管理，形成个性鲜明、各具特色、百花齐放、抱团"走出去"的局面。③推进定瓷高端研讨会，加大国际雕刻博览会宣传力度，借助网络平台提升保定传统工艺的知名度和含金量。

3. 中华优秀传统文化遗产活化关键点

223 项保定的中华优秀传统文化遗产，绝大多数都有明确的遗产载体与实体空间，要高度重视以下三个方面。

第一，区分两种类型的遗产活化。对于文物古迹类遗产而言，关注遗产本体与历史环境。保护和利用并重，遗产活化过程既要对遗址本身进行展示与利用，也要关注遗址周围环境；将保护遗址本体放在首位，将文化产业层面放在历史环境部分；协调好文物保护机构与旅游发展之间的矛盾，实现遗产活化和遗址保护的制度约束与可持续发展；关注公众的参与体验和旅游体验，依托保定的中华优秀传统文化遗产资源，使公众主动获取深层次的历史文化信息。

对于非物质文化遗产而言，充分激活传统文化元素，进行创造性转换与创新性发展。一是从重视基础文化设施的建设开始。曲阳石雕和定瓷、易县铜雕和易水古砚、雄县黑陶和书画等具有明显资源优势，建设维护相关保定艺术品生产基础设施，完善艺术品交易中心。各种艺术品基础设施建设需相互交融，相得益彰，共同扩大城市文化辐射范围。二是从政府层面对文化市场进行有效监管，充分挖掘保定民间文化资源，提升文化品位，重视质量与文化内涵深度，重点打造民间手工艺创新与集散基地，拒绝粗制滥造与生搬硬套，让优质的文化产品与文化服务走进千家之门、万家之心。

第二，注重文物古迹类遗产本体活化。遗址本体活化的目的是增强文化遗产的可观性，通过展览陈列将遗址原貌与真实信息展现在游客面前。

（1）本体保护与修复。遗址的本体保护与修复是遗产活化的基础和前提，是将遗产文化内核表面可视化的过程。在诸如长城（保定段）、燕下都等土石遗址保护中，保持遗址本体的稳定性，进行覆土（石）保护。在对遗址进行展示时做好定期日常维护，尽可能保证遗址本体的完整性。

（2）解读具象化。通过对文化遗产信息的解读，拓宽人们主动寻求趣味性、互动性和科普性知识的视野，让公众读懂保定文化遗产的展示信息，达到多感官体验，实现遗产价值共享，使223项保定的中华优秀传统文化遗产成为具备阐释与展示意义的有效空间。

（3）情景可视化。将碎片的，包括物质和非物质要素的历史文化信息进行景观空间的文化性叙事表达，从而使游客通过互动感知获得共鸣的情感记忆。通过重点保护、恢复重建、提炼文化元素等方式塑造出可以被游客感知的景观意向，利用植物造景进行空间界定和环境重塑。

第三，开展多种游客体验活化活动。需注重物质和非物质的结合，通过故事化、情景化、人格化的手段对保定进行叙事场景的塑造及情节演绎，游客要参与到文化景观体验、情景模拟中，使保定文化遗产的景观意象与精神文化根植于游客记忆中而被广泛传承与传播。以下从沉浸式体验、事件策划、印象管理三个方面进行解读。

（1）沉浸式体验。助力发展沉浸式体验项目，利用5G、AR、VR等高科技手段，从各感官打造"印象保定""和美保定"等沉浸式旅游项目。利用保定自身资源的独特性产生吸引力，使游客通过体验加深对保定的历史记忆。

（2）事件策划。依托燕下都遗址、北福地遗址等考古发掘，向公众直播展示考古现场。推出合理的考古发掘互动活动，挖掘遗址背后的重要价值。

（3）印象管理。通过保定出土典型器物、典型地标建筑、典型非遗事项、典型历史名人等衍生出设计要素，进行旅游纪念品、艺术品等产品研发，进行旅游印象管理和再利用，更容易产生共鸣。

表1　保定的中华优秀传统文化遗产编码与识别

序号	名称	项目属地/文保属地	编码
1	白沟泥塑	保定市高碑店市	SFY1-CM
2	冀中笙管乐（高洛音乐会）	保定市涞水县	GFY1-SFY1-CY
3	冀中笙管乐（子位吹歌）	保定市定州市	GFY2-SFY1-CY
4	雄县古乐	保定市雄县	GFY2-SFY1-CY
5	金牛眼药	保定市易县	GFY4-SFY1-CW
6	清苑哈哈腔	保定市	GFY1-SFY1-CX
7	定州秧歌戏	保定市定州市	GFY1-SFY1-CX
8	保定老调	保定市	GFY2-SFY1-CX
9	横岐调	保定市涿州市	SFY1-CX
10	贤寓调	保定市定兴县	SFY1-CX
11	涿州十不闲	保定市涿州市	SFY1-QY
12	定瓷传统烧制技艺	保定市曲阳县	GFY2-SFY1-CJ
13	高阳民间染织技艺	保定市高阳县	SFY1-CJ
14	易县绞胎陶瓷制作技艺	保定市易县	GFY2-SFY1-CJ
15	易水砚制作技艺	保定市易县	SFY1-CJ
16	安国药市	保定市	GFY1-SFY1-MS
17	直隶官府菜系烹饪技艺	保定市	SFY1-MS
18	涞水踢球	保定市涞水县	SFY1-YY
19	黄金台传说	保定市定兴县	SFY3-WX
20	冀中笙管乐（延福屯村音乐会）	保定市高阳县	SFY3-CY
21	冀中笙管乐（同口音乐会）	保定市安新县	SFY3-CY
22	大义店村冰雹会音乐会	保定市高碑店市	SFY3-CY
23	跃进吹歌	保定市徐水区	SFY3-CY
24	清苑绣球龙灯	保定市清苑区	SFY3-CW
25	博野花鼓落子	保定市博野县	SFY3-CW
26	老调	保定市安国市	SFY3-CX

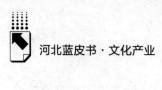

续表

序号	名称	项目属地/文保属地	编码
27	太极拳（府内派传统杨氏太极拳）	保定府内派传统杨氏太极拳文化研究会	SFY3-YY
28	曲阳擎阁	保定市曲阳县	SFY3-YY
29	圈头村少林会	保定市安新县	SFY3-YY
30	八趟掩手	保定市安新县	SFY3-YY
31	传统造船技艺	保定市安新县	SFY3-CJ
32	芦苇画	保定市安新县	SFY3-CJ
33	白洋淀苇编	保定市安新县	SFY3-CJ
34	面塑	保定市安新县	SFY3-CJ
35	丧葬习俗	保定市安新县圈头村	SFY3-MS
36	九曲黄河灯	保定市定兴县	SFY3-MS
37	冀中笙管乐(十里铺音乐会)	保定市雄县	SFY4-CY
38	冀中笙管乐(北宋村古乐)	保定市清苑区	SFY4-CY
39	花张蒙道教音乐	保定市定州市	SFY4-CY
40	鼎棋	保定市	SFY4-YY
41	脏腑推拿术	保定市	SFY4-CYY
42	金牛眼药	保定市定州市	SFY4-CY
43	关汉卿的传说	保定市安国市	SFY5-WX
44	唐尧的传说	保定市唐县	SFY5-WX
45	冀中笙管乐（安新县端村音乐会、徐水区高庄村音乐会、安新县关城村音乐会、唐县灌城村西乐会、曲阳吹歌）	保定市安新县、保定市徐水区、保定市唐县、保定市曲阳县	SFY5-CY
46	陶埙艺术	保定市	SFY5-CY
47	架鼓(安国架鼓、定州架鼓)	保定市安国市	SFY5-CY
48	定州西四旺村龙灯戏	保定市定州市	SFY5-CW
49	定州邢邑花会	保定市定州市	SFY5-CW
50	蠡县戳脚	保定市蠡县	SFY5-YY
51	阴阳八盘掌	保定市雄县	SFY5-YY
52	曲阳泥塑	保定市曲阳县	SFY5-CM
53	清宫传统刺绣（易县清宫传统刺绣、定兴县南大牛村刺绣）	保定市易县、保定市定兴县	SFY5-CJ
54	定州缂丝	保定市定州市	SFY5-CJ

序号	名称	项目属地/文保属地	编码
55	徐水漕河驴肉加工技艺	保定市徐水区	SFY5-CJ
56	涞水古建砖瓦制作技艺	保定市涞水县	SFY5-CJ
57	清苑传统制香技艺	保定市清苑区	SFY5-CJ
58	定兴书画毡制作技艺	保定市定兴县	GFY5-SFY5-CJ
59	定州新宗熏肉制作技艺	保定市定州市	SFY5-CJ
60	曲阳黑闺女饺子馅制作技艺	保定市曲阳县	SFY5-CJ
61	安国药膳	保定市安国市	SFY5-CJ
62	万宝堂中医药文化	保定市	SFY5-CY
63	安国中药材加工炮制技艺	保定市安国市	SFY5-CY
64	涞水伶伦祭典	保定市涞水县	SFY5-MS
65	石辛庄村音乐会	保定市高碑店市	SFY6-CY
66	韩庄村古乐	保定市雄县	SFY6-CY
67	西黑山村南乐会	保定市徐水区	SFY6-CY
68	北贺寿营村音乐会	保定市徐水区	SFY6-CY
69	东关村细乐会	保定市望都县	SFY6-CY
70	高碑店市南虎贲驿村南乐会	保定市高碑店市	SFY6-CY
71	活盘旱船	保定市定兴县	SFY6-CW
72	上四调	保定市高碑店市	SFY6-CX
73	京剧（奚派京剧）	保定市	SFY6-CX
74	西河大鼓（王派西河大鼓）	保定市雄县	SFY6-QY
75	高阳短拳	保定市高阳县	SFY6-YY
76	形意拳（孙式形意拳）	保定市	SFY6-YY
77	孙式太极拳	保定市孙禄堂武术院	SFY6-YY
78	岳氏散手	保定市雄县	SFY6-YY
79	戏剧盔头、道具、服装制作技艺	保定市定兴县	SFY6-CJ
80	白运章包子加工技艺	保定市莲池区	SFY6-CJ
81	白家牛肉罩饼加工技艺	保定市莲池区	SFY6-CJ
82	扈氏唢呐、管子制作技艺	保定市	SFY6-CJ
83	驴肉火烧制作技艺	保定市老驴头食品有限责任公司	SFY6-CJ
84	保定铁球制作技艺	保定市	SFY6-CJ
85	高阳田家烧鸡加工技艺	保定市高阳县	SFY6-CJ
86	清宫传红木家具制作技艺	保定市涞水县	SFY6-CJ
87	大次良村南乐会	保定市徐水区	SFY7-CY

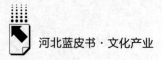

续表

序号	名称	项目属地/文保属地	编码
88	五家角村细乐会	保定市唐县	SFY7-CY
89	高跷	保定市徐水区	SFY7-CW
90	西河大鼓	保定市博野县	SFY7-QY
91	刺绣（文彩绣）	保定市定兴县	SFY7-CM
92	抽纱补花技艺	保定市定兴县	SFY7-CM
93	传统拓印技艺	保定市	SFY7-CJ
94	安国马蹄烧饼加工技艺	保定市安国市	SFY7-CJ
95	景泰蓝火锅制作技艺	保定市涞水县	SFY7-CJ
96	大慈阁香油磨制技艺	保定市国家高新技术产业 开发区	SFY7-CJ
97	桑叶茶制作技艺	保定市定兴县	SFY7-CJ
98	高碑店豆腐丝制作技艺	保定市高碑店市	SFY7-CJ
99	麻子石陶器烧制技艺	保定市莲池区	SFY7-CJ
100	古建砖瓦制作技艺	保定市唐县	SFY7-CJ
101	时氏正骨术	保定市高碑店市、保定市白沟新城	SFY7-CYY
102	邸氏疮疡外科	保定市唐县	SFY7-CYY
103	北岳祭典	保定市曲阳县	SFY7-MS
104	燕子古乐	保定市易县	SFY2-CY
105	易县东韩村拾幡古乐	保定市易县	GFY2-SFY2-CY
106	安新县圈头村音乐会	保定市安新县	GFY2-SFY2-CY
107	雄县鹰爪翻子拳	保定市雄县	GFY2-SFY2-YY
108	刘伶醉酒酿造技艺	保定市徐水区	GFY5-SFY2-CJ
109	槐茂酱菜制作技艺	保定市	SFY2-CJ
110	蠡县二踢脚制作技艺	保定市蠡县	SFY2-CJ
111	后山文化	保定市易县	SFY2-MS
112	孙氏太极拳	保定市	GFY5-YY
113	传统制香制作技艺	保定市清苑区	GFY5-CJ
114	曲阳石雕	保定市曲阳县	GFY1-CM
115	徐水舞狮	保定市徐水区	GFY1-CW
116	钓鱼台遗址	保定市曲阳县	GB6-SB(1or2)-GYZ
117	卧龙岗遗址	保定市定兴县	SB(1or2)-GYZ
118	孟良河遗址	保定市曲阳县	SB(1or2)-GYZ
119	夜借遗址	保定市满城区	SB(1or2)-GYZ
120	要庄遗址	保定市满城区	GB7-SB(1or2)-GYZ

序号	名称	项目属地/文保属地	编码
121	燕下都遗址	保定市易县	GB1-SB(1or2)-GYZ
122	定窑遗址	保定市曲阳县	GB3-SB(1or2)-GYZ
123	丛葬墓群	保定市易县	GB7-SB(1or2)-GMZ
124	满城汉墓	保定市满城区	GB3-SB(1or2)-GMZ
125	高官庄墓群	保定市涿州市	SB(1or2)-GMZ
126	半壁店墓群	保定市涿州市	SB(1or2)-GMZ
127	大宋台古墓	保定市蠡县	SB(1or2)-GMZ
128	所药村壁画墓	保定市望都县	GB6-SB(1or2)-GMZ
129	张柔墓	保定市满城区	GB6-SB(1or2)-GMZ
130	史邱庄古墓	保定市涿州市	SB(1or2)-GMZ
131	清西陵	保定市易县	GB1-SB(1or2)-GMZ
132	怡贤亲王墓	保定市涞水县	GB6-SB(1or2)-GMZ
133	影三郎墓	保定市蠡县	SB(1or2)-GMZ
134	王子坟	保定市博野县	SB(1or2)-GMZ
135	彭越墓	保定市清苑区	SB(1or2)-GMZ
136	刘伶墓	保定市徐水区	SB(1or2)-GMZ
137	张华墓	保定市徐水区	SB(1or2)-GMZ
138	古长城	承德市、张家口市、保定市等	SB(1or2)-GJ
139	义慈惠石柱	保定市定兴县	GB1-SB(1or2)-GJ
140	易县道德经幢	保定市易县	GB4-SB(1or2)-GJ
141	修德寺塔	保定市曲阳县	GB6-SB(1or2)-GJ
142	云居寺塔	保定市涿州市	GB5-SB(1or2)-GJ
143	智度寺塔	保定市涿州市	GB5-SB(1or2)-GJ
144	圣塔院塔	保定市易县	GB6-SB(1or2)-GJ
145	双塔庵东西双塔	保定市易县	GB7-SB(1or2)-GJ
146	伍侯塔	保定市顺平县	GB7-SB(1or2)-GJ
147	镇江塔	保定市涞水县	GB8-SB(1or2)-GJ
148	兴文塔	保定市涞源县	GB6-SB(1or2)-GJ
149	开善寺	保定市高碑店市	GB4-SB(1or2)-GJ
150	阁院寺	保定市涞源县	GB4-SB(1or2)-GJ
151	西岗塔	保定市涞水县	GB6-SB(1or2)-GJ
152	皇甫寺塔	保定市涞水县	GB7-SB(1or2)-GJ
153	燕子村塔	保定市易县	SB(1or2)-GJ
154	北岳庙	保定市曲阳县	GB2-SB(1or2)-GJ

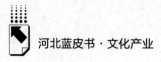
续表

序号	名称	项目属地/文保属地	编码
155	慈云阁	保定市定兴县	GB4-SB(1or2)-GJ
156	钟楼	保定市莲池区	GB7-SB(1or2)-GJ
157	古莲池	保定市莲池区	GB5-SB(1or2)-GJ
158	伍仁桥	保定市安国市	GB6-SB(1or2)-GJ
159	大慈阁	保定市莲池区	GB6-SB(1or2)-GJ
160	八会寺石佛龛	保定市曲阳县	GB7-SB(1or2)-SKS
161	苍山石佛堂	保定市阜平县	SB(1or2)-SK
162	大龙门摩崖石刻	保定市涞水县	SB(1or2)-SK
163	北边桥遗址	保定市涞水县	SB3-GYZ
164	南庄头遗址	保定市徐水区	GB5-SB3-GYZ
165	北庄遗址	保定市涞水县	SB3-GYZ
166	百尺遗址	保定市蠡县	SB3-GYZ
167	南屯遗址	保定市涞源县	SB3-GYZ
168	富位遗址	保定市涞水县	SB3-GYZ
169	甲村遗址	保定市涞源县	SB3-GYZ
170	张家洼遗址	保定市涞水县	SB3-GYZ
171	遂城遗址	保定市徐水区	SB3-GYZ
172	防陵汉墓	保定市徐水区	SB3-GMZ
173	关汉卿墓	保定市安国市	SB3-GMZ
174	庆化寺华塔	保定市涞水县	GB5-SB3-GJ
175	金山寺舍利塔	保定市涞水县	GB7-SB3-GJ
176	安国药王庙	保定市安国市	GB5-SB3-GJ
177	下胡良桥	保定市涿州市	GB7-SB3-GJ
178	涞水城隍庙	保定市涞水县	SB3-GJ
179	易县清真寺	保定市易县	SB3-GJ
180	涿州永济桥	保定市涿州市	GB6-SB3-GJ
181	塔峪村千佛宝塔	保定市易县	SB3-GJ
182	涿州清行宫	保定市涿州市	SB3-GJ
183	楼桑庙三义宫	保定市涿州市	SB3-GJ
184	涿州学宫(文庙)	保定市涿州市	SB3-GJ
185	娄村三义庙大殿	保定市涞水县	SB3-GJ
186	颜习斋祠堂	保定市博野县	SB3-GJ
187	明伏石窟	保定市唐县	SB3-SK
188	清化寺石佛	保定市曲阳县	SB3-SK

续表

序号	名称	项目属地/文保属地	编码
189	镇国寺石佛	保定市易县	SB3-SK
190	东仙坡杜村遗址	保定市涿州市	SB4-GYZ
191	刘伶醉酒厂古烧锅遗址	保定市徐水区	GB6-SB4-GYZ；GFY5 Ⅷ-145；GGY4；GSY1
192	李恕谷墓	保定市蠡县	SB4-GMZ
193	方顺桥	保定市满城区	GB7-SB4-GJ
194	万里长城—紫荆关	保定市易县	GB4-SB4-GJ
195	涿州药王庙	保定市涿州市	SB4-GJ
196	行善寺及龥假楼	保定市曲阳县	SB4-GJ
197	直隶总督署	保定市莲池区	GB3-SB4-GJ
198	天佑寺观音像	保定市高碑店市	SB4-SK
199	济渎岩摩崖石刻	保定市曲阳县	SB4-SK
200	王子山院(王子寺)遗址	保定市曲阳县	SB5-GYZ
201	洪城古城址	保定市唐县	SB5-GYZ
202	北放水遗址	保定市唐县	GB7-SB5-GYZ
203	东都亭遗址	保定市唐县	SB5-GYZ
204	瀑河遗址	保定市徐水区	SB5-GYZ
205	七里庄遗址	保定市易县	SB5-GYZ
206	王处直墓	保定市曲阳县	GB7-SB5-GMZ
207	曲阳赵氏家族墓地	保定市曲阳县	SB5-GMZ
208	宋祖陵	保定市清苑区	GB7-SB5-GMZ
209	高阳李氏家族墓地	保定市高阳县	SB5-GMZ
210	直隶审判厅	保定市莲池区	GB7-SB5-GJ
211	定兴文庙大成殿	保定市定兴县	SB5-GJ
212	兴国寺大殿	保定市唐县	SB5-GJ
213	孚公禅师塔	保定市唐县	SB5-GJ
214	广善延禧寺	保定市唐县	SB5-GJ
215	涿州古城墙	保定市涿州市	SB5-GJ
216	永安寺塔	保定市涿州市	GB7-SB5-GJ
217	卧佛寺摩崖造像	保定市唐县	GB7-SB5-SK
218	楼桑铺遗址	保定市涿州市	SB6-GYZ
219	裕悼亲王保寿园寝	保定市易县	SB6-GMZ

续表

序号	名称	项目属地/文保属地	编码
220	裕庄亲王广禄园寝	保定市易县	SB6-GMZ
221	巩固庄福隆号旧址	保定市徐水区	SB6-GJ
222	北福地遗址	保定市易县	GB6-GYZ
223	东黑山遗址	保定市徐水区	GB7-GYZ

资料来源：根据文化和旅游部网站、工业和信息化部网站、河北省文化和旅游厅网站、中国非物质文化遗产网、中国政府网、保定市文化广电和旅游局网站，以及部分网络资料整理。

（二）弘扬革命文化的遗产活化工程

1. 保定的革命文化遗产编码与识别

以 8 批全国重点文物保护单位（编码为 GB 开头，数字随着入选批次由 1 开始增加，依此类推）、6 批河北省重点文物保护单位（编码为 SB 开头，数字随着入选批次由 1 开始增加，依此类推）、全国红色旅游经典景区名录（编码 QHJ）、一批河北省革命文物名录（编码 SGM1）为基础，对保定市革命文化遗产（编码 GM）进行分类编码整理，其中，保定市文保单位名录（编码 SJB）、保定县级文保单位名录（编码 XB），合计识别出 108 项保定的革命文化遗产谱系（见表 2）。

2. 弘扬革命文化的遗产活化途径

第一，革命文化是社会主义先进文化的木本水源，革命实践斗争的智慧经验凝结成晶，在我国革命、建设和改革的过程中具有非同小可的影响力。挖掘并施展革命文化资源的内在价值，创新红色文化的传播推广形式，是文化遗产活化工程的核心。革命纪念馆是传承、挖掘、利用与弘扬革命历史文化资源的主要载体，可为开展革命历史教育和革命传统教育提供最优越的遗产本体与环境。

第二，加大力度开展革命文化遗产资源普查与大数据建设。亟须保定各单位各部门统筹规划革命文化遗产资源普查，将革命文化遗产纳入清单，进行专项性、持续性的抢救与维护工作。从历史地理、文化地理、政治地理、革命文化等方面入手，将保定革命文化遗产研究划分为信息编码、生成机制和活化利用这三个内在逻辑链条，以体现其独特性、综合性与应用性，用以构建保定革命文化数据库。

第三，从建物主义出发，利用革命遗址、建筑形式、室内装恒、投影影像等方式，从视觉方面加深红色文化学习者、红色场馆参观者的游览印象，最大限度地提高保定革命文化遗产的传播能力。研发保定市革命文化红色旅游路线，在各个革命文化遗产点，依照自身革命文化主题，结合地方民俗特色，研创革命文化创意产品，形成"红色礼包—红色故事—红色纪念品—红色回忆"循环，助推革命文化遗产的活化。

第四，从保定革命人物出发，通过老红军、革命老人讲故事、办讲座等途径，开展多种革命文化遗产现场红色研学活动，提高革命文化遗产的教学传播效果。通过宣讲和知识普及，向群众传播伟大的革命历史与革命精神。提倡观众提出问题和发表看法，在交流中，人们互相促进、互相帮助，内化于心，达到宣传革命文化遗产的目的。

第五，"红绿结合"，两种旅游资源协同发展。由于历史原因，保定革命老区等红色旅游资源大多聚集在交通不便、较难抵达的区位，交通不便使其难以发展，内容讲解枯燥乏味使其难以获得游客共鸣，但其所在区位的自然环境条件完好，为绿色生态旅游奠定了良好的基础。将红、绿两种旅游资源串联在一起，挖掘潜在客户需求，使双方内在优势互补，两种旅游资源共同发展。活化保定革命文化遗产，合理利用当地革命时期遗留的痕迹，唤醒群众内心浓厚的爱国意识与家国情怀，形成建设保定美好家园与推进中华民族伟大复兴的强大精神动力。

表2　保定的革命文化遗产编码与识别

序号	名称	所属地	编码
1	布里村留法勤工俭学工艺学校旧址	保定市高阳县	GB6-SB(1or2)-GM-SGM1
2	晋察冀边区烈士陵园	保定市唐县	SB(1or2)-GM-SGM1
3	冉庄地道战遗址	保定市清苑区	GB1-SB(1or2)-GM-SGM1-QHJ
4	五勇士跳崖处	保定市易县	SB(1or2)-GM-SGM1

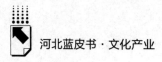

续表

序号	名称	所属地	编码
5	晋察冀军区司令部旧址	保定市阜平县城南庄镇	GB4-SB（1or2）-GM-SGM1-QHJ
6	淮军公所	保定市莲池区	GB7-SB3-GM
7	清河道署	保定市莲池区	GB7-SB3-GM
8	保定天主教堂	保定市莲池区	SB3-GM
9	腰山王氏庄园	保定市顺平县	GB5-SB3-GM
10	光园	保定市莲池区	GB7-SB3-GM
11	育德中学旧址	保定市莲池区	GB6-SB3-GM-SGM1
12	保定陆军军官学校遗址	保定市莲池区	GB6-SB3-GM
13	黄土岭战役旧址	保定市涞源县	SB4-GM-SGM1-QHJ
14	河北省立第二师范学校	保定市莲池区	SJB-GM-SGM1
15	贤良祠	保定市莲池区	SJB-GM-SGM1
16	第一客栈	保定市莲池区	SJB-GM-SGM1
17	谢臣烈士纪念碑	保定市满城区	XB-GM-SGM1
18	黄甫俊烈士纪念碑	保定市满城区	XB-GM-SGM1
19	肖德顺烈士纪念碑	保定市满城区	XB-GM-SGM1
20	抗日烈士纪念碑	保定市满城区	XB-GM-SGM1
21	晋察冀一分区司令部旧址	保定市满城区	XB-GM-SGM1
22	西岗烈士碑	保定市涞水县	XB-GM-SGM1
23	板城烈士碑亭	保定市涞水县	XB-GM-SGM1
24	聂荣臻"三进三出"常家渠抗战旧址	保定市阜平县	XB-GM-SGM1
25	平房华北联合大学旧址	保定市阜平县	XB-GM-SGM1
26	向阳庄、易家庄荣臻小学校旧址	保定市阜平县	XB-GM-SGM1
27	新房晋察冀中央局旧址	保定市阜平县	XB-GM-SGM1
28	骆驼湾、顾家台脱贫攻坚第一站	保定市阜平县	XB-GM-SGM1
29	第一部《毛泽东选集》诞生地旧址	保定市阜平县	XB-GM-SGM1
30	魏家峪村耿氏家祠、知府大院、石桥	保定市阜平县	XB-GM-SGM1
31	台峪中共中央晋察冀分局旧址	保定市阜平县	XB-GM-SGM1
32	三官晋察冀边区印刷局旧址	保定市阜平县	XB-GM-SGM1
33	南峪第一套人民币出版地	保定市阜平县	XB-GM-SGM1
34	洞子沟、花沟掌晋察冀画报社旧址	保定市阜平县	XB-GM-SGM1
35	西下关毛主席路居旧址	保定市阜平县	XB-GM-SGM1
36	大连地晋察冀军区司令部旧址	保定市阜平县	XB-GM-SGM1

序号	名称	所属地	编码
37	陈家沟晋察冀军区敌工部旧址	保定市阜平县	XB-GM-SGM1
38	细沟邓颖超旧居	保定市阜平县	XB-GM-SGM1
39	大胡卜聂荣臻旧居	保定市阜平县	XB-GM-SGM1
40	麻棚、下雷堡晋察冀日报社旧址	保定市阜平县	XB-GM-SGM1
41	五丈湾地雷阵战场旧址	保定市阜平县	XB-GM-SGM1
42	四秃子山	保定市阜平县	XB-GM-SGM1
43	《晋察冀日报》报社旧址	保定市阜平县	XB-GM-SGM1
44	晋察冀边区第一届参议会旧址	保定市阜平县	XB-GM-SGM1
45	阜平县烈士墓	保定市阜平县	XB-GM-SGM1
46	平阳千人墓	保定市阜平县	XB-GM-SGM1
47	十八烈士墓	保定市阜平县	XB-GM-SGM1
48	赤瓦屋烈士墓(包括张立碑)	保定市阜平县	XB-GM-SGM1
49	西城烈士陵园	保定市定兴县	XB-GM-SGM1
50	平堰烈士陵园	保定市定兴县	XB-GM-SGM1
51	南店烈士墓	保定市定兴县	XB-GM-SGM1
52	北店烈士墓	保定市定兴县	XB-GM-SGM1
53	仓巨烈士墓	保定市定兴县	XB-GM-SGM1
54	周家庄烈士墓	保定市定兴县	XB-GM-SGM1
55	张秀中故居	保定市定兴县	XB-GM-SGM1
56	南旺烈士墓	保定市定兴县	XB-GM-SGM1
57	肖村营烈士墓	保定市定兴县	XB-GM-SGM1
58	晋察冀军区司令部旧址	保定市唐县	XB-GM-SGM1
59	晋察冀军区卫生学校旧址	保定市唐县	XB-GM-SGM1
60	北店头烈士塔	保定市唐县	XB-GM-SGM1
61	西大洋烈士碑亭	保定市唐县	XD-GM-SGM1
62	毛主席进京住宿地旧址	保定市唐县	XB-GM-SGM1
63	白求恩手术室旧址	保定市唐县	XB-GM-SGM1
64	白求恩逝世纪念地	保定市唐县	XB-GM-SGM1
65	冀中军区干部教导团烈士纪念碑	保定市唐县	XB-GM-SGM1
66	柯棣华逝世纪念地	保定市唐县	XB-GM-SGM1
67	白求恩卫生学校旧址	保定市唐县	XB-GM-SGM1
68	柯棣华故居	保定市唐县	XB-GM-SGM1
69	胡翼墓	保定市唐县	XB-GM-SGM1
70	白求恩战地医院旧址	保定市唐县	XB-GM-SGM1

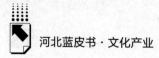

续表

序号	名称	所属地	编码
71	晋察冀军区教导团烈士墓	保定市唐县	XB-GM-SGM1
72	白求恩柯棣华纪念馆	保定市唐县	XB-GM-SGM1
73	东冯村烈士碑亭	保定市唐县	XB-GM-SGM1
74	晋察冀军区后方医院旧址	保定市唐县	XB-GM-SGM1
75	高蠡暴动殉难烈士纪念址	保定市高阳县	XB-GM-SGM1
76	杨景山烈士纪念址	保定市高阳县	XB-GM-SGM1
77	白求恩小庙	保定市涞源县	XB-GM-SGM1
78	水云乡烈士陵园	保定市涞源县	XB-GM-SGM1
79	涞源县烈士亭	保定市涞源县	XB-GM-SGM1
80	东杏花烈士亭	保定市涞源县	XB-GM-SGM1
81	云盘洞义和团运动旧址	保定市涞源县	XB-GM-SGM1
82	王二小纪念碑亭	保定市涞源县	XB-GM-SGM1
83	东团堡烈士陵园	保定市涞源县	XB-GM-SGM1
84	白岳革命烈士纪念碑	保定市望都县	XB-GM-SGM1
85	张兰梅烈士纪念碑	保定市望都县	XB-GM-SGM1
86	东旮旯烈士陵园	保定市易县	XB-GM-SGM1
87	玉山铺烈士陵园	保定市易县	XB-GM-SGM1
88	大兴安烈士陵园	保定市易县	XB-GM-SGM1
89	北娄山烈士陵园	保定市易县	XB-GM-SGM1
90	北娄山烈士塔	保定市易县	XB-GM-SGM1
91	击毙阿部规秀旧址	保定市易县	XB-GM-SGM1
92	匡山地道	保定市易县	XB-GM-SGM1
93	烈士陵园	保定市曲阳县	XB-GM-SGM1
94	武家湾革命旧址	保定市曲阳县	XB-GM-SGM1
95	韩永禄烈士纪念馆	保定市顺平县	XB-GM-SGM1
96	顺平县烈士陵园	保定市顺平县	XB-GM-SGM1
97	博野县革命烈士纪念碑	保定市博野县	XB-GM-SGM1
98	博野县第一区革命烈士纪念碑	保定市博野县	XB-GM-SGM1
99	博野县第二区革命烈士纪念碑	保定市博野县	XB-GM-SGM1
100	陈辉烈士墓	保定市涿州市	XB-GM-SGM1
101	党中央进京前毛泽东住所纪念址	保定市涿州市	XB-GM-SGM1
102	张家大院	保定市安国市	XB-GM-SGM1
103	张家货栈	保定市安国市	XB-GM-SGM1
104	烈士陵园	保定市高碑店市	XB-GM-SGM1

序号	名称	所属地	编码
105	保定陆军军官学校旧址	保定市莲池区	GB6-SB3-GM
106	易县狼牙山风景区	保定易县	QHJ
107	白洋淀景区	保定市安新县	QHJ
108	野三坡平西抗日根据地	保定市涞水县	QHJ

资料来源：根据文化和旅游部网站、河北省文化和旅游厅网站、中国非物质文化遗产网、中国政府网、保定市文化广电和旅游局网站，以及部分网络资料整理。

（三）发展社会主义先进文化的遗产活化工程

1. 保定的社会主义先进文化遗产编码与识别

进行保定现有的社会主义先进文化的遗产编码，首先可大致区分为红色类（编码开头为 HS-）、教育科技类（编码开头为 KJ-）、饮食类（编码开头为 YS-）、文化类（编码开头为 WH-）、体育运动类（编码开头为 TY-）5 个一级编码标题，其次分为以保定主要博物馆和纪念馆为代表的纪念精神〔分为国有博物馆/纪念馆（编码开头为 GYBWG）和非国有博物馆/纪念馆（编码开头为 FGYBWG）与博物馆质量级别（编码开头为 Z，数字随级别高低变化分为 1、2、3、0 四个等级，其中 0 代表无级别）〕、以保定主要民营企业为代表的创新创业精神（编码开头为 MYQY）、保定主要运动设施（编码开头为 YDSS）、保定主要运动项目（编码开头为 YDXM）4 个二级编码标题。合计识别出 61 项保定的社会主义先进文化遗产谱系（见表 3）。

2. 保定的社会主义先进文化列举

（1）"全国博物馆之城"的整体跟进

保定市人民政府办公室在《关于印发保定市"博物馆之城"建设发展规划的通知》（保政办函〔2022〕24 号）将保定历史文化定位为"在我国多民族间文化认同中、以汉民族为主的中华民族大家庭的形成过程中扮演着重要角色"。通过对历史文化的不断发掘和重建，打造出"百馆之城，宝藏保定"的特色软实力。由"一河""四区""三带"体系构成，涵盖古城、历史、红色、乡村振兴、非物质文化遗产、自然科技、冠军、工业遗产、汽车、高校 10 个领域。

（2）"全国书院之城"的整体跟进

深入挖掘保定独有的"书院"特色资源载体与历史文脉，保定市率先在全国提出要打造"全国书院之城"。在现代化文化视野下，保定书院不断传承与创新，必定会大放光彩。以学校书院、景区书院、社区书院、历史书院为主题，推动文化资源创新发展，打造中华优秀传统文化传承发展保定样板。如保定的"莲池书院"就是其中之一，由多部门共建进行复现，是未来保定千年古城看向全国的文化窗口。

（3）保定文化标识与城市形象塑造

从保定千年的历史中提取和凝练"和和"与"美美"两个城市 IP 形象，形成"和美保定"的旗帜，设计"和和"与"美美"两个卡通 IP 形象。

（4）"保定作家群"的重铸与宣传

植根红色文化的"保定作家群"，始终引领着保定文学创作的思想与方向。保定作家群纪念馆将这些脍炙人口的经典作品的文字实录、作家的生平信息、创作手稿以及不同的发行版本公布于众，弘扬了红色文化，提高了文化软实力。

（5）保定体育冠军之城的挖掘

保定为国家培养了不计其数的世界冠军、亚洲冠军、全国冠军，被授予中国首座"奥运冠军之城"。在易县等地举办了一批高规模体育赛事，在保定全城提倡全民健身运动，不断增添居民运动设施与设备，通过对保定体育冠军之城的挖掘，强化群众对于健身的热情，增加其自豪感。

（6）长城汽车创新创业精神宣传

长城汽车的前身是长城工业公司，是一家城镇集体企业，改革开放初期，长城汽车顺应时代发展潮流，研发长城皮卡推向市场并大获成功。经过几十年的创新创业努力奋斗，长城汽车已成为国产汽车领军者之一，在国产汽车行业中占据重要地位。

（7）奥润顺达门窗的创新创业精神

在40多年的改革开放进程中，从小作坊到高碑店的商务楼，再到与外企合作生产智能门窗，实现低碳节能，从成为全国的门窗行业龙头，再到中国第一个门窗博物馆，其成为改革开放以来中国民营制造业的标本和活化石。

（8）弘扬李保国精神

李保国教授始终秉持"科技为民，创业兴邦"的宗旨，运用科研成果帮助贫困地区摘掉"贫困"的帽子，将农民培养成了懂技术、善经营的新型职业农民。弘扬李保国精神，将经济效益与社会效益深度统一，体现了保定文化软实力。

3. 保定的社会主义先进文化遗产活化途径

从文化底蕴入手，建设"全国博物馆之城""全国书院之城"，借助保定历史文化名城的丰厚文化沉积，整合京畿圈大保定的人、智、物资源，把保定从历史文化名城建设成现代文化名城，并进一步打造成国际文旅名城。将保定文化场馆精心运营为受到保定市民欢迎、让百姓受益无穷的公共文化服务中心，最大限度地满足当地群众的精神文化需求。

从塑造城市形象入手，极力打造"和美保定"城市品牌，传播保定"和美"文化，向全中国乃至世界讲好保定"和美"故事。将"和美保定"城市形象具化成亲民可人的文旅吉祥物，将文化内涵与人民情感相融，使之沉积深厚的历史文化底蕴，亦饱含对未来的美好展望。

从重铸、宣传"保定作家群"入手，打造新时代保定文学阵地，为城市文化发展注入源源不断的文学精神与内在活力。设置保定作家大讲堂、保定文学奖、保定文学经典、保定文学名人等评选，将"保定作家群"的文学内涵融入保定城市文化名片，打造良好城市形象。不断提高保定作家的文学影响力，重塑保定文学的文化内涵，营造浓郁的文学名城氛围。

从推进体教融合入手，持续打造城市体育名片，在国内设立首座冠军墙。精心维护冠军墙、社区体育设施，开展保定全民健康、健康保定等活动，将奋斗创新、团结拼搏、永争第一的体育精神融入保定城市独特的精神文化谱系，使之成为保定城市名片打造中一束独特亮眼的光芒。

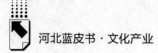

从宣传先进人物入手，加大对保定社会主义先进文化优秀事迹、典型人物的宣传力度，激发民族自豪感，引导正确的社会价值观，让更多人看到、关注、弘扬保定优秀人文精神，让保定文化拥有更高维度的价值，提升保定文化软实力。

从增强企业文化渗透力入手，充分激发民间资本与市场活力，提高保定文化企业品牌的知名度，扩大影响力，推动企业的品牌宣传与本土特色文化、社会主义先进文化相互交融。政府以合理干预和政策引领为先导，促进企业率先对接文化遗产活化，并进一步优化市场资源配置，引导社会资本与文化遗产事业、文旅产业、公共文化服务融合，让保定文化事业与文化产业"百家争鸣"。

表3 保定的社会主义先进文化遗产编码与识别

序号	名称	项目属地/ 文保属地	编码
1	保定军校纪念馆	保定市莲池区	HS-GYBWG0
2	保定市太行博物馆	保定市莲池区	HS-FGYBWG0
3	留法勤工俭学运动纪念馆	保定市莲池区	HS-GYBWG3
4	中国共产党员日记博物馆	保定市竞秀区	HS-FGYBWG0
5	冉庄地道战纪念馆	保定市清苑区	HS-GYBWG0
6	毛主席视察纪念馆	保定市安国市	HS-GYBWG0
7	晋察冀边区银行筹备处旧址博物馆	保定市安国市	HS-GYBWG0
8	晋察冀军区机关、晋察冀野战军司令部旧址博物馆	保定市安国市	HS-GYBWG0
9	毛主席像章文化博物馆	保定市博野县	HS-FGYBWG0
10	阜平县军事博物馆	保定市阜平县	HS-GYBWG0
11	唐县白求恩柯棣华纪念馆	保定市唐县	HS-GYBWG0
12	易县狼牙山文化博物馆	保定市易县	HS-FGYBWG0
13	河北金融学院金融博物馆	保定市莲池区	KJ-GYBWG0
14	河北软件职业技术学院软件与计算机博物馆	保定市莲池区	KJ-GYBWG0
15	河北农业大学农业博物馆	保定市莲池区	KJ-GYBWG0
16	保定自然博物馆	保定市莲池区	KJ-GYBWG0
17	河北大学博物馆	保定市莲池区	KJ-GYBWG0

序号	名称	项目属地/ 文保属地	编码
18	保定水利博物馆	保定市莲池区	KJ-GYBWG0
19	中国门窗博物馆	保定市高碑店市	KJ-FGYBWG0
20	长城汽车股份有限公司	保定市莲池区	KJ-MYQY
21	河北奥润顺达窗业有限公司	保定市高碑店市	KJ-MYQY
22	保定宴饮食博物馆	保定市莲池区	YS-FGYBWG0
23	中国望都辣椒文化博物馆	保定市望都县	YS-FGYBWG0
24	保定第一客栈博物馆	保定市莲池区	WH-GYBWG0
25	直隶司法博物馆	保定市莲池区	WH-GYBWG0
26	莲池书院博物馆	保定市莲池区	WH-GYBWG3
27	保定直隶总督署博物馆	保定市莲池区	WH-GYBWG3
28	秋闲阁艺术馆	保定市莲池区	WH-FGYBWG0
29	保定香油博物馆	保定市竞秀区	WH-FGYBWG0
30	保定市淮军公所博物馆	保定市竞秀区	WH-GYBWG0
31	保定博物馆	保定市竞秀区	WH-GYBWG0
32	保定古城香文化博物馆	保定市清苑区	WH-FGYBWG0
33	满城汉墓博物馆	保定市满城区	WH-GYBWG0
34	中药文化博物馆	保定市安国市	WH-GYBWG3
35	关汉卿纪念馆	保定市安国市	WH-GYBWG0
36	涿州市博物馆	保定市涿州市	WH-GYBWG3
37	陈文增定瓷艺术馆	保定市曲阳县	WH-FGYBWG0
38	曲阳北岳庙博物馆	保定市曲阳县	WH-GYBWG0
39	蠡县博物馆	保定市蠡县	WH-GYBWG0
40	望都县榫卯工艺博物馆	保定市望都县	WH-FGYBWG0
41	尧母文化博物馆	保定市望都县	WH-FGYBWG0
42	手工布鞋博物馆	保定市顺平县	WH-FGYBWG0
43	核桃博物馆	保定市涞水县	WH-FGYBWG0
44	易县博物馆	保定市易县	WH-GYBWG0
45	保定作家群纪念馆	保定市莲池区	WH-GYBWG0
46	第一重点业余体校	保定市莲池区	TY-YDSS
47	第二重点业余体校	保定市莲池区	TY-YDSS
48	保定市体育运动学校	保定市竞秀区	TY-YDSS
49	保定市游泳馆	保定市莲池区	TY-YDSS
50	保定市青少年游泳跳水训练中心	保定市竞秀区	TY-YDSS

续表

序号	名称	项目属地/ 文保属地	编码
51	涞源县七山滑雪度假区	保定市涞源县	TY-YDSS
52	国家高山跳台滑雪训练科研基地	保定市涞源县	TY-YDSS
53	保定市登峰体育公园	保定市竞秀区	TY-YDSS
54	中国·保定国际空竹艺术节	保定市莲池区	TY-YDXM
55	国际徒步大会	保定市清苑区	TY-YDXM
56	全国跳绳联赛	保定市易县	TY-YDXM
57	京津冀铁人三项	保定市易县	TY-YDXM
58	京津冀滑雪赛	保定市易县	TY-YDXM
59	清西陵山地自行车越野赛	保定市易县	TY-YDXM
60	铁人三项大赛	保定市易县	TY-YDXM
61	涞源县体育产业示范基地	保定市涞源县	TY-YDXM

资料来源：根据保定市文化广电和旅游局网站及部分网络资料整理。

三　提升保定文化软实力的制度安排

（一）提升保定文化软实力的政策引领

第一，加强政策引领，促进保定文化软实力与保定文化底蕴相匹配。保定文化软实力的提升，需要政策的引导与定位，加强制度的建设与有效监督、合理干预，大力扶持文旅产业。将保定悠久的历史文化厚植于现今城市建设中，增强民族文化自信与文化共识，提高凝聚力。整合保定莲池区、高新区等相关文化遗迹，形成高品质"保定古城文化旅游核心区"。活化文化遗产，让文化产品跟上时代步伐，让人民品得其美。与"保定六有"（"保定有味""保定有戏""保定有术""保定有品""保定有智""保定有礼"）高度结合，将文化产品嵌入保定的文化内涵，既实现文化消费，又促进科学文化普及，而民众的公共文化获得感对文化产品起到指导和引领作用，规范和劝导文化产品的运作方向。

第二，做好社会主义先进文化的教育宣传，多维度激发文化遗产潜能，提升保定文化软实力。在"全国博物馆之城"建设中，保定运用数字化手段，开设"数字展馆"，通过"数字孪生"方式对社会主义先进文化与科技成果、文化成果等进行有效传播。无论是博物馆这样专门以科教普及为主的设施，还是保定的运动员或作家精神、扶贫攻坚精神、创新创业精神等的推广，不仅需要挖掘保定的文化潜能，而且要将社会主义先进文化普及到每个保定人的生活与生产实践中，普惠普及保定文化软实力成果。

第三，以政府主导、全民参与的方式，全面推进与弘扬保定社会主义先进文化。加强政府主导与政策引导，加大民营企业和社会参与力量，将民营博物馆参与公共文化与科学文化普及列入扶持范围。这不仅是企业承担社会责任的一环，也是企业自身传承和厘清自身发展脉络的重要手段。增强保定文创产业与文化遗产之间的互动性，吸引艺术家、年轻人等加入，刺激商业、餐饮、工作室、艺术展览等多种产业形态介入，鼓励群众参与保定文旅产业，为广大民众提供更多的文旅就业机会。最大限度地创造保定文旅经济效益，进一步促进城市发展、激发区域活力、提升保定文化软实力。

（二）提升保定文化的影响力

第一，将传统文化传承和文化品牌打造有效结合。依托保定良好的地域优势与丰厚的历史文化底蕴，提升文化产业的核心竞争力，打赢品牌战。将激发出的保定的大量可利用文化资源转变为现实生产力与文化产能，助推文化资本整合和文化产业链形成。加大保定文化的宣传力度，利用京津地区的国际知名度，推进保定文化进一步走向国际舞台。以建设文化产业园区、提升大众文化品牌与大众文化消费为导向，研发产销文化产品，在文化传播中兼顾经济效益与社会效益、文化效益的平衡，在潜移默化中凝聚社会文化共识。

第二，建立完善的保定旅游综合协调机制，策划大型文娱活动，促进文化建设与经济社会发展协调共进、良性互动，整体统筹推进链条完善的文化宣传工作。大力开展民众喜闻乐见的文化娱乐活动，打造保定县域村镇文化名片，扩大民间文化集群影响力。充分利用拥有良好亲和力与大量群众基础的民俗文化节，举办乡间文化巡演、民俗产品与土特产展销会，提高文化活动的知名度与影响力，大幅宣传文化产品，实现文化传播，提升保定文化软实力与影响力。

第三，向年轻人展示保定的文化魅力，既可以展现当地旅游文化魅力，也能够增强保定文化自信心，提高保定文化向心力。引入以弘扬社会主义先进文化为主题的研学旅行，在最大程度上实现先进文化、博物馆、书院、红色景区、智能制造、扶贫攻坚等方面的内涵发展，体现社会主义先进文化实践教育。开展以弘扬保定社会主义先进文化为核心的"研学"活动，为具有社会主义先进元素的研学基地/营地保护利用、企业转型、文化传承等提供思路。

（三）增加保定文化的号召力

第一，打造保定城市名片，致力于增加保定文化的号召力。例如，保定冠军墙的带头设立与体育冠军之城的成功宣传，将体育竞技美与精神传播至全国各个角落，具有较大的影响力。保定深厚的作家群诉说着保定独特的创作理念与精神，值得新一代青年作家学习。保定对标走向全国性、国际性的政策体系，结合多层级政府的协调协作，充分发挥保定文化对人民群众的激励与教育作用，最终实现一呼多应的强大号召力。

第二，政府可与各高校、科研机构展开合作，积极号召高校师生投身科技创新与地方文化建设中。保定需保护并充分利用革命文化资源、教育文化资源，加强对保定的中华优秀传统文化、革命文化、社会主义先进文化的深度研究，积极总结开展文化活动、文化产品等遗产活化实践。

（四）增强保定文化的凝聚力

第一，以文化人，将文化转为人民的内在素养，提高民族凝聚力。要将社会主义核心价值体系融入保定精神中，使之成为能在最大程度上激发保定人积极性与创造性的动力源泉。树立深度的文化涵养，坚持用保定历

史教育人民、用保定文化熏陶人民，组织实施文化创新引领工程。推进文
化工作贴近实际、贴近生活、贴近群众，充分利用保定历史文化营造社会
和谐氛围。积极融入现代化信息技术，加快文化资源数字化、信息化融入
百姓生活。

第二，通过创建企业、学校等文化团体，绽放"和美"保定。以保定
的重要革命人士、科技领域精英、感动中国年度人物等为依托，在新时期弘
扬"大善至美"的保定精神，通过大力宣传典型人物、事迹，充分发挥先
进个人、团体的模范带头作用，积极引导市民树立正确的价值观；提升保定
民众的思想文化素质接纳、包容外来务工人员等，让更多人感受保定这座城
市的温暖，找到归属感并自觉以城市规范要求自身。

参考文献

张志国：《城市本土文化的发掘与发扬对城市发展的促进作用》，《城市发展研究》
2009 年第 2 期。

曲江滨：《城市文化软实力的提升路径探析——以河北保定市为例》，《经济研究导
刊》2010 年第 29 期。

杨彦华：《关于提升保定文化软实力与建设文化名城的思考》，《保定学院学报》
2011 年第 1 期。

李艳庆、李艳静、李正琪：《京津冀协同发展背景下保定市文化软实力提升路径创
新研究》，《保定学院学报》2014 年第 6 期。

张士彬：《略论历史文化名城保定的特色》，《文物春秋》1994 年第 4 期。

张倩：《尚金凯．保定古城城市文化基因可持续性发展研究》，《天津城建大学学报》
2021 年第 4 期。

高佑佳等：《隐退与锚固：认知地图中的保定历史文化名城城市意象时空变迁研
究》，《现代城市研究》2021 年第 8 期。

曹丽媛、段化阳、孙丽婧：《城市文化特色重塑影响因素与提升研究——以保定
"全国书院之城"建设为例》，《保定学院学报》2024 年第 3 期。

戴美玲：《传承与创新：文化现代化视野下的中国书院研究》，厦门大学博士学位论
文，2018 年。

颉亚珍：《保定打造古城文化旅游核心区》，《北京日报》2023 年 9 月 27 日。

产业提升 ▷

B.9
促进河北省公共文化服务
高质量发展研究

陈 昕*

摘　要： 积极推进公共文化服务高质量发展，不仅在宏观层面有助于提升
国家文化软实力，助力文化强国建设，还在微观层面保障城乡居民基本文化
权益，更好满足群众精神需求。本文分析了新时期公共文化服务高质量发展
的新内涵，总结归纳了河北省公共文化服务的现实基础及在高质量发展中存
在的短板问题，并从完善公共文化服务供给机制、注重人本需求公共服务理
念、加强推广示范区共有优势、延展公共文化供给链条、提升公共文化空间
渗透率等方面提出了促进河北省公共文化服务高质量发展的对策建议。

关键词： 公共文化服务　高质量发展　河北省

* 陈昕，河北省社会科学院经济研究所助理研究员，研究方向为公共经济与公共政策。

一 引言

共同富裕是社会主义的本质要求，实现物质富足和精神富有是推进共同富裕的奋斗目标，随着居民物质水平的不断提升，对精神富有的需求越发丰富，为让精神富有成为共同富裕的底色，大力发展文化是关键途径。党的十八大报告提出"五位一体"总体布局，将文化置于未来发展的核心地位；党的十九大报告提出要建设社会主义文化强国的重要目标；党的二十大报告强调必须坚定文化自信，不断提升国家文化软实力的发展导向。文化已然成为我国重要的强国战略。文化具有经济效益和社会效益的双重属性，在繁荣发展文化产业之际，为让每一个人都能享有基本的文化权益，把握意识形态并发挥强劲的社会效益，促进公共文化服务发展是必然选择。

自 2005 年提出公共文化服务概念以来，我国公共文化服务体系建设日趋完善。"十一五"期间在原有文化事业体制框架下，初建公共文化服务体系；"十二五"期间公共文化服务体系日趋完善，呈现大发展大繁荣的态势；"十三五"期间致力于建设标准化、均等化的现代公共文化服务体系，基本满足了城乡居民日益增长的对美好生活的精神文化需求；"十四五"将重点建设社会主义文化强国，新发展阶段聚焦精神生活共同富裕，着力提升现代公共文化服务效能。因此，促进公共文化服务高质量发展是必由之路。围绕高质量发展的核心议题，2021 年发布的《关于推动公共文化服务高质量发展的意见》为我国公共文化服务高质量发展擘画蓝图，赋予公共文化服务供给新内涵，《"十四五"公共文化服务体系建设规划》进一步强调了公共文化服务的发展方向和重点建设任务。

为顺应当前公共文化服务高质量发展趋势，河北省积极建设公共文化服务体系。本文在剖析公共文化服务高质量发展新内涵的基础上，总结河北省公共文化服务供给的现实基础，审视现存的问题短板，并提出具有针对性的对策建议，以期持续优化河北省公共文化服务供给体系，不断提升本地群众的文化获得感、幸福感。

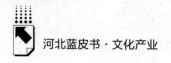

二 公共文化服务高质量发展的新内涵

文化产业发展兼顾经济效益和社会效益，是满足物质与精神需求的有机结合体。然而，文化产业在市场机制的作用下，尽管在一定程度上能发挥社会效益，但文化企业更偏重经济效益，趋利性将致使文化服务的供给存在对意识形态的把握不够精准、对传统文化的保护和发扬不够重视、对惠及全民文化权益的覆盖不够充分等问题，修正文化市场失灵就需要政府肩负公共文化服务的供给责任，以人民为中心保障每个人的基本文化权益，弘扬民族文化精神，构建普惠性、可及性的公共文化服务体系。为弥补早期公共文化服务供给的缺失，我国加强建设公共文化基础设施，丰富公共文化服务供给内容，现已构建起相对完整的公共文化服务体系。新发展阶段，党和人民对公共文化服务提出更高的要求，在高质量发展的战略背景下，赋予公共文化服务高质量发展新的内涵。

（一）精准对接需求，提升公共文化服务品质

随着公共文化服务体系建设重心下移，覆盖范围不断扩大，居民基本文化权益得到满足，文化服务可及性显著提高。然而，居民文化需求是依势动态变化和发展的，尽管传统公共文化服务已实现基层可及，但还存在供给相对滞后、供给形式浮于表面、供给质量偏低、供给与实际需求不相匹配等问题。因此，在公共文化服务向高质量发展进阶之际首要解决的便是供需问题。在"以人民为中心"的导向下，高质量的公共文化服务可借助数字化、网络化、大数据等平台，精准对接居民多层次、多样化、发展性的公共文化需求，提升公共文化服务品质。包括但不限于面向不同群体提供差异化的公共文化服务，面向不同喜好群体提供多样化的公共文化服务，紧跟文化发展动态持续更新调整公共文化服务内容。在提供品质化、高质量公共文化服务的同时，也要注重其与文化产业中文化产品的区别，需将公共文化服务聚焦于培育意识形态，为建设社会主义文化强国、增强文化软实力奠定基础。

（二）紧密联结城乡，促进公共文化服务均等化

在传统公共文化服务发展模式下，相对稀缺的财政资金、优质人才、物质资源不断向城市集聚，推动着城市公共文化服务水平迅速提升，但城市公共文化服务快速发展的背后却潜藏着农村公共文化服务供给低质且不充分的问题，越发凸显城乡公共文化服务严重分化的弊端。为化解城乡公共文化服务不均衡的问题，"十三五"期间，我国积极推进城乡基本公共文化服务均等化，充分保障城乡居民享有公共文化服务的机会，但是，城乡间的公共文化服务水平差距依然较大。新时期促进公共文化服务高质量发展，需实现缩小城乡公共文化服务差距的基本目标，重点实施城乡公共文化服务一体化战略，着力提升公共文化资源配置效率，整合城乡资源打造互联互通的公共文化服务网络体系。在遵循《国家基本公共服务标准（2023年版）》向城乡居民提供标准化、均等化基本公共文化服务的基础上，进一步借助数字化、智能化、云上等数智技术提高优质文化资源利用率，使城镇公共文化服务资源深入农村基层，不仅有助于大幅提升农村公共文化服务质量和水平，满足群众繁多的文化需求，也能够缩小城乡间的文化供给差距，促进公共文化服务均衡、高质量发展。

（三）坚持合作开放，激发公共文化服务活力

保障每个人的公共文化权益是政府的重要职责，因而，政府是推进公共文化服务体系建设的中坚力量。尽管政府在确保公共文化服务机会公平方面做出了突出贡献，但是在公共文化服务供给效率方面却处于相对劣势。在以往传统公共文化服务供给模式下，受制于供给主体单一、供给流程僵化、供给内容固化、供给质量欠佳等因素，我国整体的公共文化服务供给效能不足，致使无法满足城乡居民日益增长的精神文化需求，获得感、幸福感不强。为促进公共文化服务高质量发展，未来应借助市场效率优势，将政府与市场、社会力量有机结合，形成多元化公共文化服务供给主体。通过各个主体的协调合作，充分发挥不同主体的优势，创新公共文

化服务的供给方式，依托"上云用数赋智"丰富公共文化服务供给内容，借助市场和社会力量中专业的文化领域人才助推公共文化服务向上突围，在深度开放中不断激发市场和社会的供给活力，在夯实公共文化服务均等化权益的基础上提高供给的经济效率，持续提升公共文化服务供给总体效能才是高质量发展的应有之义。

（四）深化跨界融合，拓展公共文化服务边界

受我国政府管理体制的约束，传统公共文化服务通常采用垂直化管理模式，自上而下地向城乡居民提供公共文化服务，但这样的供给模式可能会受到体制机制、要素资源等约束而使公共文化服务供给链存在短板，缺位、低质、发展缓慢、效能偏低等问题频发。因此，促进公共文化服务高质量发展，亟须优化公共文化服务供给模式，由线性供给链向点轴式供给链转型，推动跨界融合，让不同产业的融合互嵌成为助推公共文化服务高质量发展的新动能。对于公共文化服务内部融合，需打通图书馆、文化馆、博物馆、美术馆等公共文化机构之间的壁垒，促进馆际互联互动，融合协同发展。对于公共文化服务外部融合，可以促进公共文化服务与其他产业深度融合，例如，以文化教育融合打造优质教育基地、以文化养老融合打造休闲养老家园、以文化非遗融合传承特色文化、以文化旅游融合培育知名品牌等，不仅有益于拓展公共文化服务的供给边界，还有助于建立协同共进的高质量发展格局。

三 河北省公共文化服务的现实基础和问题短板

近年来，河北省积极推进公共文化服务体系建设，不断丰富公共文化服务供给形式和内容，提高公共文化服务效能，一方面夯基垒台，补齐历史欠账和短板弱项，围绕"人本需求"提供标准化、均等化的城乡公共文化服务；另一方面提质增效，紧跟党和国家的发展步伐，将公共文化服务向高质量发展迈进，致力于满足人民群众日益增长的精神文化需求，全力提升本地

居民在公共文化领域的幸福感和获得感。然而，这一进程中也暴露出部分问题和发展短板。

（一）公共文化服务网络日趋完善，但基层设施利用率不高

依照国家和河北省发布的推进公共文化服务高质量发展的相关政策，河北省已基本建成省、市、县、乡、村五级公共文化服务供给网络，扩大了公共文化服务的覆盖范围。截至 2023 年 3 月，全省已建成公共图书馆 180 个、文化馆 180 个、美术馆 24 个、各类博物馆 157 个、县级图书分馆 1280 个、县级文化分馆 1447 个、乡镇（街道）综合文化站 2278 个、村（社区）综合文化服务中心 52082 个。[①] 总体来看，各级公共文化服务场馆的布局和建设大大增强了城乡居民公共文化服务的可及性，大大促进了获取基本文化权益的机会公平。

然而，为提高公共文化服务网络建设的速度而忽视了机构设施质量与均衡性，导致河北省每万人拥有群众文化设施面积为 211.4 平方米[②]，远低于全国平均水平，且在全国排名靠后。此外，公共文化服务机构在河北省内各市的分布并不均衡，石家庄、秦皇岛、廊坊、沧州、唐山的公共文化设施水平高于承德、张家口、衡水等地区。从城乡公共文化服务一体化的视角来看，河北省农村公共文化服务供给明显不足，许多基层文化机构的设备落后或没有设备、场地空间不足且较为简陋、书籍等文化资源旧多新少，这些低质的公共文化供给并不能满足居民的文化需求，无法调动群众充分利用公共文化资源的积极性，甚至有部分基层机构因无人光顾而出现经常不营业的现象。

（二）公共文化服务内容丰富多样，但供需不匹配现象仍在

为满足城乡居民公共文化需求，河北省提供了种类丰富的公共文化产品，每年组织不同主题的文化惠民活动多达 2 万余场；涵盖杂技、剪纸艺

---

① 数据来源：河北省政府新闻办召开的"河北省加快推进现代公共文化服务体系建设"新闻发布会。

② 皇甫华、吴慧敏：《全省公共文化建设现状调查分析与对策研究》，《大众文艺》2023 年第 12 期。

术、戏剧、读书等品牌文化活动连年推进；包括舞台艺术、话剧、杂技、戏剧等具有河北特色的文艺作品不断涌现，获得国家级奖项的优秀文艺作品逐年增多，公共文化服务品质大幅上升，筑牢红色文化根基，把握文化价值引领，部分群众文化精神需求得到满足。

尽管公共文化服务内容繁多，但是惠及的群众数量却稍显不足。2022年，河北省常住人口约 7420 万人①，但文化活动仅惠民千万人次，仍有大部分群众参与公共文化活动的积极性没有被充分调动，这意味着政府所提供的公共文化服务与群众的真实需求不相匹配，在没有充分了解城乡居民需求的情况下提供公共文化服务，难免会造成影响范围不广、群众参与度不高等问题。从公共文化服务城乡供给分布来看，当前仍是以城镇为主、以农村为辅的供给结构，且城镇公共文化产品相比农村更具多样性，如送戏下乡、村晚等形式的公共文化服务无法充分调动农村居民的参与热情，在供需错配的情况下，精准对接居民需求的公共文化服务供给质量仍有较大的提升空间。

（三）公共文化示范区创建顺利，但文化服务总体水平偏低

河北省目前有 4 个地级市成功创建国家公共文化服务体系示范区，20个县市成功创建省级示范区。示范区内乡镇（街道）及以上的公共文化服务场馆均达到二级馆（站）及以上标准，村级综合文化服务中心普遍达到"五个一"标准。在河北省财政资金的支持和引导下，示范区地方财政重视公共文化设施建设，社会资金涌入公共文化领域，不仅推动了当地公共文化服务效能提升，还带动了全省公共文化服务水平攀上新高度。

公共文化示范区的创建是河北省公共文化服务高质量发展的重要体现，尽管示范区创建成效显著，已在省内形成带头示范效应，但放眼全国各省（区、市），河北省公共文化服务高质量发展水平仍有待提高。根据黄蕾和徐盼的研究，河北省公共文化服务高质量发展指数自 2010 年起呈现先升后降的趋势，2012~2014 年公共文化服务高质量发展指数较高，但 2015 年起

---

① 数据来源：《河北省 2022 年国民经济和社会发展统计公报》。

该指数呈波动下降趋势，当前已低于全国 30 个省（区、市）的平均水平，且与排名前五位的浙江、山东、江苏、广东和四川的发展层次差距较大。

（四）公共文化跨界融合成效显著，但融合领域仍需拓展

根据 2021 年发布的《河北省文化和旅游发展"十四五"规划》中的发展战略，河北省积极推进公共文化服务与旅游产业的融合，各市公共图书馆、博物馆、文化馆等机构的文旅融合已取得一定成效，借助数字化平台，提供沉浸式体验的公共文化场馆成为旅游热点，借力北京冬奥会，文体旅融合正在不断加深，对文旅产业的发展和经济增长都起到积极的助推作用。此外，公共文化与非遗的融合也在快速发展，"文化和自然遗产日""非遗进校园""非遗公开课""非遗文创专题展览""非遗戏剧下乡巡演"等活动既深化了非遗传承，又激发了群众的参与热情，极大地丰富了城乡居民的精神文化生活。

基于公共文化服务与旅游产业、非物质文化遗产等领域有效融合的经验，河北省还需进一步在其他领域加快实现跨界融合。广东、上海等省（市）在公共文化与科技创新融合、与教育体系融合、与养老服务融合、与新媒体融合等方面已有深度发展，但河北省在这些领域跨界融合的发力较弱。例如，在人口结构发生重大变化的趋势下，适应老龄化的晚年文化生活尚未形成，融合科技创新的公共文化场景应用还未建成。实现河北省公共文化服务高质量发展、深度开发公共文化跨界融合、突破公共文化服务现有边界，任重而道远。

（五）公共文化服务空间快速扩张，但基层渗透力较为薄弱

借助"公共文化新空间"行动计划，河北省积极推动公共文化服务嵌入城乡群众生产生活场景，高水平的新型公共文化空间不断涌现。例如，沧州先行构建的"遇书房"是城市书房形式的公共文化服务空间，已向提质增效方向突围；石家庄以文化名家工作室为切入点，在书法、美术、戏曲、写作、音乐等领域开拓了一批新型城市公共文化空间。而在乡村基层，以图

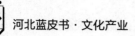

书馆、文化馆为主的公共文化场馆分馆积极建设，基层文艺辅导基地和乡村文化驿站也在同步推进。

然而，与其他省（市）相比，河北省公共文化服务空间仍处于起步阶段，还未形成规模化和体系化。当前城乡群众对公共文化服务空间的知晓率较低，并没有充分发挥公共文化空间的效能。在公共文化空间的创建形式和功能建构方面，城市以共享阅读的书吧为主要形式，创新性不足且功能单一，而农村的公共文化服务空间绝大多数处于在建或初步建成的状态，基本功能还未充分显现。此外，公共文化服务空间在基层的渗透力较为薄弱，经济较为发达的省（市）已形成覆盖范围广、便捷性能强的半小时或十分钟"公共文化服务圈"，但河北省便民惠民的"公共文化服务圈"尚未普遍推进。

四　促进河北省公共文化服务高质量发展的对策建议

《河北省公共文化服务体系建设"十四五"规划》《关于推动公共文化服务高质量发展的实施意见》《河北省基本公共服务实施标准（2021 年版）》等一系列政策文件已为河北省公共文化服务高质量发展构建顶层设计，但结合当前河北省公共文化服务的现实基础和发展程度，要实现公共文化服务高质量发展目标还需加大实施力度，需以实际行动推进公共文化服务高质量跨越发展。

（一）完善公共文化服务供给机制，促进公共文化切实落地

单一的供给主体在省、市、县、乡、村五级公共文化服务体系建设中稍显单薄，服务项目推进缓慢且效率低下，已无法满足基层公共文化服务高质量发展的需要，对此，可以通过完善公共文化服务供给机制的方式，强化公共文化服务在基层高品质落地。例如，吸纳大型文化企业、文化创意企业、社会文化团体，通过设立专项项目、实施政府采购等方式协助政府文化部门共同为城乡居民提供公共文化服务，让更多的主体参与公共文化服务供给，借助不同主体的供给优势提高社会文化活力和服务效能，综合配置多元主体

的文化服务资源，保障基本文化权益落实，有效避免供给浮于表面的形式主义。而政府更需起到领航铸魂的作用，引导公共文化服务在不同层级的发展方向并把牢文化的价值导向。

（二）注重人本需求公共服务理念，对接需求优化文化供给

供需信息不对称是公共文化服务供需错配的主要原因。促进公共文化服务高质量发展，需注重人本需求的公共服务理念，而有效掌握城乡居民需求的手段便是数字化加持，依托数字技术和大数据平台，以更低的成本、更高效的方式精准对接群众对公共文化服务的需求。紧密围绕居民需求，需优化公共文化服务供给结构，向不同群体提供差异化公共文化服务。例如，针对不同的年龄层次提供不同阶段的教育科普性公共文化服务和不同程度的老年休闲安养型公共文化活动；或者依据不同地区的文化偏好开展特色艺术展演、文艺竞赛活动等，努力提升公共文化供给的精度和温度。此外，借助"数智上云"还可以打造流动性高端公共文化服务项目，让城市相对优质的公共文化产品惠及乡村居民，在流动过程中既提高了公共文化资源的使用效率，将城乡公共文化服务由均等化向共享化推进，又能够满足农村居民高水平的公共文化需求，有效避免低端、无效供给在乡村基层无人问津而造成公共文化资源的浪费。抓紧京津冀协同发展的机遇，积极推进京津冀公共文化服务资源共建共享，不仅要吸纳京津优质的公共文化资源，还要将河北省优秀的公共文化品牌推广出去，提升河北省公共文化服务效能。

（三）加强推广示范区共有优势，均衡提升文化服务水平

公共文化服务在省内的不均衡供给是河北省公共文化服务总体水平偏低的重要原因，可借鉴共同富裕的思路，以示范区带动落后区，只有向高水平示范区看齐、向国内先进省（市）的示范区汲取经验，才能加速推进公共文化服务高质量均衡发展。省内各地市公共文化服务供给水平参差的首要原因，是部分地方政府对公共文化服务的重视程度不同，因此，需统一思想，强化地方政府公共文化服务意识，并结合当地文化特色做好布局各地公共文

化服务的顶层设计。此外，要深度总结示范区的成功经验，发掘各个示范区的共有优势，打破城市之间的保护壁垒，加强共有优势的推广和应用，助力落后市县公共文化服务快速发展，实现省内各地市公共文化服务的互帮互助、协同共进。

（四）延展公共文化供给链条，深化跨界融合协同发展

尽管河北省公共文化与旅游的融合效果较好，但是在全国范围内仍显不足。未来需进一步延展公共文化供给链条，在不同环节与不同产业横向融合，并在公共文化服务供给链条的连接下，由单一公共文化服务线性发展向公共文化服务跨界融合立体式发展转型。例如，要加大河北省文化旅游的宣传力度，加强公共文化与新媒体融合的渠道，提高河北省文旅知名度；要在老龄化趋势下开发老年文旅项目，加强公共文化服务与康养、养老休闲等产业的融合，从而形成文化—养老—旅游的深度融合发展；要打造寓教于乐的旅游场景，在公共文化与教育融合、公共文化与非遗融合、公共文化与科技融合等领域下功夫，从而依托公共文化服务将教育、科技、旅游、非物质文化遗产等不同产业紧密连接。诚然，借助公共文化服务供给链条，深化跨界融合协同发展，还需要优化行政体制，加强部门间合作，从而协力壮大河北省公共文化服务及各项产业的发展。

（五）提升公共文化空间渗透率，增强便民文化圈综合性

河北省公共文化空间的发展要实现从无到有、从有到优的跨越。首先要加强公共文化空间在各市县的布局，但不能为了设立公共文化空间而布局，而要以便民、利民、惠民为基本导向，推进公共文化空间的基层渗透和覆盖，满足公共文化嵌入百姓生活、由可及性向便利性递进的新文化需求。其次要扩充公共文化空间的功能，在公共文化共享的主体功能之外，解锁公共文化空间的新功能，如融入咖啡文化，促进阅乐结合，嵌入交通枢纽、自然景观等场景，让居民随时随地享受公共文化。最后要激发群众参与公共文化空间的热情，借助数字场景应用，提升人与公共文化空间的互动体验，此

外，还可以收集公共文化空间使用者的意见和需求，持续对公共文化空间进行优化升级，从而真正做到便民、利民、惠民。

参考文献

黄蕾、徐盼：《公共文化服务高质量发展的政策机理与实证分析》，《山东行政学院学报》2022 年第 1 期。

夏杰长、王鹏飞：《数字经济赋能公共服务高质量发展的作用机制与重点方向》，《江西社会科学》2021 年第 10 期。

B.10

河北文化制造业集群发展现状、特征、难点及创新提升研究[*]

王金营 李天然 石贝贝 张景耀 吴静妍[**]

摘 要: 河北文化制造业集群发展迅速,已成为推动地区经济高质量发展的核心动力。当前,河北的文化制造业以乐器、红木、艺术玻璃、童车玩具、美术画材等领域为特色,形成了多个地域特色鲜明的文化制造业集群和跨区域文化产品产业带,产业集聚度高,市场主体活跃。然而,发展过程中也面临区域间融合发展深度不够、产业升级与创新动力不足、人才短缺、要素投入欠缺和市场需求不足等挑战。鉴于此,应准确把握国家重大战略机遇,充分发挥文化制造业集群的引领作用,培育壮大特色优势产业,加强人才、土地、资金、技术等要素保障,推动产业升级转型和创新发展,助力实现河北文化强省的宏伟目标。

关键词: 文化制造业 文化产业集群 产业融合 创新提升

河北拥有丰富的历史文化资源和得天独厚的地理优势,为文化制造业发展提供了独特而坚实的基础。同时,其传统工艺、历史遗迹和多彩的民俗文

---

* 本文系河北省社会科学基金项目"河北文化产业赋能乡村振兴发展路径研究"(项目编号:HB23SH033)的阶段性研究成果。

** 王金营,河北大学经济学院教授,燕赵文化高等研究院特聘专家,研究方向为人口与文化经济;李天然,河北大学燕赵文化高等研究院讲师,研究方向为文化经济;石贝贝,河北大学经济学院副教授,研究方向为人口经济与乡村振兴;张景耀,河北大学经济学院硕士研究生,研究方向为人口与经济;吴静妍,河北大学经济学院硕士研究生,研究方向为人口、资源与环境。

化，不仅是文化传承的宝贵财富，更是激发创新和灵感的源泉，为文化制造业注入了生机和活力。在全球化趋势和技术创新的推动下，文化产业正迈向集约化、专业化和规模化发展的新阶段，已形成具有不同区域特色的文化产业集群。作为河北文化产业的重要组成部分，文化制造业集群是推动地区经济发展的关键力量。本文以河北文化制造业集群为焦点，旨在全面剖析其发展现状、深入探讨面临的挑战，并探索有效的创新升级策略与路径，以期为河北乃至中国更广泛地区的文化制造业集群高质量发展提供实践指导和经验借鉴。

一　河北文化制造业集群发展现状

（一）河北以文化制造业为主导，发展潜力巨大

近年来，随着经济和社会的发展，河北文化产业呈稳定增长趋势。据有关部门统计，河北规模以上文化及相关产业（以下简称"文化产业"）增加值由 2014 年的 538.6 亿元增长至 2020 年的 897.1 亿元，年均增长率为8.9%。其中，文化制造业增加值占比为 33.8%，居于文化批发和零售业增加值占比（13.32%）和文化服务业增加值占比（52.9%）之间，展现了其在文化产业中的基础性作用。

2022 年，河北文化产业的发展更趋稳定并持续向好，产业集聚程度明显提升。全省共有 1339 家文化企业，营业收入达 928.3 亿元。从产业结构来看，文化制造业、文化服务业、文化批发和零售业的营业收入占比分别为54.1%、24.9%、21.0%，表明文化制造业在河北文化产业中占据了主导地位。尽管河北文化企业的营业收入在全国范围内占比较低，但文化制造业企业营业收入占比却远高于全国平均水平（31.4%），凸显了河北在文化制造业领域的显著优势和巨大发展潜力。

（二）特色文化制造业集群聚优成势，加速发展

聚焦文化产业规模化、集约化发展，区域特色文化产业集群发展突出，

涌现出一大批亿元级乃至百亿元级集群，创造了河北文化产业的"河北制造"国际产品品牌。

一是百亿元级集群"顶天立地"。以武强、肃宁、饶阳为代表的乐器文化产业集群，有乐器生产企业 200 多家，西洋管弦乐器生产规模居中国第一、世界第二，民族乐器占全国市场份额的 60%，年产值超过 200 亿元。曲阳县石雕文化产业集群，有乐器雕刻生产企业 3000 余家，辐射带动 10 个乡镇 12 万人，产值达 30 亿元。以大城、青县、涞水为代表的京作红木家具产业集群，有家具企业 4400 多家，从业人员 6 万余人，年产值超过 100 亿元。

二是五十亿元级集群"震天动地"。以曲周、平乡为代表的童车产业集群，集聚童车生产企业 2000 多家，年销售收入达 90 多亿元。以沙河为代表的艺术玻璃产业集群，有文化创意及玻璃艺术刻绘企业 29 家，年产值达 55 亿元。

三是亿元级集群"铺天盖地"。衡水内画从业人员超 4 万人，年销售额超 5 亿元。宁晋工笔画从业人员 5000 余人，年产值突破 5 亿元。雄安新区从事雄州仿古石雕生产加工的工厂有 87 家，年产值达 3.5 亿元。蔚县剪纸从业人员 3 万余人，产品畅销 70 多个国家和地区，年销售额超 2 亿元。

（三）各地区文化制造产业集群初具规模，发展势头良好

1.各地市产业集聚业态向多元化、融合化发展

全省文化制造业向多样化、多元化发展，特色文化产品发展呈现量质齐升、快速发展的良好态势，已成为推动全省经济增长的新动能和新引擎。在创新创意、数字科技、文旅融合等理念的引领驱动下，"文化+"战略衍生出多种新业态、新模式和新格局。同时，传统文化资源的转化和利用也步入新阶段，开辟了新的视野、思路和定位。河北作为文化资源大省，经过多年发展和积累，已有多个地市形成了独具特色的文化制造业集群。不仅促进了全省经济社会转型升级和提质增效，拉动了区域经济发展，而且在传承河北优秀传统文化、增强文化自信、提升文化影响力等方面发挥了至关重要的作用。河北各地市文化制造业集群基本情况如表 1 所示。

表1 河北各地市文化制造业集群基本情况

地区	优势行业或产品	优势产业集群	重点企业
石家庄	宫灯、紫铜浮雕等工艺美术品及相关动漫产品	古文化产业集群	河北精英动漫文化传播股份有限公司、藁城宫灯研制开发中心有限公司等
承德	文化旅游、医疗康养等商品	"21世纪避暑山庄"文化旅游产业集聚区	承德鼎盛文化产业投资有限公司等
张家口	剪纸、冰雪装备制造等	剪纸文化产业集群、冰雪产业集群	富龙控股有限公司、蓝鲸控股集团有限公司等
秦皇岛	全域旅游产品	葡萄酒文化集群等	秦皇岛中秦兴龙投资控股有限公司等
保定	雕塑、香文化	雕塑文化产业集群、香业文化产业集群、定瓷文化产业集群、易水砚文化产业集群	河北古城香业集团股份有限公司、河北翰鼎雕塑集团有限公司、曲阳雕塑文化产业园等
沧州	杂技演绎装备制造、乐器制造、玻璃制造	"文旅+"工业产业集群、吴桥杂技大世界	河北乐海乐器有限责任公司、河北明尚德玻璃科技股份有限公司
邯郸	传统工艺品、童车	磁州窑文旅产业集群、曲周童车文化产业聚集区	峰峰矿区大家陶艺有限责任公司、冀南磁州窑艺术研发有限公司、河北亿丰童车有限公司等
唐山	陶瓷、红木、金银器等	工业文化休闲旅游集聚区	遵化市蟠龙金属工艺品有限责任公司、遵化市鑫淼工艺品有限公司、遵化市龙源工艺工贸有限责任公司等
廊坊	红木家具、乐器制造等	红木文化产业集群、核雕文化产业集群、金属工艺产业集群、乐器制造产业集群	廊坊宝德风古典家具有限公司、霸州贝司克斯乐器有限公司、大厂回族自治县京东工艺品有限公司、河北谷氏香业有限公司
邢台	童车玩具、工笔画、工艺玻璃、邢窑制作品等	平乡县童车文化产业集聚区、宁晋工笔画产业集聚区、邢窑白瓷文化产业集聚区	德龙钢铁有限公司

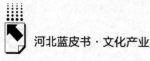
续表

地区	优势行业或产品	优势产业集群	重点企业
衡水	内画、毛笔、剪纸、年画、乐器、画材制作等	内画产业集群、西洋乐器产业集群、民族乐器产业集群、美术画材产业集群和剪纸产业集群	河北金音乐器集团有限公司、武强嘉华乐器有限公司、河北青竹画材科技股份有限公司、饶阳北方民族乐器制造有限责任公司、衡水习三内画艺术有限公司

从地域来看，各地市均依托独有的历史背景、地理位置和资源特性，成功培育出以特色文化产业为核心的文化制造业集群。例如，邯郸巧妙利用其悠久的陶瓷传统，精心发展了以磁州窑为代表的文旅产业集群；唐山则结合自身强大的工业基础，特别发展了以工业旅游为亮点的多样化工艺美术品制造业。值得一提的是，保定、廊坊、邢台和衡水等地市不仅聚集了大量的优势产业集群，还推出了众多具有地方特色的文化产品，建立了较为完善的产品体系，为地区文化传承与产业发展奠定了坚实基础。

从产业类型来看，传统文化制造业仍占据主导地位。工艺美术品、艺术陶瓷、乐器、玩具、红木家具、旅游购物商品、旅游装备等传统行业企业数量占比较大。随着文化产业与科技的深度融合，尤其是新技术、新工艺和创新理念的运用，传统产业的陶瓷、雕塑、乐器、剪纸、内画、玻璃等产品焕发出新的生机和活力。这种融合不仅赋予了传统产品更高的科技含量和更大的附加值，也显著提升了它们的市场吸引力。此外，新兴业态、产品的创意化以及"互联网+"已经成为特色文化产业发展的新亮点，不仅彰显了传统与现代的和谐融合，还体现了未来产业创新发展的方向。

2. 县域特色文化制造产业发展势头良好，特色文化产品门类众多

目前，全省县域特色文化产品类别涵盖 13 个行业中类①、29 个行业小

---

① 13 个行业中类：工艺美术品制造、艺术陶瓷制造、印刷复制服务、广播电视电影设备制造、游乐游艺设备制造、乐器制造、文具制造、笔墨制造、玩具制造、节庆用品制造、信息服务终端制造，以及销售、旅游商品购物、旅游装备制造。

类①。整体来看，河北省初步形成了乐器、童车、瓷器、红酒、皮革裘皮等特色文化产品产业带，拥有曲阳石雕、蔚县剪纸、衡水内画、衡水工笔画、藁城宫灯、沧州琉璃、定州缂丝、张家口彩色玻璃深加工、吴桥杂技魔术道具、平泉活性炭、沙河艺术玻璃、白沟箱包 12 大县域产业集群，且已成为当地县域经济的重要支柱性产业。

一是传统文化产业业态亮点突出。曲阳县石雕企业达到 30 家，年销售额 45 亿元。蔚县积极扶持剪纸产业化发展，目前有剪纸专业村 28 个、剪纸专业户 1100 户、剪纸从业人员 3 万余人，每年剪纸 500 多万套，畅销全球 100 多个国家和地区，年销售额超 2 亿元，年产值占到全县 GDP 的 4%。以吴桥杂技魔术道具为代表的产业集群有道具生产企业 20 多家，从业人员达 1000 余人，年生产道具 20 多万件（套），杂技道具 4000 多个种类，年销售额近亿元，国内市场占有率达 69%。

二是文化产业集群成为县域经济重要支撑。年产值 10 亿元以上的产业集群对当地经济发展具有重要支撑作用，在国内占有较高市场率。其中，曲阳县已经拥有"中国雕刻之乡""古北岳文化之源""定瓷艺术发祥地""中国民间艺术之乡""中国观赏石之乡"5 张"国字号"文化名片。2022 年，雕塑文化产业集群的总产值达到 84 亿元，成为拉动县域经济高质量发展的重要引擎，开创了现代化中国雕刻文化名城建设新篇章。清河县的羊绒产业起步于 1978 年，经过 40 多年的发展已经成为全国最大的羊绒产业集聚地，被誉为"中国纺织名城""世界羊绒之都"。清河羊绒被认定为"国家地理标志证明商标"。清河县的羊绒产业着力做优分梳、做强纺织、做精制品、做大市场，全力推动羊绒产业集群式发展，现已形成从分梳、纺纱到织

---

① 29 个行业小类：雕塑工艺品制造、金属工艺品制造、漆器工艺品制造、花画工艺品制造、天然植物纤维编织工艺品制造、抽纱刺绣工艺品制造、珠宝首饰及有关物品制造和其他工艺美术及礼仪用品制造；陈设艺术陶瓷制造、园艺陶瓷制造；书、报刊印刷；广播电视接收设备制造；露天游乐场所游乐设备制造、游艺用品及室内游艺器材制造；中乐器制造、西乐器制造、电子乐器制造、其他乐器及零件制造；办公、学习等使用的各种文具的制造；笔的制造，墨水、墨汁制造；玩具制造；焰火、鞭炮产品制造；可穿戴智能文化设备制造；老字号纪念品、旅游用品、旅游食品制造；低空飞行器制造、户外装备—野营用品制造等。

衫的完整产业体系。石家庄藁城宫灯及纸雕宫灯开发集群已经占据了国内宫灯90%的市场份额，年产量上亿对，年产值15亿元。吴桥县依托杂技文化打造特色文旅产业，年产值12亿元，逐步形成了集杂技教育、杂技旅游、杂技演出、杂技魔术道具研发于一体的特色文旅融合产业。

（四）市场主体活力迸发，营商环境持续优化

1. 规模以上文化企业持续发力，产业集群带动作用明显

2022年，全省1339家文化企业营业收入为928.3亿元，同比下降5.6%。分产业类型看，文化制造业、文化批发和零售业、文化服务业的营业收入同比分别下降6.5%、1.1%、7.3%。尽管新冠疫情对文化制造业造成了不小的冲击，导致其营业收入出现下滑，但下降的速度已明显减缓，呈现积极转变迹象。

截至2022年第四季度，河北文化制造业企业资产总计达538.1亿元，同比增长1.5%，约占全省文化企业资产总额的1/4。这表明，文化制造业具有一定的资产规模和抗风险能力，在省内文化产业中占有重要地位。从营收状况来看，文化制造业营业收入为502.4亿元，超过河北文化企业营业收入的一半，成为全省文化产业的支柱性力量。而文化制造业的营业利润更是达到17.9亿元，利润总额为20.1亿元，充分展现出文化制造业具有盈利能力强、经济收益高等显著特征。此外，文化制造业企业应交增值税11.1亿元，这不仅体现在税收方面的贡献，也凸显了其对区域经济增长具有重要驱动作用。

从文化企业规模来看，文化制造业产业规模不断扩大。截至2022年第四季度，文化制造业企业数为563家，比2021年增加12家。其中，包装装潢及其他印刷企业133家，儿童乘骑玩耍的童车类产品制造企业70家，书、报刊印刷企业61家，雕塑工艺品制造企业41家，文化用纸及纸板制造企业34家。

从就业人数来看，截至2022年第四季度，河北文化制造业企业从业人员数为57926人，约占全省文化企业从业人员总数的48%。其中，包装装潢

及其他印刷企业从业人员数为 13362 人，书、报刊印刷企业从业人员数为 7806 人，文化用纸及纸板制造企业从业人员数为 6949 人，儿童乘骑玩耍的童车类产品制造企业从业人员数为 4048 人，雕塑工艺品制造企业从业人员数为 2808 人。

2. 文化产业示范（试验）园区和示范基地示范作用明显，有力推动文化产业集聚发展

全省发展壮大一批产业集聚效应明显的文化产业示范（试验）园区和示范基地，发挥先进文化企业的示范、窗口和辐射作用，引导促进文化产业持续健康快速发展，不断提高文化产业的总体实力和竞争力。目前，河北共有国家级文化产业示范园区 1 家、国家级文化产业示范园区创建单位 1 家、国家级文化产业示范基地 12 家（见表 2）。其中，保定的曲阳雕塑国家文化产业试验园区于 2020 年被评为国家级文化产业示范园区，并且与其他地市相比，其拥有的国家级文化产业示范基地数量最多。2021 年，保定多家文化企业，如河北古城香业集团股份有限公司、河北易水砚有限公司、河北翰鼎雕塑集团有限公司、河北鑫特园林建筑雕塑有限公司、河北鑫宏源印刷包装有限责任公司等荣获河北省"知名文化企业 30 强"称号。

表 2　河北国家级文化产业示范园区和示范基地分布情况

国家级文化产业示范园区			
序号	地市	名称	年份
1	承德	承德"21 世纪避暑山庄"文化旅游产业园区	2020 年
国家级文化产业示范园区创建单位			
1	保定	曲阳雕塑国家文化产业试验园区	2020 年
国家级文化产业示范基地			
1	石家庄	金大陆展览装饰有限公司	第五批 2012 年
2	承德	鼎盛文化产业投资有限公司	第五批 2012 年
3	张家口	蔚县圆通文化创意有限责任公司	第四批 2010 年
4	廊坊	大厂评剧歌舞团演艺有限责任公司	第四批 2010 年
5	保定	河北易水砚有限责任公司	第二批 2006 年
6	保定	曲阳宏州大理石厂工艺品有限公司	第三批 2008 年

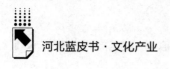

国家级文化产业示范基地			
序号	地市	名称	年份
7	保定	河北野三坡神悦文化传播有限公司	第五批 2012 年
8	保定	河北省曲阳县荣杰雕刻石材有限公司	第六批 2014 年
9	沧州	河北省吴桥杂技文化经营集团公司	第一批 2004 年
10	沧州	河北乐海乐器有限公司	第六批 2014 年
11	衡水	习三内画艺术有限公司	第三批 2008 年
12	衡水	河北金音乐器制造有限公司	第四批 2010 年

此外，全省拥有省级文化产业示范园区 34 家，省级文化产业示范园区创建单位 5 家，省级文化产业示范基地 167 家。从地域分布来看，发展较为均衡，形成了以地方特色文化资源为依托、根植于地方文脉基础的新发展格局。其中，与文化制造业相关的省级文化产业示范园区/基地占据显著地位，它们以各自独特的方式形成了各具特色的文化制造产业链，不仅有力促进了文化制造业的集聚发展，推动了"文化+制造"的深度融合，更为传统文化传承与创新注入了新的活力。例如，中国蔚县剪纸文化产业园区，以其精湛的剪纸技艺和深厚的文化底蕴专注于剪纸这一传统手工艺品的制作和推广，成为文化制造业的代表。中国武强国际乐器文化产业园，致力于乐器的制造和销售，涵盖了从原材料采购、产品设计、生产制造到市场推广的完整产业链，特色产业地位备受瞩目。河北（青县）中古红木文化产业园则聚焦于高端文化制造业的发展，巧妙地将传统工艺与现代设计相融合，打造出具有独特魅力和文化内涵的红木家具和产品，兼具艺术性和经济性双重价值。磁州窑文化产业示范基地，深耕磁州窑传统生产工艺与装饰技法的精髓，不仅有效弘扬了磁州窑文化和艺术，更促进了国家非物质文化遗产的传承与发展。

（五）国内外合作交流不断深化，推动互利共赢

1. 形成了一批跨区域联合产业带

河北是乐器生产大省，拥有"饶阳—肃宁—武强""霸州—文安—安

次"两大乐器产业带，已形成乐器设计研发、制造加工、配件组装、销售经营和电商物流等完整产业链。目前，相关企业超730家，年产值达40亿元，占全国总产值的50%。其中，"饶阳—肃宁—武强"是全国最大的乐器生产制造集聚区，乐器产品有琵琶、古筝、二胡、扬琴等弹拨、拉弦、打击三大系列300多个品种，年销售300多万件。肃宁县是"中国北方乐器之都"，该地区的扬琴、琵琶、阮的产销量居全国首位，特别是扬琴在国内市场的占有率达70%以上。饶阳县有"中国民族乐器之乡"之称，该地区的二胡在国内市场的占有率达60%以上，马头琴在国内市场的占有率达70%以上。

2. 拓展"一带一路"朋友圈，打造共享成果的"幸福路"

近年来，河北的陶瓷、童车等产品大量出口到共建"一带一路"国家，为河北企业和共建"一带一路"国家打开了一条交往的便捷通道。2023年10月26日，第十六届中国·北方（平乡）国际自行车童车玩具博览会在河北省邢台市平乡县开幕，本届博览会吸引了来自俄罗斯、哈萨克斯坦、乌兹别克斯坦等10余个国家和地区的客商参会。平乡县按照"拓展国际市场、壮大外贸主体"的思路，通过政策扶持、市场引导、服务推进、管理升级等有效措施引导自行车童车产业提档升级，产品远销俄罗斯、越南、肯尼亚、斯里兰卡等60多个国家和地区。

2023年9月15~24日，2023"一带一路"·长城国际民间文化艺术节在廊坊、秦皇岛成功举办，为增进河北与共建"一带一路"国家"民心相通"搭建起桥梁纽带。其中，"丝路瓷语展"邀请陶瓷领域多位专家，精心遴选国家级文物和现当代瓷器珍品，以及国内外重要遗址、沉船考古资料和相关研究成果，深度诠释了陶瓷在古代丝绸之路和"一带一路"文明交流互鉴中的重要价值，展现了河北定窑、磁州窑、井陉窑等代表性陶瓷在古今陶瓷贸易以及文化交流中发挥的重要作用。此外，"一带一路"文化与旅游嘉年华在廊坊户外公共空间集中开展了国际文创产品展销、特色节目表演、非遗项目展演等活动。

二 文化制造业集群发展特征——典型案例分析

（一）平乡童车制造：创新驱动的儿童乐园

1. 基本情况

河北平乡县，历史上被誉为中国自行车城，是自行车制造业的重要基地。然而，随着现代交通工具的普及，尤其是摩托车和轿车，传统自行车产业面临前所未有的挑战。为应对这一变化，平乡县展现出极强的适应能力和创新精神，将目光投向童车生产，将其作为企业转型的新方向。在这个过程中，平乡县不仅重新定义了童车产业的标准，还在产品设计和制造中融入了丰富的文化元素。动漫和音乐等元素被创造性地融入童车设计中，形成了独具特色的产品系列。这些童车不仅造型上卡通可爱，功能上也具有教育意义，如集成了讲故事、念唐诗的智能系统使这些童车在市场上脱颖而出，成为家长和孩子们的新宠。

2. 主要做法

平乡县的童车产业在面对市场变化时，采取了多种创新策略。首先，在产品设计上，平乡县的童车企业突破传统思维，将动漫元素与童车设计巧妙结合。例如，和谐号童车的设计灵感来源于中国高速动车，旨在让孩子们在玩耍的同时，感受速度的快感并了解中国的动车文化。其次，在产品功能上，平乡县的童车不仅是一种交通工具，更是一个多功能的早教玩具。通过融入讲故事、念唐诗等功能，这些童车不仅成为孩子们的游戏伙伴，也成为传播中国传统文化的新媒介。除此之外，平乡县童车企业还重视环保理念的融入，如童车的摩擦发电功能，旨在向孩子们传达环保意识。这些创新举措不仅提高了产品的市场竞争力，也为平乡县的童车产业带来了巨大的经济效益。

平乡县的童车产业通过这些创新举措实现了产业的快速发展。2022年，平乡县各类童车品牌企业达4800多家，年产自行车、童车及电动玩具车1.5亿辆，占据了全国市场的70%。2023年4月，平乡童车产业集群成为国家首批 100 个中小企业特色产业集群之一，8 月又入选河北省首批中小企业特色产业集群名单。这些童车产品不仅满足国内市场的需求，还成功打入了国际市场，产品远销欧盟、非洲、南美洲、东南亚、中东等地区，童车产量占据了国际市场的 50%。随着国家"一带一路"倡议的实施，平乡县积极响应，通过提升产品质量和创新设计，不断扩大其在国际市场上的影响力。未来，平乡县计划继续发挥童车产业的优势，进一步深化文化与产业的融合，树立强大的文化品牌，力求打造出具有国际影响力的特色县域经济，为当地的经济发展做出更大贡献。

（二）肃宁民族乐器：和谐旋律的工艺传承

1. 基本情况

坐落在河北肃宁县的乐海乐器有限公司（以下简称"乐海乐器"），是历史悠久的琵琶制造基地，承载着中国传统乐器制造的深厚文化底蕴。公司以创新和传承为核心，将古老的琵琶制作工艺与现代技术完美融合。传统琵琶的制作历经千锤百炼，每一道工序都体现着匠人的精湛技艺。乐海乐器在继承这些传统工艺的基础上，引入现代化的生产技术，不仅保留了乐器的古朴韵味，还成功地将这一拥有两千年深厚历史底蕴的乐器带入现代快节奏的生活中，焕发出新的活力。

2. 主要做法

乐海乐器在琵琶的制作上采取了一系列革新措施。首先，公司运用现代化的数字建模技术，以传统工艺为蓝本，制定了统一的数字化标准。这种创新方法大幅提高了制琴的效率和精准度，同时保证了琵琶的传统音色和品质。其次，乐海乐器在保持手工艺精髓的同时，联合国内顶尖制琴大师监制，确保每件制成的琵琶都是精品。公司的产品以其优良的工艺和卓越的音质著称，如用 1208 块龟背形紫檀木拼合而成的百纳枇杷枕弦琵琶，不仅在视觉上呈现了独具匠心，更在音质上达到了极致的清澈和明亮。

乐海乐器的创新不仅限于生产技术，公司还积极响应国家"一带一路"倡议，将琵琶产品推向国际市场。目前，公司已成为中国民族乐器制造行业中生产规模最大、技术力量和综合实力最强的企业之一。公司的琵琶、羊琴、古筝等200多个品种的年产量超20万件，年销售额高达1.66亿元。特别是琵琶产品，其销量不仅在国内市场占据领先地位，还远销欧美、东南亚、日本、韩国等国家和地区，成为国际市场上的热销产品。

通过这些创新举措，乐海乐器不仅提升了自身品牌的国际影响力，更为中国传统文化的传承和发展做出了卓越贡献。未来，公司计划继续探索民族乐器现代化的发展道路，致力于打造具有国际影响力的特色县域经济，并将中国的传统音乐文化带向更广阔的舞台。

（三）曲阳石雕：雕刻时光的艺术印记

1. 基本情况

河北曲阳县是中国雕刻之乡，以其精湛的石雕艺术闻名于世。曲阳县拥有丰富的汉白玉资源，这种洁白无瑕、经久耐磨的石料成为雕刻的理想选择。自战国时期起，曲阳的雕刻工艺便开始繁荣发展，历经汉、唐、元、明、清至今，代代相传，成为中国北方汉白玉雕造的中心。曲阳石雕的代表作品遍布全国，从古代的宫殿雕刻到现代的重要建筑如人民英雄纪念碑上的汉白玉浮雕，都是曲阳石雕艺人的杰作。

2. 主要做法

为了推动石雕产业的高质量发展，曲阳县政府支持当地雕刻产业的发展，并重视石雕技艺的传承与创新。曲阳县拥有超过2300家雕刻企业，10万名技艺人员，产品出口至全球130多个国家和地区，年产值达70亿元。河北曲阳雕刻学校作为全国唯一一所以石雕为骨干专业的学校，致力于培养新一代的雕刻艺术家。同时，曲阳县与中央美院、清华美院等国内顶尖美术学院合作，成立了中国曲阳雕塑产业创新联盟，推动了雕塑文化产业向高端化、艺术化转型。

曲阳县正在建设一系列以石雕文化为核心的文化旅游集聚区，包括石雕文化产业园、石雕主题公园、石雕博物馆等。这些项目不仅致力于传承千年的雕刻文化，还旨在将曲阳石雕打造成时代的强音。通过努力，曲阳石雕不仅在中国乃至全世界享有盛誉，也成为传播中国传统文化的一张闪亮名片，将曲阳的名字镌刻在了世界文化遗产的地图上。

（四）武强木版年画：艺术绘卷的时代演绎

1. 基本情况

河北武强县，以其木版年画和西洋乐器制造业闻名。这座拥有丰富传统文化的小城，如今正通过西洋乐器制造业在国际舞台上展现其独特魅力。武强木版年画起源于宋元时期，以丰满的构图和粗犷的线刻风格著称，被誉为民俗生活的大观园。在 2020 年中国农民丰收节上，武强木版年画以其喜庆祥和的风格大放异彩，展现了人们对美好生活的向往。武强县的传统与现代、东方与西方的文化的混搭，使这座千年古县焕发出新的艺术气息。

2. 主要做法

武强县通过培育和发展多元化的文化产业，实现了经济和文化的共同繁荣。在传统文化方面，武强县大力弘扬木版年画艺术，使之成为河北省十大文化形象之一。在现代产业发展方面，武强县依托排名中国第一、世界第二的西洋管弦乐器生产基地——金音集团，将音乐文化融入乡村振兴和旅游发展中。武强县的周窝镇，是结合农家客栈、咖啡馆、音乐体验馆等多元化的文化和旅游设施，打造出的一个充满艺术氛围的特色小镇。这种"音乐+乡村+旅游"的模式不仅吸引了大量游客，还有效地促进了当地经济的发展，带动了 3000 多人就业。

武强县的文化产业发展模式展现了如何将传统文化与现代产业有效结合，创造出独特的地方特色。通过这种模式，武强县不仅保护和传承了自身的文化遗产，还成功地将文化资源转化为经济增长的新动力，推动了当地社区可持续的发展和繁荣。

（五）经验启示

1. 技术与技艺的融合

将现代化技术与传统技艺相结合是推动文化产业发展的重要途径。例如，平乡县的童车制造业，通过融入现代设计和技术，使传统产品更具市场竞争力和现代魅力。这种融合不仅使产品保留了传统的美感，还拓宽了受众范围，使传统技艺在现代社会中焕发新生。

2. 文化传承与创新

保护和传承传统文化遗产对于维持文化多样性至关重要。地区成功地将剪纸、木版年画等传统艺术纳入非物质文化遗产，同时进行创新改造，以适应现代消费者的需求。这种平衡保护与创新的方法，不仅保护了文化遗产，还为其在当代市场中的应用提供了新的可能性。

3. 特色产业与地区经济的互动

发展具有地方特色的产业能显著促进经济增长。地区特色产业如石雕艺术、木版年画不仅是文化传承的载体，也成为吸引旅游和投资的亮点。通过这些产业，地区不仅增强了自身的文化认同感，也创造了就业机会，推动了地区经济的多元化发展。

4. 文化产品与市场的有效对接

将文化产品与市场需求有效对接，是提升文化产业经济效益的关键。通过采用市场化策略和利用电商平台，地区成功地将传统艺术品转化为具有商业价值的商品。这不仅提高了文化产品的竞争力和市场影响力，也为艺术家和制造者提供了更多机会与平台。

5. 跨领域融合发展

文化产业与旅游、教育等领域的融合为产业发展创造了新的增长点。通过建立文化旅游设施、与教育机构合作，地区不仅拓宽了文化产业的影响范围，还促进了文化的普及和教育的发展。这种跨领域的融合不仅有助于文化产业的可持续发展，也为公众提供了丰富多彩的文化体验。

三 河北文化制造业集群发展的难点

随着市场需求的不断增加和各级政策的大力支持，河北文化制造业近年来迅速发展。然而，省内文化制造业发展质量较低、发展水平有待提高，特别是集群发展的过程中仍面临一些难点问题。

（一）区域间融合发展深度不够，集群发展程度偏低

河北文化制造业虽然已经形成了一定规模，但各地区之间的融合发展程度还不够深入。不同地区的文化制造业企业之间缺乏有效的合作和协同发展机制，省内文化制造业之间关联性不强，产业发展"散、小、弱"，企业没能抱团发展，出现资源分配不均、技术水平参差不齐，影响了整个文化制造业的协同发展，制约了区域文化制造业的竞争合作发展。

除此之外，文化制造业更多关注制造业本身的生产，与其他文化产业子行业之间融合发展不足。文化制造业和文化服务业作为文化产业的两个重要子行业，二者之间的协调融合发展有利于提高文化产业发展质量。当前河北文化制造业与文化服务业的融合发展不足制约了文化制造业的集聚发展。

（二）产业升级与创新动力不足，产品同质化水平较高

河北文化制造业集群在发展过程中面临产业转型升级的挑战。传统的文化制造业往往以低附加值、劳动密集型为主，而现代文化制造业则更加注重技术创新、品牌建设和市场拓展。因此，如何实现从传统向现代的转型升级，提高产业的整体竞争力，是河北文化制造业集群发展过程中的一大难点。

为了推动产业转型升级，需要加强创新能力。创新是推动产业发展的核心动力，只有不断创新，才能提高产品质量、降低成本、拓展市场。然而，河北文化制造业集群在创新能力方面还存在不足，缺乏具有自主知识产权的核心技术和产品。随着市场竞争的加剧，河北文化制造业企业普遍面临产品同质化严重的问题。产业发展整体规划不足，产品服务缺乏特色，企业缺少自主创新的能力和技术研发的投入，导致产品缺乏特色和差异化，难以在市场上形成竞争优势。文化制造业和文化服务业缺少对文化的深入挖掘与应用，更未能将省内传统文化资源高效利用，导致提供的文化产品与服务同质化，产品附加值低，整个行业产能过剩，缺乏对本地特色资源的挖掘和培育。因此，加强创新能力建设，提高自主创新能力，是河北文化制造业集群发展的关键。

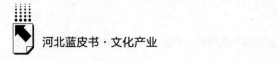

（三）文化制造业专业领域人才短缺，集群发展动能弱

文化制造业集群发展需要大量的专业人才支持。然而，河北的文化制造业人才储备不足，尤其是高端人才短缺，制约了产业集群发展。同时，人才的培养和引进机制也不够完善，无法满足产业发展的需求。一方面，文化产业的特点决定其需要具备创意、技术、管理等多方面能力的人才，而这种复合型人才相对较少。另一方面，河北地区的经济发展水平相对较低，对于人才的吸引力也相对较弱。因此，如何解决人才短缺问题以吸引和留住优秀人才，是河北文化制造业集群发展过程中的关键问题之一。

（四）产业发展要素投入欠缺，集群发展程度受到限制

土地和政策支持是文化产业发展的重要保障，文化制造业的发展同样需要大量的资金、技术、人才等要素支持。然而，河北的文化制造业在要素投入方面还有欠缺。目前河北文化产业发展的突出问题主要集中在投融资和用地方面，尤其是投融资体系不完善、土地要素投入不能保障等问题，制约了集群的发展。

文化制造业投融资体系尚不完善，缺乏多元化的投融资渠道和方式。目前，河北文化制造业的投融资主要依靠政府投入和银行贷款，而社会资本的参与度较低。加上文化产业本身具有投资回报周期长、风险不确定性高等特征，增加了融资的难度。这导致文旅产业的发展资金来源有限，影响了产业集聚程度的提升和产业的快速发展。

土地要素的投入也制约了文化制造业集群发展。一方面，由于土地资源的有限性，一些企业的发展受到土地供应的限制；另一方面，地方政府对于文化产业的扶持政策还有待完善。因此，如何加大土地和政策支持力度，为文化产业的发展提供更加有力的保障和支持，是河北文化制造业集群发展过程中的重要问题之一。

（五）文化制造业市场需求不足，尚未形成品牌效应

市场需求是推动文化产业发展的根本动力。然而全省文化产业在供求结构方面仍存在供求不对称情况，文化产业总体发展水平较低。随着消费者对文化产品需求的增加，市场对文化制造业的需求也不断增加。目前河北文化制造业集群在市场需求方面仍存在不足。一方面，缺乏具有自主知识产权的核心技术和产品导致产品同质化现象严重；另一方面，营销手段单一，文化制造业尚未形成品牌效应，导致市场认可度不高，难以吸引消费者，影响了产品的销售和市场拓展。同时，一些企业对市场需求了解不够深入，缺乏针对市场需求的研发和生产能力。因此，如何挖掘市场需求、提高品牌知名度是河北文化制造业集群发展过程中的重要问题之一。

四　河北文化制造业集群的创新提升路径

（一）巧借地缘优势，加快提升文化制造业集聚水平

河北环绕京津，区位优势突出，应紧抓京津冀协同发展、雄安新区规划建设等重大国家战略和发展后奥运经济的叠加机遇，积极承接京津先进文化制造业转移，大力推进文化制造业创新发展。一是明确战略定位，精准承接京津产业转移。应立足河北纵深的产业腹地和良好的制造业基础，充分利用环京津地区的文化产业优势，鼓励、协助京津地区规模大、效益好的文化制造业企业落户河北，加快从引进单个企业到引导产业集聚，实现规模效应和空间外溢效应，打造产业转移"新高地"。如河北肃宁县依靠"三地通衢"的优越地理位置，借承接北京非首都功能的"东风"筑巢引凤，先后引进多家来自京津地区的文化企业，涉及乐器制造、图书印刷等行业，并依托引进企业的示范引领带动作用，实现集群化、规模化发展。二是创新合作机制，提升区域联动协同力。虽然河北文化产业领域集聚了众多文学家、艺术家等文化产品的生产者，但文化产品的附加值较低、核心竞争力较弱，经营

销售能力不足等问题仍然突出。应依托区域文化发展联盟，拓宽产业园区、企业、项目间的合作渠道，加强三地互补性，促进区域产业转移与错位发展，建立"北京研发+河北制造+全国销售"的发展模式，形成点面结合、优势互补、协调共享的文化制造业集群。三是转变发展思路，增强文化制造业的扩散力。通过延伸、拓展、汇聚相关文化制造产业，提升集群的"自我造血"能力，促进"文化+制造"的跨界、多业态融合，培育新的经济增长点。如张家口冰雪文化产业集群，依靠自身丰富的冰雪资源和坚实的产业发展基础，借北京冬奥会契机，积极发展滑雪装备制造业，以滑雪服饰、滑雪器材、雪场机械等为核心领域，推动文化资源向文化资产转变，形成沿链聚合的集群发展新优势。

（二）分类施策，有效激活集群发展新动能

目前，文化制造业仍然是河北文化产业的"定盘星"，但近年来文化制造企业效益明显下滑，使产业转型升级面临诸多困境。应加快整合现有文化资源，因地制宜、分类施策，高质量打造优势文化产业集群工程。一是壮大传统优势文化制造业集群，筑牢产业根基。通过加强对传统文化制造业工艺的保护，推动传统手工艺术品的传承和创新，全力打造6个百亿量级优势文化产业集群，做大做强乐器、红木、艺术玻璃、童车玩具、美术画材等优势特色文化制造产业。二是搭建培育基地，发展新型产业集群。精心培育8个十亿量级成长型文化产业集群，积极推动内画、定瓷、磁州窑、唐瓷、黑陶、剪纸、易水砚、香业等特色文化制造产业跨越式发展。三是着眼提升县域特色产业集聚水平，助推文化产业赋能乡村振兴。扶持发展一批千万量级潜力型特色文化产业集群，结合新型城镇化和乡村振兴战略，大力实施"一地（县、镇、村）一品"战略，充分挖掘利用地方特色文化资源，培育形成一批具有较强影响力和市场竞争力的特色文化制造产业。2023年，河北省国家级中小企业特色产业集群总数增至11个，与江苏、山东、安徽并列全国第一。这些"国字号"产业集群以"特"制胜，依托资源禀赋和积淀深厚的县域特色，从"一乡一品""一

县一业"发展到中小企业集聚，形成特色产业集群，成为县域经济的重要支撑。四是合理规划布局，优化产业结构。围绕重点文化制造业类型和项目，建设一批特色鲜明、产业优势突出的特色文化产业示范区，重点提升发展区域性特色文化制造产业带，加强规范引导和产业示范，形成各具特色的文化制造业集群发展格局。

（三）建立人才培养机制，增强集群创新能力

任何产业的发展壮大都离不开高素质人才，而文化制造业集群的创新提升更需要多样化人才，以支持产业的创新、生产、管理和推广等领域全链发展。一是政府搭台，完善人才引进机制。围绕河北文化产业发展特点和总体目标，鼓励各地市根据自身要求制订并实施具体的奖励优惠政策，不断完善文化产业人才吸纳、培养、管理、服务等制度。依托燕赵英才优先计划等重大人才工程，建立冀才引培平台，畅通人才培养、交流服务的渠道，大力引进一批高层次人才或创新型科研团队，促进人才创新成果转化。二是建立联合培养机制，强化人才支撑。鼓励有条件的高校联合行业共同制订培养目标、共同建设课程体系和确定教学内容、共同实施培养过程、共同评价培养质量，为河北文化制造产业提供精神动力和智力支持。同时可通过建立实习基地、产学研合作项目，为学生提供实践，并开展创意设计、技术研发、制造生产、市场营销等相关专业人才的跨区交流和国际交流，加速专业人才的集聚。三是定期进行人才需求调研，了解市场对人才的实际需求，有针对性地进行培训和引才。如依托国家文化人才培训基地建立人才数据库，不仅能够及时掌握不同产业类型的人才资源，还可以促进信息分享、经验交流，了解人才市场的需求变化。

（四）创新帮扶机制，打"组合拳"助推集群提质增效

统筹国家与各级政府的政策资源，强化政策整合服务，破解资金、土地等瓶颈问题，提高服务效能。一是加大财政扶持力度。积极争取中央预算内资金等支持，充分发挥省级文化产业发展专项资金、文化繁荣发展资金等的

杠杆作用，加大对文化制造业重点项目的扶持力度。比如，2023年衡水武强县财政部门共筹措支持文化产业发展资金2431万元，重点支持乐器文化产业集群实现跨越式发展。同时，及时、足额拨付支持文化产业发展资金，并对到位资金跟踪问效、加强监管。二是拓宽融资渠道。建立河北金融服务文化产业高质量发展工作机制，完善多元化投融资机制。通过举办政银企对接、专项债及融资培训等活动，鼓励金融机构加大对文化制造业集群的信贷支持力度，探索设立金融特色服务单位，为项目提供更多便捷资金。2023年一季度全省发放文旅贷款553.96亿元，较年初增加24.62亿元。国家开发银行、中国农业发展银行、中国农业银行、中国建设银行、邯郸银行授信1100亿元支持文旅产业发展。三是加强用地保障。落实国家和省级关于推动文化产业用地的相关政策，出台符合文化制造业集群特点的土地利用政策，优先保障各级重大文化制造业项目土地供应。推进集聚区内土地空间的有序置换，鼓励利用闲置房产、土地或生产装备等设施，盘活存量建设用地。产业用地采取长期租赁、先租后让、租让结合、弹性年期等灵活供地方式。四是优化政务服务。在全省开展"送服务、促发展"专项行动，简化资金、规划、土地、建设等方面的手续。提高审批效率，优化营商环境，对系统行政许可事项和行政备案事项推行"一日办"改革，实现从"一叠证明"变为"一纸承诺"。

（五）紧扣市场需求，提升集群的影响力和竞争力

文化消费需求的升级要求高质量特色文化产品供给，为此需要以市场需求为导向，提高文化制造业创新能力，推动品牌、产品和技术手段破圈、出新，为文化制造业集群的现代化发展提供"河北样板"。一是强化集群品牌建设。充分发挥现代传媒手段，建立微信公众号，抖音、快手、小红书等短视频账号，今日头条账号等自有新媒体宣传平台，长期宣传推介河北文化制造业行业信息、发展情况和特色产品等。同时为主要产业的优秀艺术家、非遗工坊带头人、工艺美术大师、乡村工匠、非遗代表性传承人制作发布、及时更新网络平台名片，积极将乐器制造、美术颜料、香业等培育成国际知名

品牌。二是推动集群产品提档升级。重视传统文化元素的现代化表达与呈现，加强文化创意设计与文博展览、制造业等对接，发展富有文化内涵的产品。三是提升文化装备制造业技术水平。一方面，推进文化装备技术自主研发和升级改造，加强标准、内容和技术装备的协同创新。另一方面，结合数字资源聚合，创新研发数字文化装备产品，加快装备制造业向数字化、智能化、市场化发展。支持沉浸体验、智能交互等数字文化装备研发与示范应用，推动开发智能化文化消费终端产品。结合国家文旅融合战略，大力推进包括冰雪装备、无人机表演装备、智能可穿戴装备、游艇房车装备、舞台演艺装备、乐器制造装备等在内的文旅装备制造业发展。

参考文献

王春蕊、张彬、裴旭：《2022—2023 年河北文化产业发展形势分析与预测》，载康振海主编《河北文化产业发展报告（2023）》，社会科学文献出版社，2023。

李学敏、仇小娜：《河北县域特色文化产品品牌培育路径研究》，载康振海主编《河北文化产业发展报告（2023）》，社会科学文献出版社，2023。

贾淑军：《做强做优做大县域特色产业集群》，《河北日报》2023 年 5 月 31 日，第7 版。

张波：《打造立县兴县特色产业集群》，《河北日报》2022 年 11 月 16 日，第 7 版。

B.11
河北省广播电视和网络视听产业
高质量发展研究

姚胜菊*

摘　要：　广播电视和网络视听产业担负着弘扬正气、树立新风、抵制歪风邪气的神圣使命，肩负着培育和宣扬社会主义核心价值观的艰巨任务，是我们党坚实的舆论阵地，必须在中国式现代化建设中实现高质量发展。河北省广播电视和网络视听产业与先进省（市）相比还有一定差距，基于对先进省（市）广播电视和网络视听产业发展经验的研究，本报告提出，河北省广播电视和网络视听产业高质量发展要致力于从创新思维方式、拓宽发展空间、完善公共服务和优化顶层设计方面下功夫。

关键词：　广播电视　网络视听　高质量发展　河北省

针对广播电视和网络视听产业高质量发展，习近平总书记有着一系列重要指示精神，确定了"打造智慧广电媒体，发展智慧广电网络"的发展方向，强调"加强网络内容建设，做强网上正面宣传，培育积极健康、向上向善的网络文化"①。2019 年 8 月，国家广播电视总局发布《关于推动广播电视和网络视听产业高质量发展的意见》，对广播电视和网络视听产业高质量发展做出全面部署。2023 年 9 月，国家广播电视总局又进一步提出从六大方面推动广播电视和网络视听产业高质量发展。河北省广播电视和网

---

*　姚胜菊，河北省社会科学院经济研究所研究员，研究方向为民营经济、区域经济、宏观经济。
①　《习近平关于社会主义精神文明建设论述摘编》，中央文献出版社，2022，第 78 页。

络视听产业如何在践行中国式现代化道路上更上一层楼，需要认真研究和探讨。

一 河北省广播电视和网络视听产业 高质量发展成绩斐然

（一）广播电视事业守正创新

近年来，河北省广播电视在监管和创新两个方面都有长足发展。一是加强宣传管理。建立全省广播电视新媒体重大宣传工作机制，386个市县级广播电视新媒体主账号加入工作机制；指导推动"冀时"客户端、"河北广播电视台"账号矩阵、"无线石家庄"账号矩阵入选全国广播电视新媒体联盟。二是强化行业治理。开展广播电视专项整治行动，下发违规整改通知书17份，停播各类虚假违法广告32条、违规医疗养生类节目15个，开展警示约谈5次，捣毁3个"黑广播"窝点。三是提高服务能力。制定完善县级应急广播管理的若干措施及县级应急广播体系建设推进工作方案，实施好全媒体智慧监管平台二期项目建设，实现对省内持证视听网站、县级融媒体中心省级技术平台、有线电视点播节目等的有效监测。四是注重精品培育。2023年以来，河北广电传媒集团共获得国家级重要奖项15项。《相约冬奥》荣获中国新闻奖一等奖，《全省新闻联播》等4部作品分获中国新闻奖二等奖、三等奖；《我们的现代化》等4部作品获得2021~2022年度中国广播电视大奖广播电视节目奖，《冀有好物》节目入选2023年度全国广播电视媒体融合典型案例，"冀时"客户端入选成长项目。

（二）网络视听产业全面推进

河北省网络视听产业多元化发展。截至2022年底，全国有网络视听用户10.4亿人，占全国总人口的73.8%；全年广义的网络视听产业市场规模达到7274.4亿元，网络视听产业处于大有可为的新时代。在网络视听产业大发展的形势下，河北省为了推进网络视听产业高质量发展，分类对短视频、网络直播、网络影视剧、网络动画片、网络微短剧、网络纪录片、网络综艺、网络音频等各类产品进行优秀作品推选，并将其作为优秀网络视听作品纳入河北省网络视听原创精品库，以此全面推动、引导全省网络视听产业的创新发展。截至 2023 年 10 月，河北省网络视听原创精品库共计 24 批 969 部作品入库，其中有些作品被国家广播电视总局评为"优秀网络视听作品"。

（三）公共服务体系扎实健全

河北省广播电视公共服务体系建设持续推进。一是着力推动基本公共服务县级标准化试点。制定试点建设方案和任务清单，指导邢台市威县、雄安新区容城县 2 个国家级试点县高标准推进实施，同时遴选 6 个申报县（市）为省级试点。二是扎实做好应急广播体系建设工作。会同省财政厅进一步做好应急广播体系建设工作，统筹现有资金渠道，保障应急广播建设和运维工作，同时实行应急广播终端在线率报告机制。三是持续推进广播电视设施建设。配合完成地面数字电视 700 兆赫频率迁移工作，更新改造发射机，组建地面数字单频网，实现了全省农村居民免费收听中央 12 套广播、收看 12 套数字电视的目标。四是积极拓展特色服务。组织全省广播电视系统开展2023 年消费帮扶新春行动、金秋行动，实现交易额约 4000 万元。安排专项资金用于购置优质节目，并免费提供给全省县级融媒体中心播出，近三年共提供主旋律电视剧 4616 集、优秀电视节目 2680 期。

二 先进省（市）广播电视和网络视听产业
发展中值得借鉴的经验

（一）广播电视领域市场运营各有法宝

1. 湖南省作为文化产业大省，广播电视和网络视听产业交易模式实现创新

2021 年，湖南省全年电视节目制作投资额达 14.8 亿元，在全国各省

（市）中排名第 5 位；全年电视节目国内销售额为 4.6 亿元，在全国各省（市）中排名第 12 位；广播电视实际创收收入为 300.7 亿元，在全国各省（市）中排名第 6 位；广播电视企业单位总收入为 298.3 亿元，在全国各省（市）中排名第 6 位；营业利润为 8.9 亿元，在全国各省（市）中排名第 7 位。湖南马栏山广播电视网络视听节目交易中心是马栏山视频文创产业园内的重要科技创新服务平台，也是湖南省广播电视和网络视听产业改革的典范，交易中心的成立和建设是坚持守正创新、先行先试的创举。交易中心针对传统节目协约式交易机制存在的风险大、成本高、效益低等问题，提出通过数字化实现产权证券化，破解"交易中心"瓶颈问题；针对线上线下协调运营问题，采取"以线上交易为主、线上线下相结合"的交易方式；针对节目交易的规范保障问题，建立全流程的版权交易法律服务体系和多元化纠纷解决机制；运用"区块链"技术构建公开透明、可追溯、公平公正的版权交易体系。

2. 浙江省是我国传统的文化产业大省，近年来产业基地建设提档升级

2021 年，浙江省全年电视节目制作投资额达 39.8 亿元，在全国各省（市）中排名第 2 位，成为仅次于北京市的电视制作投资大省；全年电视节目国内销售额为 64.6 亿元，在全国各省（市）中高居榜首；广播电视实际创收收入为 561.8 亿元，在全国各省（市）中排名第 4 位；广播电视企业单位总收入为 596.3 亿元，在全国各省（市）中排名第 4 位；营业利润为 27.3 亿元，在全国各省（市）中排名第 4 位。2022 年，全省视听产业基地（园区）在政府投入、企业入驻、产业发展等方面取得了积极进展和显著成效。据统计，省级基地（园区）共获得政府建设资金 1.69 亿元，新增建筑面积 29 万多平方米，新增广播电视节目制作机构 707 家，新入驻企业 2478 家。完善了产业基地协作机制，指导评定首批 9 个省级广播电视和网络视听产业基地（园区），新增第二批 7 个省级广播电视和网络视听产业基地（园区）培育对象。推进中国（浙江）影视产业国际合作实验区建设面向国内国际的综合性云交易平台，扶持横店影视产业实验区开发建设"横店影视产业大脑"。

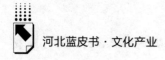

3.湖北省在网络视听产业基地协作、联动、共建上亮点频出

2021年，湖北省的投资、收益各项指标提升较快，全年电视节目制作投资额达10.1亿元，在全国各省（市）中排名第7位；广播电视实际创收收入为146.3亿元，在全国各省（市）中排名第9位；广播电视企业单位总收入为167.3亿元，在全国各省（市）中排名第8位。近年来，湖北省广播电视局持续推进网络视听产业园区建设，各类视听产业基地（园区）成为广播电视和网络视听产业吸引投资最为集中的高地，为大视听产业高质量创新性发展注入了生机与活力。一是推进校企深度合作，武汉两点十分文化传播有限公司举办动漫开放日，邀请全国多个城市的高校师生走进企业，推进校企双方探索多元联动模式。二是加强园区互动交流，举办产业园企业联合体大会暨产业公开课活动，搭建学习交流平台，加强政府、企业、专家学者间的协调合作。三是聚力推进产业发展，推动"光谷数字经济20条"在产业园落地落实，帮助企业及时享受政府助企纾困政策；引入增量资源，重点指导北辰·光谷里和长江文创产业园两个园区的招商引资。2023年上半年，新引进企业20家。

（二）网络视听产业开拓创新各有亮点

1.经济发达省（市）和近年发展较快省（市）广播电视和网络视听产业高质量制作技术创新发展势头强劲

2019年6月，围绕广播电视和网络视听产业高质量创新性发展这个目标，国家广播电视总局着手建立了"国家广播电视和网络视听产业发展项目库"。2020年初，评选出第一批入库项目308个。其中，北京市广播电视局推荐入库项目达到35个，占全国入库项目总数的11.4%，占比超过1/9。此外，江苏省23项，浙江省15项，山东省12项，陕西省9项，福建省8项，贵州省4项；2021年9月，第二批遴选入库项目对外公示，共58项入选，北京市、湖南省分别有8项入围，并列第1位，广东省6项，江苏省、上海市、四川省、山东省、浙江省分别有4项入选，陕西省、湖北省各2项；2023年4月，国家广播电视总局公布了第三批国家广播电视和网络视听产业发展项目库入库项目名单，在入选的 47 个项目中，浙江省、江苏省、广东省、山东省、四川省、福建省、贵州省、陕西省、辽宁省都有 2 项及 2 项以上。综合分析三批遴选结果，北京市、江苏省、浙江省、山东省、广东省等经济发达省（市）均是入库项目较多的热门省（市），福建省、陕西省、湖南省、贵州省、四川省随着近年来的经济提升也后来居上，入选项目数不断增加，形成了经济与文化发展互相促进、互为因果的局面。

2. 广播电视和网络视听优秀省（市）在作品的思想艺术内涵与价值方面走在前列

"年度优秀网络视听作品推选活动"作为全国性的优秀网络视听产品的大比拼平台，旨在鼓励优秀原创作品，发现、扶持新锐创作人才，引导内容创作方向，其结果被视为政府指导下的网络视听产业最高荣誉，各省（市）都高度重视。2019~2022 年，国家广播电视总局分别评选了 78 项、79 项、96 项和 145 项网络视听作品上榜，尤其是 2022 年，优秀作品数量大幅度增加。2019 年，北京市、广东省都在 10 项以上，湖南省、上海市、浙江省紧随其后；2020 年，北京市、广东省、上海市、湖南省、湖北省、福建省等省（市）名列前茅；2021 年，北京市超过了 20 项，上海市、广东省双双超过了 10 项，湖南省、新疆维吾尔自治区在 5~10 项之间，江苏省、浙江省、福建省、河南省均是 2 项；根据 2023 年 3 月公布的《国家广播电视总局2022 年度优秀网络视听作品推选活动优秀作品目录》，入选的 145 项作品中，北京市、上海市、广东省、湖南省、山东省、四川省、江苏省、新疆维吾尔自治区、河南省、福建省的上榜作品较多，其中北京市和上海市均超过了 20 项，广东省、湖南省、山东省、四川省在 5~10 项，江苏省、新疆维吾尔自治区、河南省、福建省均是 4 项。从近四年的评选结果看，仍是东部省（市）入选的作品居多，中部省份中湖南省表现比较突出，西部省（区）的四川省、新疆维吾尔自治区表现较好。网络视听优秀作品较多的省（市）都有几个龙头企业作为产业支撑，北京市有快手、奇树有鱼，上海市有宽娱数码、哔哩哔哩，湖南省有快乐阳光，广东省有腾讯，福建省有刀舞天下。

3. 先进省（市）的广播电视和网络视听产业发展路径各有特色

湖南省广播电视实施双轮驱动战略，湖南卫视与芒果 TV 相互依存、互促双赢，节目版权共享，形成了互相支持的互助关系，将湖南卫视的资源优势与芒果 TV 的市场优势深度融合，加强内容引领和价值引导，以互联网思维提升用户体验；四川广播电视台将《四川观察》打造成了新媒体旗舰平台，先后多次获得国家广播电视总局媒体融合的先导单位，获得"2023 中国应用新闻传播十大创新案例"等荣誉，入选全国十大省市级新闻客户端，成为全国省级媒体融合发展的排头兵；河南广播电视台积极担负起传播文化自信、唱响时代强音的社会责任，创作生产有意义、有意思、有意境的文化精品，成就了"中国节日"系列节目的广为传播，产生了广泛影响，实现了流量与口碑的双丰收。广东卫视将大数据技术融入产业发展中，通过大数据及时了解受众群体的思想动向、喜好和意见，以此为依据调整节目的后期制作方向，更好地实现与用户之间的情感和心灵沟通，提高节目的传播效率，数据引领理念、融媒传播思维已深度融入节目策划传播的实践中。

（三）现代公共服务体系建设各有侧重

1. 山东省广播电视和网络视听产业应急广播建设走在全国前列

截至 2022 年底，山东有线广播电视传输干线网络总长达 45.4 万公里，在全国排名第 1 位；有线广播电视实际用户数 1471.9 万户，全国排名第 2 位；农村有线广播电视实际用户数 661.8 万户，全国排名第 2 位；数字电视实际用户数 1400.7 万户，全国排名第 2 位；数字电视增值业务实际用户数 529.7 万户，全国排名第 3 位。山东省不断优化公共服务体制机制、传播方式，提高创新能力，建好、用好全省广播电视和网络视听节目共享交易平台，不断完善和提升功能；充分发挥 IPTV "覆盖面广、交互性强、精准入户"的平台优势，探索"智慧广电+乡村"服务新模式，在全国范围内率先上线了乡村振兴专区，积极探索 IPTV 服务乡村振兴的智慧广电"内容+服务"新业态；扩大应急覆盖面，开展试点建设，推出示范工程，使应急广播终端逐步向广播电视接收终端、户外大屏、手机客户端等拓展，实现了应急信息"一竿子插到底"、多种形式充分呈现。2023 年 4 月,全国应急广播体系建设现场推进会在山东省济南市召开。

2. 广东省大力推进公共文化服务体系智慧化发展

截至 2022 年底,广东有线广播电视传输干线网络总长达 21.9 万公里,全国排名第 4 位;有线广播电视实际用户数 1535.9 万户,全国排名第 1 位;农村有线广播电视实际用户数 327.0 万户,全国排名第 8 位;数字电视实际用户数 1476.9 万户,全国排名第 1 位;数字电视增值业务实际用户数 868.5 万户,全国排名第 1 位。具体来说,有以下几点值得借鉴。一是加快建设数字化基础设施和服务平台,全力打造"数据保真、创作严谨、互动有序、内容可控"的广东省文化专网,建成覆盖全省各地市、具备高容量 IP 业务承载能力的光缆干线网络,形成以视听业务为主体的高质量、全媒体综合信息内容服务体系,完成智慧广电乡村振兴公共文化服务平台建设,全面铺开以智慧生活为目标的公共数字化文化服务业务。二是以"东数西算"为契机,大力建设文化大数据华南区一体化算力网络枢纽(韶关)节点,打造文化大数据华南区域中心和广东省域中心,推动算力多样化、网络少延时、用能低碳化的文化数字化算力枢纽建设。三是依靠南粤全智云、电视门户管理、融合视频等平台提供的基础能力,积极建设全省文化数据服务平台,面向供给侧、消费侧提供"端到端"的体系化支撑。

3. 湖北省围绕政策规划、标准实施和适老工程提升公共服务能力

截至 2022 年底,湖北有线广播电视实际用户数 1272.0 万户,全国排名第 3 位;农村有线广播电视实际用户数 567.2 万户,全国排名第 3 位;数字电视实际用户数 1260.9 万户,全国排名第 3 位;数字电视增值业务实际用户数 361.4 万户,全国排名第 4 位;有线广播电视实际用户数占家庭总户数的比重为 60.86%,全国排名第 9 位。湖北省从政策规划、标准实施和适老工程等方面提升公共文化服务水平。一是政策规划方面,每年印发《湖北省基本公共服务标准》,广播电视服务是其中公共文化服务的重要内容,确保国家广电标准相关内容在区域内得到全面落实。二是认真执行相关标准,抓好服务内容和服务标准的落实,统筹有线、无线、卫星融合覆盖,推进数

字化、智能化、移动化接收，推动广播电视服务标准化、均等化。三是积极贯彻人口老龄化国家战略，使广播电视接收终端、维修服务、需求反馈、功能服务等最大限度地满足日益加剧的老龄化社会的需要，切实解决老年人在运用智能技术方面遇到的困难。

（四）政策激励机制传导落实各有优势

1. 先进省份在推进广播电视和网络视听产业高质量发展上目标明确、步骤清晰

2019 年 8 月，国家广播电视总局印发《关于推动广播电视和网络视听产业高质量发展的意见》。此后，政策迅速向各省下沉，2020 年 1 月，山东省广播电视局印发了本省的实施意见，计划到"十四五"时期末，山东广播电视和网络视听产业的内在实力和外在影响力显著增强，对全省文化产业的支撑作用进一步发挥。重点完成巩固壮大新兴主流媒体、持续繁荣内容产业发展、全力推进智慧广电建设、发挥产业载体支撑作用四大重点任务。2020 年 11 月，浙江省广播电视局也出台了相应的实施意见，计划到"十四五"时期末，在文艺精品创作、智慧广电建设、公共服务完善、国际市场开拓等方面取得长足发展，从提升舆论引导、加强广电安全、建设智慧产业等层面有实质性的进步。2023 年 12 月，安徽省广播电视局印发《关于加快推进广播电视和网络视听产业高质量发展的实施意见》，计划到"十五五"中期，安徽省在 5G 技术与广电产业深度融合、现代广电产业与市场深度融合、完善现代大视听全产业链上全面升级，到 2035 年，安徽省广播电视和网络视听产业综合实力进入全国前列。

2. 先进省份在推进广播电视和网络视听产业高质量发展上政策及时、措施有力

浙江省广播电视局于 2023 年初出台《关于加快推进广播电视和网络视听产业基地（园区）高质量发展的若干意见》，推出十条措施助力基地（园区）高质量发展。湖南省 2021 年出台《关于进一步支持马栏山视频文创产业园发展的若干政策》，一园一策，进一步巩固提升马栏山视频文创产业园作为湖南文化产业开拓创新典范的地位，从降低经营成本、加大人才支持力度、下放政府权限、建设园区品牌、鼓励市场化运营等层面支持园区加快打造"中国 V 谷"。广东省以"广东省网络视听精品项目库"为抓手，通过宏观调控、引导扶持、评析交流等措施推动内容创新创优；大力推进"智慧视听"云产业园（区）建设，统筹推动网络直播分园区试点落地。四川省出台相关政策鼓励有条件的地区将有线电视、5G 广播电视、特定广播电视和网络视听节目纳入公共服务或文化信息消费补贴范围。

三 推动河北省广播电视及网络视听产业高质量发展的对策建议

（一）以思想开拓创新统领广播电视和网络视听产业高质量发展全局

1. 顺应新趋势，进行"未来电视"试点，开拓广电视听产业新领域

积极对照 2023 年 9 月国家广播电视总局推出的"未来电视"试点的目标任务和工作重点，从"未来电视"呈现的定制化、多样化、沉浸化、智慧化、人性化、无感化等特点出发，着重瞄准内容新颖、服务多样、智慧运营等重点方向加以推进；鼓励产业链各方开展技术、人才、资金等资源协同，共同推动未来电视关键共性技术突破，加强基础理论、关键技术与应用技术研发，构建覆盖全产业链的未来电视综合标准体系，建设关键共性技术和运营方案公共服务平台，打造技术、产品、服务和应用共同繁荣的产业发展格局；推进"未来电视"发展需要以建立新型主流媒体为前提，体制机制上应消除旧模式的瓶颈制约、人力资源上应激发人才活力、分配制度上应撬动内在潜能，以挖掘媒体内部蕴藏的巨大发展动能，汇聚优势资源开拓广播电视产业发展的新局面；将内容和网络作为"未来电视"发展的重点，加快推进视听媒体平台 IP 化、云化、融合化、智慧化，构筑全媒体传播框架，形成覆盖多元移动终端用户的传播体系。

2. 强化新思维，运用"互联网思维"，构建新型智慧广电网络

践行广播电视智慧化发展，并将这一行动制度化，聚焦广播电视数字化、视听产品网络化、传播渠道云技术、5G 技术泛在化，用前沿科技武装广播电视和网络视听产业，实现高新技术与优质内容的完美融合，打造网络视听新业态。充分利用云计算、大数据、区块链等信息技术，结合 4K 超高清、3D 立体声等先进广电技术，实现"采、传、编、审、发、播、存、管、用"的全过程数字化，提高全媒体制播效率。积极构建现代、高效的广播电视传输网络，以智能化升级改造为引领，推进电视网络光纤化、IP化，加快 IPv6 技术的推广运用；深化 5G 技术与广播电视和网络视听产业的融合发展，强化广电媒体传播网、基础设施网和各类专网的支撑作用，建立健全"手机+电视+宽带+语音+X"全业务融合体系；在有线通信、无线网络和卫星传输中广泛使用 5G 技术和物联网技术，研究开发应用于移动接收、车载接收、跨屏切换等方面的系列产品；实现有线传输与 5G 技术的有效对接并形成成熟的技术架构，为建设新型的广电网络夯实基础。

3. 拓展新路径，丰富业务形态，做强做大广播电视和网络视听产业

在自建、共建广电产业集聚区逐步开展广播电视和网络视听版权贸易，围绕产品交易，完善全产业链服务，对谋划、融资、筹备、制作、技术支持、后期运营全过程进行保障，建设数字版权交易平台、视音频创作服务平台，打造以线上内容为核心的数字广播电视，促进文化产业"上云用数赋智"。还可以在省交权交易中心、文化产权交易中心内部建立广播电视和网络视听产业交易分部，广泛引进这方面的人力资源和智力资源，广泛征集交易版权，推动优质网络视听产品（版权）高效流转、优秀网络视听作品 IP跨领域创新发展。

（二）以拓展发展空间丰富广播电视和网络视听产业高质量发展渠道

1. 进一步深化《京津冀深化大视听协同发展战略合作协议》

以实现京津冀三地广播电视和网络视听产业合作共赢为目标，以推进三

省（市）文化产业公共服务体系共建共享为先导，以阶段性重点工作和主题宣传为引擎，深化京津冀区域广播电视和网络视听人才交流合作，加强三省（市）职能管理部门高层的沟通协作，进而实现区域的一体化发展。加强京津冀区域多层面的沟通协作，除了政府管理机构开拓协作空间，生产企业之间和生产服务领域之间也应构建联动沟通机制，北京市依托其开阔的眼界和国际化视野，河北省凭借其丰厚的历史文化底蕴和民俗资源，天津市具有深厚的津味文化，这些都为京津冀区域广播电视和网络视听产业的协同发展提供了可能。应深入挖掘三省（市）各自优势，将广播电视和网络视听产业培育成京津冀协同发展的增长点，为将京津冀打造成中国式现代化建设的先行区和示范区提供新动能。

2. 提高河北省广播电视和网络视听产业在国内外的影响力和市场占有率

省级决策层应从树立本省形象的高度，组建高建制团队，打通信息壁垒，给予政策支持，建立考核标准，制订周期计划，建立本省的国内外传播队伍，为"讲好中国故事，传播好中国声音"贡献河北力量；明确思路，将"讲好河北故事"作为"讲好中国故事"在河北省的实践，河北省的发展是由每一个河北故事串联起来的，是值得广泛传播的，河北人的生活、百姓素质和审美情趣也在不断提高，讲好河北省老百姓的真实故事就是最深层次的文化自信，是更广泛、更深厚的文化自信；要立足自身职能，积极参与并推进"视听中国"播映工程、中华文化广播电视传播工程，不断加强国际传播内容和渠道建设，打造展示河北省历史文化和发展成就的重要窗口。

3. 持续引导网络视听产业推动中华优秀传统文化创造性转化、创新性发展

一是指导扶持精品创作。以"河北省网络视听优秀作品"评选为抓手，从项目论证、剧本打磨、平台对接、资源调配、宣传推广等方面给予潜在优秀作品全方位指导和服务保障。二是推动节目评先创优。通过宏观调控、引导扶持、业务培训、评析交流等措施促进优秀传统文化节目推陈出新，并在国家级优秀作品评选中脱颖而出。三是搭建文化传播平台。以交流、讲座、报告等多种方式开展优秀作品经验推广，对节目酝酿、选

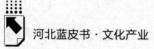

题、制作全过程进行总结和经验交流，集各方面智慧使作品制作再上一个台阶。

（三）以完善公共服务体系夯实广播电视和网络视听产业高质量发展根基

1. 推进公共服务体系标准化建设

公共服务体系标准化建设是广播电视和网络视听产业发展的基础，这是实现基本公共服务均等化、普惠化、便捷化的前提保障。应学习借鉴四川省、浙江省、云南省、安徽省、湖南省5省12个县（市）首批"广播电视基本公共服务标准化试点"的经验做法，通过完善基层服务网络、健全长效运维体系、增强本地化节目供给、创新公共服务方式等手段，让人民群众及时便捷地享受广电技术和服务的最新成果，并切实做到措施可落地、财力有保障、服务可持续。

2. 建设基层广电服务网络

优化乡镇广播电视服务网点布局，基础条件较好的乡镇可设立独立的服务网点，条件不够成熟的乡镇可暂时将业务挂靠在相近机构，待条件成熟后再独立出来。实力较弱的乡镇也可以与邻近乡镇合办网点，或通过购买服务的方式实现广播电视村村通、户户通。强化基层广播电视服务网点规制建设，健全服务指南、业务规范、意见反馈、服务监督、满意度评价和问题追责机制，不断提高服务水平。各市广播电视行政管理部门要从整体规划、政策保障、人才培训等方面加大指导和扶持力度。

3. 强化公共服务实效管理

强调前期基础建设与后期运行维护两手抓，加强基础建设前期可行性研究、中期工程质量监督和后期使用维护管理，并用规章制度确保落到实处，保证中央及省级的广播电视信号全覆盖、直播卫星户户通、应急广播无死角。巩固提升无线数字化覆盖工程建设成果，建立科学有效的监管工作机制。强化广播、电视、网络等媒体职能的有效发挥，确保舆论导向与党中央保持一致。

（四）以优化顶层设计激发广播电视和网络视听产业高质量发展
动能

1.制订"河北省关于加快推进广播电视和网络视听产业高质量发展的实施意见"

明确发展目标，计划到"十五五"时期末，全省广播电视和网络视听产业发展在全国的位次有实质性的提升，广电5G网络和智慧广电基础设施建设取得显著成效，现代广电产业体系和市场体系更加完善，尤其是广电产业投资和产业营收能力实现质的跨越，形成新时代大视听全产业链市场发展格局，产业综合实力争取在全国跃上一个新台阶。

2.对《河北省广播电视和网络视听发展"十四五"规划》的落实情况进行中期评估

聘请第三方对发展目标的实现情况和主要任务的完成情况进行定量评估，针对规划中确定的做优智慧广电、做强法治广电、做好魅力广电几项目标进行精准评价，针对壮大主流舆论、打造精品视听、构建公共服务体系、推动广电智慧化转型、构建现代视听体系、构建现代行业治理体系、开创区域一体化发展格局、发挥智力支撑等逐一建立多级指标体系，使评估更加科学化和更具说服力。

3.制订精品网络视听节目扶持引导政策

奖励扶持精品网络视听节目要分步推进、分类实施，对精品网络视听节目进行资金扶持的最终目标是实现节目类型全覆盖，即把所有类型的网络视听节目全部纳入精品奖补扶持范围。根据因地制宜、稳步推进的策略，首先应在网络影视剧、网络电影、网络动画片、网络纪录片和网络音频等剧情类节目中开展，待条件成熟后，再对网络综艺、网络直播、网络短视频等类型的获奖节目实施奖补扶持，最终达到对所有类型精品网络视听节目实施资金扶持引导的目的，实现节目类型全覆盖；合理设置精品网络视听节目的判定标准，要紧密结合目前网络视听精品节目传播、制作的实际情况，不能简单地用传统文艺节目的衡量标准和奖项设置硬套网络视听节目，也不能简单地把国际奖项放在比国内奖项更高的位置上看待，以此确定网络视听节目的资金扶持力度，应该实事求是、因地制宜、合理开展。加大对具有较大社会、民间影响力的网络视听节目的资金扶持力度，在资金扶持政策的制订上，要兼顾理论标准、政府标准和民间标准，除了对获得政府认可的网络视听节目给予资金扶持，还应该考虑历史传统和民风民俗，对那些网络影响力大、网民反响好、市场认可度高的草根网络视听作品给予大力扶持。

参考文献

刘沛林、黄柏青、胡显斌：《广播电视网络视听节目交易中的问题及对策研究——来自马栏山视频文创园区的探索》，《湖南社会科学》2021 年第 5 期。

刘鹏、赵斌伟：《未来电视发展面临的挑战和机遇》，《中国有线电视》2023 年第 7 期。

李园园：《大视听发展格局下深化广播电视和网络视听一个标准一体管理的思考》，《中国广播电视学刊》2023 年第 10 期。

张海波：《人工智能技术在广播电视和网络视听领域应用探究》，《西部广播电视》2023 年第 S1 期。

四川省广播电视局：《以优质短视频为抓手　促进网络视听内容高质量发展——以"时代光影　百部川扬"为载体初探》，《广播电视信息》2023 年第 1 期。

许丽、宋倩、孔愫愫：《山东省广播电视和网络视听产业发展现状及问题探究》，《现代视听》2023 年第 2 期。

孙杏林、倪广宏、周琛：《山东省广播电视和网络视听产业高质量发展调研报告》，《现代视听》2020 年第 5 期。

祝歆、王森、宋丽萍：《广播电视和网络视听产业基地高质量发展策略研究》，《中国广播电视学刊》2021 年第 5 期。

B.12
以竞技体育引领现代化体育强省建设的方略与对策

高自旺　赵　南*

摘　要： 体育强国是中国式现代化建设的体育篇章。竞技体育作为体育强国建设的核心部分，是高质量发展体育事业的关键一环。河北竞技体育具有较强的基础优势，以竞技体育带动体育强省建设是河北推动体育事业和现代化建设的重要举措。基于此，本报告深刻分析了河北竞技体育发展的政策保障、特征优势与短板制约等，剖析了先进省（市）推动体育强省建设的有益经验，并进一步从健全体育人才培育体系、创新体育多元融合业态、完善体育事业发展体制机制等方面提出了河北推动现代化体育强省建设的对策建议。

关键词： 现代化　竞技体育　体育强省

党的二十大报告中明确提出，要"广泛开展全民健身活动，加强青少年体育工作，促进群众体育和竞技体育全面发展，加快建设体育强国"[①]。竞技体育是新时代新征程体育事业发展的重要组成部分，体现了我国经济、社会、文化、教育多领域发展成效，更是现代化体育强国建设的关键所在。竞技体育文化是贯彻习近平文化思想，驱动我国竞技体育发展、国家综合发展的重要文化能力。党中央高度关注体育事业和体育产业繁荣发展，制定并

---

* 高自旺，河北省社会科学院经济研究所助理研究员，研究方向为区域经济；赵南，中共石家庄市藁城区委党校助理讲师，研究方向为马克思主义和全面深化改革。

① 习近平：《高举中国特色社会主义伟大旗帜　为全面建设社会主义现代化国家而团结奋斗——在中国共产党第二十次全国代表大会上的报告》，人民出版社，2022，第45页。

实施了健康中国、体育强国、全民健身等一系列国家战略，支持体育事业发展。习近平总书记更是视察北京和张家口冬奥会筹备情况，提出要保障冬奥会圆满举办。与此同时，新一轮科技革命和产业变革加速，新一代信息技术加速驱动体育事业新模式、新业态、新产品发展，人民需求深刻变化，竞技体育发展面临重大机遇期。在此背景下，聚焦河北竞技体育发展，分析河北竞技体育发展助推体育强国建设的趋势特征，深刻剖析路径方向、体制机制、基础设施、政策措施等方面的短板制约，结合对先进省（市）的经验总结，提出河北以竞技体育引领河北现代化体育强省建设的一系列对策建议和重要举措，为奋力谱写中国式现代化建设河北体育篇章提供理论依据和实践参考。

一　河北竞技体育发展的政策保障、特征优势与短板制约

（一）河北竞技体育发展的政策保障

从宏观政策来看，竞技体育发展体制机制和重点领域将加速改革创新。一是引入社会多元力量参与竞技体育高质量发展。从以政府干预为主导向政府、社会、市场多维合作转变，有利于发挥市场化机制的积极作用，如让更多的社会资本参与竞技体育的各环节，推动体育事业和体育产业双向互动，有助于提高体育事业发展效率和发展质量。二是打造科学有效的训练体系和竞赛体系。上述规划强调了人才培养、赛事组织、科学训练、基地建设等方面的新格局建设，新体系、新格局的构建会带来训练内容、设施、基地等的新布局、新调整，河北需要把握体育事业发展的重要机遇。三是建设竞技体育特色项目名城。竞技体育特色项目名城的培育、申报、认定有助于带动竞技体育发展，认定为竞技体育特色项目名城的城市将会获得更多资金和政策支持，在信号效应、示范作用下有助于引导民间资本、社会力量参与城市竞技体育项目的投资开发，促使城市竞技体育发展水平不断提高。四是实施集体球类项目提升工程和"三大球"振兴工程。加大"三大球"以及手球、

曲棍球、棒球、垒球、橄榄球、水球、冰球等项目的普及力度，相应的产品、设施及配套服务加快发展，新的竞技体育项目发展带给群众新体验，有利于体育事业高质量发展。五是加大数字化技术对训练基地建设的支撑力度。为运动员提升竞技水平、群众了解学习体育运动插上了翅膀，推动了竞技体育运动更加普及化。

从河北体育发展政策来看，依托冬奥会着力发展冰雪运动，加快提升竞技体育发展水平。一是加快促进冰雪运动发展。河北省体育局制定了《推进京张体育文化旅游带建设实施方案》《加快推动后奥运经济发展实施方案》等专项政策支持冰雪运动发展。河北省体育局提出实施冰雪运动会牵引工程，保障后冬奥时期冰雪场地设施的高水平运营，促使冰雪场地设施有效利用，以及推动冰雪运动普及、扩大冰雪运动群众基础。实施重点冬季项目发展工程和冰雪人才培育工程，赋能高水平冰雪竞技运动人才培育、团队建设，以提高冰雪竞技运动水平。同时，加大支持冰雪产业发展力度，为冰雪竞技体育产业化带来重要契机。二是加强训练基地建设。明确提出建立国家级冬季项目训练基地、国家级单项体育训练基地、省级综合训练基地、市（县）级业余训练基地四级训练基地体系，加强重点国家级训练基地的改造提升，增强省级训练基地的综合保障能力。三是提出重点项目发展方向。将田径、游泳作为竞技体育发展的大项，将射击、跳水、乒乓球、拳击、武术、铁人三项、皮划艇作为河北优势项目进行培育。四是打造高能级载体。支持保定、石家庄、承德、迁安争创竞技体育特色项目名城。

（二）河北竞技体育发展的特征优势

一是冰雪竞技体育三大参赛指标平稳提升。国家大赛的参赛人数、参赛项目、参赛成绩是衡量竞技体育发展水平的重要指标。2014年索契冬奥会，河北参赛人数、参赛项目、专业队及运动员数量、河北运动员全国注册人数均为0，而从2018年平昌冬奥会和2022年北京冬奥会的参赛数据来看，河北参赛人数由1人增长至8人，参赛最好成绩由第26名提升至1个第4名、1个第5名、破1项纪录，参赛项目数量增长了750%，专业运动员数量增长了 59.5%，河北运动员全国注册人数增长了 132.8%。[①] 从近三年河北的三大指标来看，北京冬奥会体育赛事活动参加情况全方位改善，河北冰雪竞技体育水平基础较为良好，在一些小项目上已经开始展示出较强的竞争力。同时，河北国家冬季项目三大基地保障了 17 万余人次运动员的训练，体现了河北冰雪竞技体育基础设施的高使用效率，培养了更多的专业运动员及队伍，使河北在国际大赛中彰显风采。

二是竞技体育集聚化发展。当前我国被授予"奥运冠军之城"称号的城市一共有 5 个，河北保定就是其中之一。保定诞生过 24 位世界冠军、32位亚洲冠军以及 167 位全国冠军[②]，这对带动保定、河北乃至全国的体育运动与体育事业发展具有重要意义。

三是竞技体育基础设施资源丰富。对比 2021 年河北和全国体育场地统计数据发现，河北田径场地数量及面积、游泳馆场地面积、足球场地数量及面积、乒乓球场地面积、羽毛球场地数量及面积、冰雪场地数量及面积均超过了全国平均水平，其中冰雪场地数量占全国冰雪场地数量的比重超 1/4（见表 1），这为河北的田径运动、足球、乒乓球、羽毛球、冰雪运动发展提供了巨大优势，也有利于河北集聚更多的体育运动人才，以及发展与竞技体育赛事训练服务相关的配套产业。

表 1　2021 年河北和全国体育场地统计数据

	河北	全国	河北占全国比重（%）
田径场地数量	11420 个	18.92 万个	6.04
田径场地面积	6154.25 万平方米	10.01 亿平方米	6.15
游泳馆场地数量	659 个	3.25 万个	2.03
游泳馆场地面积	453.34 万平方米	0.74 亿平方米	6.13
足球场地数量	6890 个	12.65 万个	5.45

① 《解放思想　奋发进取　2022 河北体育强省建设取得新成就》，河北省体育局网站，2023 年 1 月 3 日，https：//sport.hebei.gov.cn/shengjuyaowen/2023/0103/19821.html。
② 《青春友好　健康保定　身边球场正成为现代化品质生活的新注脚》，"青春友好新保定"微信公众号，2023 年 7 月 20 日。

	河北	全国	河北占全国比重(%)
足球场地面积	1513.67 万平方米	3.45 亿平方米	4.39
篮球场地数量	31777 个	105.36 万个	3.02
篮球场地面积	1818.84 万平方米	6.22 亿平方米	2.92
排球场地数量	1244 个	9.68 万个	1.29
排球场地面积	41.25 万平方米	0.31 亿平方米	1.33
乒乓球场地数量	27616 个	88.48 万个	3.12
乒乓球场地面积	232.02 万平方米	0.54 亿平方米	4.30
羽毛球场地数量	9877 个	22.59 万个	4.37
羽毛球场地面积	166.89 万平方米	0.44 亿平方米	3.79
冰雪场地数量	605 个	2261 个	26.76
冰雪场地面积	1700.44 万平方米	0.77 亿平方米	22.08

注：河北暂未公开 2022 年及以后年份体育场地数据。

资料来源：根据《河北省 2021 年体育场地调查数据公报》《2021 年全国体育场地统计调查数据》公布的数据整理。

（三）河北竞技体育赋能体育强省建设的短板制约

一是竞技体育设施资源利用效率不够高。以北京冬奥会张家口赛区的竞赛场馆利用为例，经调研发现竞赛场馆后续利用现状与最初的设想、目标仍有一定差距。冬奥场馆承办了一些比赛训练以及会议活动等，但是在夏季时场馆多以参观展览为主，甚至在场馆外围搞起了在县城随处可见的舞台班子。而冬奥场馆周边的奥运小镇虽然客流量比较客观，但游玩内容比较单一，主要是骑马、参观等大众化游玩项目，具有沉浸体验性和吸引力强特征的好项目、新项目仍然缺乏。竞技体育设施资源的开发仍需进一步提高，这有利于将游客资源、项目收入反馈回竞技体育发展中。同时，体育设施建设较少。如河北的篮球场地数量及面积、排球场地数量及面积、游泳馆场地数量仍然低于全国平均水平，不利于带动更多人群参与篮球、排球、游泳运动。

二是体育产业对竞技体育的承载能力有待提升。2021 年河北体育产业增加值为 652.5 亿元，占全省生产总值的比重为 1.62%，其中，体育服务业增加值为428.6亿元，在河北体育产业增加值中所占的比重为65.7%。① 由此可见，河北体育产业份额较小、产值较少，背后隐含的是体育相关企业较少、服务供给仍然不足，这也将导致不能对竞技体育运动发展形成很好的支撑，体育产业与竞技体育双向支撑发展的格局需进一步强化筑牢。

二 先进省（市）推动竞技体育赋能体育事业发展的主要做法及经验启示

（一）打造知名体育 IP，推动"体育+"发展多元化新业态

一是加强竞技体育与乡土风情融合发展。竞技体育对体育事业乃至地方发展的带动，建立在融合地方风俗、地方发展的基础上，没有地方人群的呼应，竞技体育在地方也"孤掌难鸣"。2023年俗称"村 BA"的"全国和美乡村篮球大赛"在贵州揭幕，篮球运动与和美乡村概念完美融合，为非专业的体育运动员举办的"村级体育赛事"成为最接地气的竞技体育运动。2023年"村 BA"为当地带来了5516万元的综合旅游收入，对当地体育、农村发展起到了重要作用。凭借举办"村 BA"的成功经验，贵州接着举办了"村超"体育活动，将足球运动融入贵州乡村，以村为单位组建参赛队伍，"村超"以最接地气的足球赛事再度爆火出圈，全网在线观看村超直播人数超6亿人次。② 从历史发展历程看，广西大学等高校向榕江的暂时转移，为当地引入了足球运动，当地也一直保持了对足球运动的热爱。我国以足球出名的城市还有青岛、大连等，但都未像贵州"村超"如此出圈。可见，推动体育运动与当地乡土风情深度融合，谋划出"体育+"新业态新模式对体育强省建设来说至关重要，有助于直接活跃当地经济，提升当地体育

---

① 《对政协河北省第十三届委员会第一次会议第0536号提案的答复》，河北省体育局网站，2023年4月28日，http://sport.hebei.gov.cn/zhengfuxinxigongkai/jianyitian/2023/0506/20774.html.
② 《齐心鲁力 | 山东体育，这个"优等生"还差点啥》，"齐鲁晚报·齐鲁壹点"搜狐号，2023年9月19日，https://sports.sohu.com/a/721712486_121218495.

运动名气，进而有助于当地体育运动与更大的体育项目、体育发展平台合作发展。

二是做大做强"体育+文旅"新业态。"马拉松+旅游"新业态正在快速将竞技体育转变为体育经济，比如在成都马拉松赛事举办期间，美团、大众点评等平台上的成都住宿订单量同比翻了一倍，体育赛事的举办促使当地旅游热度大涨。各地马拉松赛事上，青岛拿出了猪蹄、大虾，烟台拿出了鲅鱼水饺，提供的"流水席"式补给吸引了全国游客的目光，创新了马拉松赛事内容，将具有文化符号特征的各地美食融入比赛，促进了体育、文化、旅游三者融合。参加马拉松成为新时尚，在比赛中吃特色美食成为打卡新方式，这也给马拉松举办城市带来了更高的知名度和美誉度。

（二）深化体教融合，培育体育事业发展的新力量

一是完善青少年运动员培育体系。山东作为国家高水平体育后备人才基地数量、在训青少年运动员数量均居全国首位的体育强省，构建了"市市有体校、县县有体校"的发展格局，这对从全省各地发现、招纳、训练体育人才起到关键作用。例如，山东日照建立了"1+7+N"青少年体育后备人才培养网络，把市级体育运动学校、区县优质小学、校外俱乐部统筹起来，分层设置任务工作，促进多元化培养体育人才。

二是建立多级体育联赛体系。山东加强大中小学体育联赛工作，每年举办"三大球"、羽毛球、乒乓球、游泳、田径7个体育项目的学校联赛，带动超15万名学生参加，为山东培养体育运动新力量做出了重要贡献。山东日照建立学校联赛、区县联赛、市青少年锦标赛，形成三级竞赛体系，实现周周有比赛，吸引了更多学生参与青少年运动。

三是建立体育俱乐部与积分管理制度。江苏将建立体育俱乐部作为"双减"政策的协同政策，充分利用学生的课后时间，为学生提供各类体育运动指导。围绕体育俱乐部建设发展，南京策划了"教练员进校园""冠军进校园"等活动，有力带动了青少年参加体育运动的积极性。同时，建立省级青少年体育训练中心、青少年运动技能培训中心和学校体育服务中心等

体育平台作为体育俱乐部运营的重要载体。完善评价机制有助于推动各地各校更积极地建设体育俱乐部，激发学生参与体育活动的主动性。为此，江苏提出了积分管理制度，对学生参加俱乐部一系列活动进行积分管理，并分区、分校、分班设立积分榜单，将学生积分纳入中考体育平时成绩。

（三）加强改革创新，推动体育强省建设实现新突破

一是加强数字化改革赋能体育事业发展。浙江将数字化改革作为"一号工程"进行推动，也将数字化改革融入体育事业发展过程中，浙江是全国唯一的数字化改革先行区试点省，打造了浙江省体育公共服务管理平台，促使体育公共服务事项审批效率大幅度提高，开发"浙里健身"应用并嵌入"浙里办"平台，以及将全省公共体育场馆、体育场地等资源上线，人们可以通过"浙里健身"预约社会体育指导员。加强数字化体育应用场景创新，浙江还率先在全国省级层面实现运动员等级管理的大数据"云监督"。数字技术对生产、生活的颠覆性创新作用已被大众广泛认识，但是大多地区将数字化融入体育发展，仅仅是为利用数字平台搜索一定的体育设施资源，但是全方位的数字化转型以及体育公共服务治理的改革步伐仍然较慢。然而，浙江推动的数字化改革给体育事业发展插上了翅膀。

二是建立省域体育发展指数评价制度。浙江为全面评估体育事业、推动体育事业发展，在全国率先探索建立了由全民建设发展指数、竞技体育发展指数、体育事业发展指数三者组成的省域体育发展指数评价制度。一方面，可以通过该指数评估全省体育发展情况；另一方面，可以将指数纳入各地部门考核，有助于调动政府部门开展工作的积极性。

三是支持社会资本投资体育事业。加强运用市场机制和社会力量赋能体育事业发展、体育强国建设是体育事业改革创新的重要一环。江苏将向社会开放体育资源，支持社会资本对区域内经营较差或受到发展限制的体育资源进行盘活，有助于提高体育资源的使用效率。同时，鼓励社会力量参与体育赛事队伍体系建设。建立主体更加多元化的体育业态，有利于体育生态的蜕变更新，推动体育强省建设。

三 以竞技体育引领河北现代化体育强省建设的对策建议

（一）健全体育人才培养体系，促进体育强省建设融入新力量

一是深入实施体育后备人才培养"倍增计划"。以体育特色学校为基础，在小学、初中、高中发展新型专业体校，构建特色学校、专业体校、苗子训练营、省专业队的人才培养输送新模式，建立青少年注册运动员、青少年苗子运动员、青少年国家级运动员梯度培育体系。加强体育运动相关专业建设，完善职业技能等级评定机制，通过职业技能等级评定引导青少年参与体育运动；积极培养引进中小学青少年体育运动教练员，大力破格引入优秀退役运动员加盟专业体校，打造高水平教练员队伍。围绕专业、管理、产业、运营、宣传等多维度体育相关人才，加快制定完善体育核心及相关人才发展措施，支持复合型、创新型体育核心及相关人才落户河北。

二是大力实施"新备战周期金牌计划"。聚焦 2024 年巴黎奥运会等重大赛事，加强项目布局和科学训练是当前河北推进体育强省建设的重要工作，要引导河北重点体育项目与国家队深度合作，加快与中国单项运动协会达成战略合作，通过共建高水平训练基地、体育俱乐部等方式引进优质国家队资源，促进国家队资源下沉带动地方优势项目新发展。积极建立省优秀运动队联办共建机制，依托优秀的教练员队伍，高质量开展选材育才，推动省、市、校、企、俱乐部、协会联办共建优秀运动队。依托优势项目，除挖掘本土优秀苗子运动员之外，积极引进全国各地的"天才"青少年加盟河北，建议各地政府积极出台专项政策，全方位支持外地优秀青少年运动员在河北落户、入学、安居。

三是推动实施青少年体育训练中心计划。围绕青少年体育训练平台建设，加快在各类专业体校、新型体校中开展高标准青少年体育训练中心试

点，建设配套的青少年运动技能培训中心、学校体育服务中心等，强化项目、设施、资金、人才、赛事的衔接式运营，一体化推进青少年训练平台高水平建设、青少年人才高质量发展、青少年赛事高标准完成。

（二）创设多元化"体育+N"IP，赋能体育事业跨界发展新业态

一是加强"体育+文旅"IP开发。定州体旅文化节活动举办了三项赛事，按照不同体育水平分成三个组别，设置集名胜古迹体验、自然风景观赏、现代商业娱乐、风味美食品尝于一体的三条线路开展"体娱"赛事，吸引了众多运动员、游客参与打卡，体验定州文化，有力推介了定州独特的文旅资源。借鉴河北这些成功的融合化赛事经验，积极在张家口冬奥体育旅游线路、石佛山森林公园、金山岭长城半程马拉松赛事等中国体育旅游精品项目中率先布局体育新业态。如金山岭长城半程马拉松赛事可以以精品体育旅游项目为核心，打造"文化+体育+旅游"项目群，引入特色美食、非遗文化、VR/AR游戏，开展赛事配套音乐节、美食节等活动，以及建设一批体育赛事服务综合体。

二是挖掘"体育+美丽乡村"IP。借鉴贵州"村BA""村超"经验，深入挖掘河北具有特色的美丽乡村、美丽城镇的多元化资源，推动体育赛事与文化、旅游、研学、教育、农业、工业等业态深度融合，培育一批"体育+"业态的精品乡村、美丽街镇，打造一批具有特色的精品"微赛事"，策划"赛事+旅游""赛事+演唱会""赛事+美食""赛事+展览""赛事+购物"等一系列新型赛事活动。以体育场景创新为牵引，对标"村BA""村超"，策划、打造数个具有影响力的"冀字号"体育赛事品牌，同时，引入品牌体育赛事，发挥体育赛事"助推器"功能，激活河北文化、体育、旅游融合"一盘棋"。

三是创设"电竞+N"IP。2022年杭州亚运会入选8个电子竞技项目，2023年国际奥委会成立国际奥委会电子竞技委员会，电子竞技项目正在变成一项被更大赛事接受的项目，然而至今还没有哪个城市将电子竞技作为体育IP、城市IP。2023年唐山文旅集团开设虚拟电子体育竞赛及培训基地。

河北可以以此为契机，加快与王者荣耀、英雄联盟等大型游戏运营商联络，与其游戏赛事举办方联合开设线下赛事场地，强化数字技术运用，搭建游戏体验基地，创新电子竞技线上线下融合发展新模式，充分发挥"直播+电子竞技""短视频+电子竞技"宣传推介作用，努力培育电子竞技IP，带动城市文体旅一体化发展。

（三）完善体育发展体制机制，引领体育强省建设迈入新阶段

一是优化体育事业管理体制。积极构建政府主导、部门协同、社会参与的体育发展格局，其中重点是转变政府职能、引导社会参与，将专业事情交给专业人员去做。建立上下流动机制将更有利于某项事业的高效推进。建议河北大力改革，可以在体育部门、教育部门中设定更多职位留给优秀运动员、高水平体育教育人才，大力推进体育事业管理体制改革创新发展。

二是完善体育强省建设推进机制。围绕河北体育强省建设目标，建议政府成立体育强省工作专班，积极引入项目管理中心、单项协会、教育部门、体育俱乐部、社会培训机构、智库机构、高校院所等多元化队伍，建立高规格运行机制，统筹人才、资金、场地等各种优势资源，策划配套专项扶持政策，推动河北体育强省建设过程中的重大项目、重大事项成功落地。同时，借鉴浙江经验，构建体育强省建设进度评价指标体系，量化评估体育强省建设进展，可以考虑将评分纳入政府相关部门的考核，以调动全省推进体育强省建设的积极性。

三是推进体育事业数字化改革。借鉴浙江经验，实施运动员、教练员职业生涯"一件事"数字化改革，搭建运动员和教练员的全职业生涯数据库平台，对河北运动员和教练员的招聘、注册、培育、训练、参赛、奖项、退役等进行全职业周期数字化管理，加强平台对运动员、教练员数据的采集及导入，运用数字化技术进行精细服务，有利于对运动员、教练员队伍的整体性分析判断，服务河北运动员队伍备战重要体育赛事，以及推进河北体育强省建设。

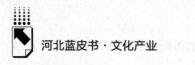

参考文献

彭国强、杨国庆：《世界竞技体育强国重点项目奥运备战举措及对我国备战东京奥运会的启示》，《体育科学》2020年第2期。

彭国强、杨国庆：《"十四五"时期中国竞技体育的发展战略与创新路径》，《首都体育学院学报》2021年第3期。

杨国庆：《中国竞技体育的发展困囿与纾解方略》，《上海体育学院学报》2022年第1期。

郭良如、谢明正：《竞技体育助推新时代体育强国建设的价值、困境与路径》，《衡阳师范学院学报》2022年第6期。

黄亚玲、李聿铭：《全民健身与奥运争光均衡发展的中国式现代化体育之路》，《北京体育大学学报》2023年第1期。

刘波、郭振、尹志华等：《加快建设体育强国背景下竞技体育发展新模式研究》，《体育学研究》2023年第1期。

贺凤凯、王文龙、崔佳琦等：《以共享促协同：我国竞技体育成果全民共享的价值意蕴、现实困境与推进策略》，《体育教育学刊》2023年第3期。

柴王军、王睿：《中国式现代化体育强国的内涵特征、体系架构、践行原则与推进路径》，《天津体育学院学报》2023年第5期。

B.13
数字经济助推河北文旅产业高质量发展研究报告

李学敏　刘杨　仇小娜　贾艳芬*

摘　要： 近年来，河北文旅产业逐步向数智化文旅转型发展，数字经济逐渐融入文旅产业的各个层面。本报告首先分析了河北数字经济发展的外部环境，继而梳理分析了河北数字经济、数字文旅产业的发展现状，随后从区域分布、产业结构等方面解析了河北数字文旅产业的发展特点，最后以问题为导向，提出促进河北文旅产业高质量发展的对策建议。

关键词： 数字经济　文旅产业　高质量发展　河北

一　河北数字经济发展的战略背景

（一）河北数字经济在京津冀协同发展中的外部环境

顶层一体化设计，推动河北数字经济发展。2016 年，由京津冀三地共同建设的大数据综合实验区获批。2022 年，京津冀启动全国一体化算力网络京津冀国家枢纽节点建设。2023 年，京津冀三地单位联合发布"京津冀数字经济创新发展行动倡议"，河北数字经济迎来发展新机遇。

---

* 李学敏，康旅控股集团康旅产业研究院院长，研究方向为文旅产业；刘杨，康旅控股集团康旅产业研究院旅游规划师，研究方向为文旅产业；仇小娜，康旅控股集团康旅产业研究院旅游规划师，研究方向为文旅产业；贾艳芬，康旅控股集团康旅产业研究院设计创研中心规划总监，研究方向为文旅产业。

数据中心建设,赋能河北数字经济发展。中国移动京津冀地区保定数据中心、廊坊数据中心、石家庄数据中心等建设成效显著,中国联通围绕怀来数据中心建设算力网络,雄安新区数字经济创新发展试验区、怀来大数据产业基地、石家庄正定数字经济产业园等集群兴起,全力推动河北数字经济发展。

合作平台搭建,促进河北数字经济发展。2021 年,京津冀数字经济联盟正式成立,在中国科协的指导下,建立了促进各方数字经济资源对接、交流合作、疑难解答等的京津冀区域协调机制,助力了河北数字经济发展。

集群优势凸显,助力河北数字经济发展。北京、天津数字经济发展迅速,行业相关企业实力强劲,北京亦庄集成电路、半导体作为行业标杆,张承廊、怀来等数据中心大力实施建设,为河北数字经济发展提供了支撑。

(二)国家文化公园建设与河北数字文旅协同发展

国家文化公园云平台建设与河北数字文旅新业态协同发展。以山海关、大境门、崇礼等长城部分数字化展示为重点,河北大力推动可阅读长城数字云平台建设;利用数字科技,创新展示长城、运河文物;开展长城云观展、长城云直播、长城云旅游等活动,以数字技术叠加文化创意,促进河北新型数字文旅业态发展。

国家文化公园工程建设与河北数字文旅产品升级协同发展。各地围绕国家文化公园建设,大力推动数字工程建设,包括长城数据建模、网络直播平台、CCTV 频道 5G 高清直播平台、"云长城河北"平台等,金山岭、八达岭等地策划数字在线飞越长城、VR 长城等数字文旅产品,实现历史文化的数字化再现,扩大数字文旅优质产品供给。

国家文化公园基础建设与河北数字文旅管理协同发展。依托国家文化公园数字基础建设,河北对沿线景点进行数字化升级,目前已推动山海关景区等建成河北省智慧景区示范点。建立完善的数字化管理网络平台,借助国家数据资源共享互动平台系统,实现长城、运河沿线文物文化资源的全方位数字化展示,文旅行业管理水平得到有效提升。

（三）北京冬奥会全面引领河北数字文旅发展

数字应用为河北文旅赛事举办提供新示范。北京冬奥会推出的冬奥实时云转播，涵盖 5G、AI、8K 超高清等数字技术。应用"自由视角""子弹时间""大屏+小屏+视频彩铃"等提升观赛体验。北京冬奥数字化应用为河北文旅活动提供了示范作用。

为河北数字演艺特色发展提供新样板。冬奥会的开幕式和闭幕式依托虚拟现实、仿真技术、人工智能动作捕捉、3D 特效、LED 立体舞台等，完成了由裸眼视效到物理空间再到实境表演三者的结合，展示了二十四节气、十二生肖和折柳送别等中国传统文化。极具文化特色的数字化演艺是河北文化活化的学习样板。

为河北数字文创创新发展打开新方向。冬奥会文创产品在世界范围内广受好评，冰墩墩、奥运会云徽章、世界冠军系列以及"冰娃""雪娃"3D运动形象等数字藏品均获得良好市场反响。冬奥 IP 数字化创意为河北数字文创发展探索出了新方向。

为河北文旅服务业数字化发展提供新思路。冬奥运营管理采用多种数字化系统，如冬（残）奥村智能管理平台、冬奥通 App 等。无人超市、可穿戴支付装备、数字人民币等广泛应用，创造了便利的消费环境。消毒、5G送餐、室外物流等机器人以及 MeetGu、时间小妮、热爱 REAI、冬冬等虚拟人服务于冬奥会各个环节。数字化北京冬奥会为河北文旅管理服务树立了标杆。

（四）助推雄安新区建设的文旅产业数字化路径

扩大数字文旅产品供给，打造雄安新区旅游空间新格局。在雄安新区"十四五"规划中，对数字创意街区、旅游区与生态智能园等数字文旅产品进行了谋划布局，助推雄安新区初步构建旅游空间新格局，助力雄安新区提升城市能级和核心竞争力。

深度融合数字与文旅产业，推动雄安新区产业融合创新发展。加快推进以白洋淀为龙头的景区的数字化改造提升，推出一批数字化与景区、街区、酒店等深度融合的典型，鼓励博物馆、剧场等开展线上旅游活动。推动"人工智能+旅游"试点示范，开发"无人驾驶"体验旅游产品。以数字文旅产业深度融合发展为抓手，推动雄安数字科技产业与交通运输、服务业等产业深度融合发展。

搭建数字文旅服务体系，提升雄安新区管理服务水平。为实现雄安新区"一码（证）畅游"，为部门监管提供数据支撑，提升文旅管理服务水平，雄安新区对接各部门、涉旅系统数据，不断完善智能化基础设施、智慧旅游服务平台、物联网感知设施、电子证照赋能等数字文旅建设。

二 河北数字文旅产业的发展现状

（一）河北数字经济基础设施建设水平日益提升

信息通信规模进一步扩大。截至 2022 年底，河北移动通信基站累计建成 48.6 万个，较 2021 年同比增长 8.7%。5G 网络建设全面铺开，截至 2023 年 6 月，已建成 5G 基站 12.9 万个。

信息通信基础设施水平进一步提升。截至 2022 年底，河北互联网宽带接入端口达到 5321.7 万个，同比增长 6.2%。全省光缆线路总长度达到 250.2 万公里，同比增长 8.8%。截至 2023 年 6 月，互联网跨省出口带宽达 80000G。

大数据、物联网建设步伐进一步加快。截至 2022 年底，河北有 42 个大型以上在用数据中心，机架总规模达到 52.6 万标准机架，拥有 300 万台以上服务器，总算力超过 13EFlops；全省 IPTV 用户总数达 1836.9 万户，同比增长 1.2%，全国排名第 7 位；全省物联网终端用户数达 6404.2 万户，同比增长 46.8%，全国排名第 8 位。

（二）河北数字经济核心产业发展态势良好

核心产业主营业务营业收入持续增加。2020年，河北数字经济核心产业实现主营业务收入522.15亿元，占全国的比重为0.39%；2022年，全省电子信息产业实现营业收入2938.7亿元，同比增长16.8%。

核心产业规模持续扩大。2022年，河北数字经济规模达1.51万亿元，GDP占比达35.6%；截至2023年9月，全省累计上云企业超过8.5万家，培育出主营收入超百亿元的企业5家、中国电子百强企业3家；全省电子信息领域挂牌上市企业累计有66家，有国家新型工业化产业示范基地6家。

核心产业创新能力持续提升。2020年河北数字经济核心产业专利申请量占全国的0.56%。2021年，全省数字经济产业实用新型专利拥有量为3977件、计算机软件拥有量为29585件，分别较2011年增长18.59倍、37.47倍。

（三）河北数据要素市场体系建设初见成效

成立河北省大数据中心。全面开展大数据领域相关工作，目前已编制《河北省大数据发展报告》等研究报告，开展"数据大讲堂"活动，并与北京市大数据中心、天津市大数据管理中心共同签署《京津冀大数据发展战略合作协议》，携手打造数据廊桥。

建设张承廊大数据走廊。截至2023年7月，张家口建成数据中心16个，服务器132万台，规模居全省第一。截至2023年8月，承德共有90家企业与大数据相关。廊坊华为、润泽、联通等数据中心运行超过7万架机柜、110万台服务器，无论是规模还是存储能力均在全国处于领先地位。张承廊大数据走廊已初具规模。

（四）河北公共文化服务数字化建设成效显著

实施公共数字文化工程。河北推进实施"省+市+县+乡+村"五级数字文化服务网络，初步建成了集文化信息资源共享、公共电子阅览室建设、国家数字图书馆推广于一体的公共数字文化工程。

建设文旅云大数据中心。在整合现有的 17 家国家级平台、13 家省级平台、31 家市级系统网站、12 家新媒体平台数据的同时，实现了与横向多部门、纵向文旅系统数据的对接，实现了文旅数据的汇聚与分析。

建设可阅读长城数字云平台。目前已完成系统搭建、重点点段数据采集及基础知识收集梳理等内容并发布上线，开发建设了长城慢直播系统、手绘地图及第三方对接系统，持续更新长城文化公园（河北段）相关文章、图片、音频、视频等。

（五）河北文旅产业数字化发展势头迅猛

数字文旅产品进一步丰富。截至 2021 年底，河北已完成省内 23 家博物馆、54 家展厅、22 个展览的全景信息数字化采集和网络呈现，建成 2428 个各级公共文化应用和 174 个数字图书馆，推出云上演出、云上剧场、云上阅读、云上博物院、云上景区等数字文旅产品。

数字化开启"网上旅发"新时代。采用"线下错时观摩+线上云观摩"的形式举办 2023 年第七届河北省旅游产业发展大会。充分运用元宇宙、XR、"5G+"、大数据、云计算、人工智能等数字技术，开启 260 分钟网络大直播、《美丽河北》慢直播，实时播放全省 280 个景区景点。

文旅管理服务数字化水平显著提升。"文化和旅游云"进一步升级改造，"一部手机游河北"（"乐游冀"）平台上线运行，建设 6 大模块、28 个子模块、66 项服务类别，提供一条龙移动端服务。截至 2023 年 9 月，"乐游冀"平台的游客访问量已达 1.4 亿人次。

建设产业运行监测与应急指挥平台。形成集大数据和各业务功能应用于一体的可视化综合展示系统，与市级产业运行监测平台实现数据对接，构建客流监测、视频监控、网络评价分析、投诉分析等多个系统，全面提升河北文旅产业统一监测管理平台的智慧管理水平。

（六）河北数字文旅产业治理体系持续构建

加大数字文旅市场监管力度。河北出台《全省文化和旅游市场监管信息化推进方案》等，大力开展文娱领域综合治理、专项整治行动，搭建完成了全省文旅行业信用信息网和信用监管平台。

构建数字文旅产业示范体系。河北结合文旅云大数据中心建设，制定了13项标准规范，保证行业大数据采集、梳理、清洗的一致性，并评定了智慧景区示范点23处，列入创建序列单位25家。

建设文旅分时预约平台。目前，河北文旅分时预约平台已接入了全省537家景区、508家公共文化场馆，实现了入园预约、核销与出园核销等功能。

三 河北数字文旅产业的发展特点

（一）河北数字文旅区域分布特征

河北数字文旅整体呈现分布不均的特征，石家庄、秦皇岛、邯郸三个城市的数字文旅实力稳步提升，保定、沧州、唐山加速追赶，其他地市加快探索布局。

1. 石家庄数字文化企业多，数字文旅新业态品质高

调查数据显示，2021年石家庄共有71家数字文化企业，占全省的32.72%，居全省第1，生产总值为15030.4万元，营业收入为68316.14万元，占全省的28.48%。康旅大数据综合服务平台、《无界·幻境》文旅项目、市博物馆"3D数字展厅"与正定县博物馆"智慧导览服务系统"获评2022年河北省智慧文旅创新案例。"24H智能书柜"科技助力全民阅读、井陉县科技馆"人工智能打开社会体验新场景"获评2023年河北省文旅数字化创新实践案例。

2. 秦皇岛强化数字赋能，文旅产品体验加快升级

秦皇岛建成市、县两级"文旅服务云平台"，升级"乐游秦皇"，推出了"一部手机游秦皇岛"和"云游·秦皇岛"，绘制系列电子手绘地图，山海关景区、集发生态农业观光园、野生动物园、鸽子窝获得河北省智慧景区示范点荣誉称号。同时打造《观·山海》《长城》《浪淘沙·北戴河》等数字化文旅产品，推出山海关、祖山数字藏品，举办"打卡美好秦皇岛"等网络宣传活动，吸引游客线上观景、线下打卡。

3. 邯郸坚持创新驱动，深化融合发展

邯郸搭建了数字成语馆、数字成语线下体验馆、邯郸数字产业交易服务平台。联合百度 AR 技术与希壤 App，打造六大全国首创数字化成果，分别是成语数字人推广大使邯丹丹、成语数字街区、成语地图、元宇宙成语之都、成语 AI 体验馆、成语数字藏品系列。邯郸的方特国色春秋主题乐园、东太行景区获得河北省智慧景区示范点荣誉称号，大型演艺节目《黄粱梦》《风华涉县》《再回太行》等彰显邯郸文化软实力，推动了邯郸数字文旅产业与实体产业的深度融合发展。

4. 保定关注数字城市建设，绘制高质量发展画卷

"一码游保定"小程序实现"轻量统一入口+小程序"的体验，提供文旅全业态智慧化服务。保定搭建全域数字文旅平台，推动 A 级景区人流监测统计工程建设，通过采集分析保定旅游全要素信息，实现全域游客画像可视化分析、文旅行业舆情监测等。保定打造了"和和"和"美美"AI 互动虚拟形象、自动驾驶、5G 远程无人驾驶、和美保定 5GXR 城市名片……第五届保定市文化和旅游产业发展大会采用"视频连线+线上多渠道直播"会议、"云端+实地"观摩新模式。

5. 沧州践行数字化创新，推动文旅行业数字化升级

为实施文化建设和保护提供数字化资源，沧州深入挖掘沧州段运河文化资源，创建了大运河文化数据库。建设南大港文旅大数据平台，应用信息化技术，实现对南大港湿地的全面分析和智能化管理。采用线上和线下同时展示的方式，举行第六届京津冀非遗联展活动。吴桥杂技大世界已实现了景区的"线上云旅游+非遗云共享",建成了智慧数据中心、720全景拍及宣推云平台。

6.唐山加速布局数字文旅,切实推动文旅蝶变

唐山打造了三个重点数字化项目,分别是唐山文化旅游公共服务平台、唐山地方特色资源库、唐山群众艺术馆数字服务平台。采取"线上+线下"相结合的形式,举办第七届河北省旅游产业发展大会。南湖景区打造"一部手机游南湖"小程序,荣获2021年智慧旅游典型案例,并与德龙钢铁工业旅游文化园、天元谷旅游度假区、多玛乐园等被评为省级智慧景区示范点。

(二)河北数字文旅产业结构分析

1.数字文旅技术设备制造

截至2021年底,全省共有数字文旅技术设备制造企业51家,生产总值为10445.92万元,营业收入为10955.91万元。以邢台春蕾、河北易沃克机器人为代表的领军企业,在3D打印、机器人领域发挥自身的龙头带动作用,推动了河北数字文旅的快速发展。

2.数字创意内容业

动漫游戏产业集聚效应明显,已形成石家庄、保定两大动漫产业基地,秦皇岛亿维动漫产业基地建设不断推进。河北16家动漫企业均已通过文化和旅游部认定,河北精英动漫、河北乐聪、河北东方视野已成功在新三板上市。

3.数字化文化娱乐业

河北推出云演出、云剧场、云阅读、云景区、云文创等数字虚拟体验系列产品,以秦皇岛市山海关区第一关旅游发展有限公司、涉县赤水湾旅游开发有限公司为代表的企业利用数字技术手段,结合地方文化特色,创作了《浪淘沙·北戴河》《长城》《那年芳华》《再回太行》《风华涉县》等一批精品文化类沉浸式演艺作品,数字化文化娱乐业活力日益彰显。

4. 数字化旅游服务业

河北加快提升 A 级景区、度假区、全域旅游示范区、乡村旅游村等区域的 5G 网络、无线网络覆盖水平，发展沉浸式体验旅游产品，增强数字化体验和智慧化服务。着力建设智慧酒店，实现在线选房、自助入住、机器人送物、自助开发票等智能化服务。"乐游冀"平台推出线上预约一码通、分时预约功能，有效提升河北文旅服务水平。

（三）河北数字文旅产业核心与外延

1. 河北数字文旅产业核心

（1）文旅产业数字化

一是加强文物数字化保护。全省主要博物馆完成重要文物数字化采集，完成 550 件（套）可移动文物高精度三维信息采集、大部分文物多媒体互动展示传播。二是推出公共文化数字服务。河北各级单位大力开展公共数字文化服务平台建设与数字阅读推广工程，通过门户网站、移动端 App、微信公众号、小程序等多平台联动，为公众提供便捷的文化公共服务入口和资源展示分享平台，推出探索有故事的河北、数字博物馆、线上图书馆、网上非遗等系列在线文旅产品。三是推动主题乐园智慧化升级。吴桥杂技大世界打造智慧数据中心、建设宣推云平台，线上定期对《江湖》《运河印象》《时代》等杂技剧进行展播，开启"720 全景拍""非遗云共享"杂技盛宴公益活动，可进行吴桥杂技特色景点线上畅游，观赏 25 位国家级非遗传承人的线上杂技表演。邯郸方特国色春秋主题乐园深入挖掘邯郸本土文化，创新数字科技应用，打造疯狂成语等诸多娱乐项目。多玛乐园将数字科技融入捕鱼体验产品中，被评为 2022 年国家旅游科技示范园区。

（2）文旅数字产业化

一是云视听打造立体式沉浸体验与多维互动。河北依托网络平台，推出数字博物馆、行走长城、网上非遗等线上文旅产品和多场"云旅游"活动。二是云游戏备受关注走上快车道。河北涌现出《动感舞王》《热血跨栏》《轻松网球》等一批体感云游戏。由中国移动通信集团河北有限公司主办的 2022 河北云游戏电竞争霸赛是一场联动线上线下的电竞盛会。2022 年，在中国云游戏用户省份活跃度调查排名中，河北居第 9 位。三是元宇宙为数字文旅发展提供新路径。2022 年，保定提出并通过项目化推进实施"工业遗址+元宇宙"工程。同年 9 月，邯郸市四留固村推出"链上·数字乡民"、入驻元宇宙并发布首支概念片，将区块链技术融入基层村域，助力数字乡村建设。四是直播带货打开文旅产品营销新思路。2023 年河北非遗购物节采用主播"探店+逛展"形式，对河北非遗进行推介。同年，东方甄选在河北石家庄、邯郸、保定、沧州共 25 个景点开展"带货+文旅"直播，其间观看人次、话题量屡次破亿，仅开播当天成交量就超百万单。

2.河北数字文旅产业外延

（1）文旅治理数字化

河北建设了文旅云大数据中心，整合数据资源，实现全省统一的智慧旅游管理、营销和服务。建设文旅分时预约管理服务平台，实现全省 A 级景区和公共文化场馆预约管理全覆盖。建设文旅 5G 大数据创新实验室，打造政产学研一体化应用创新实验室平台——智库型实验室，为政府部门提供数据决策。

（2）文旅数据价值化

河北博物院发行了长信宫灯、花形悬猿铜钩、透雕龙凤纹铜铺首、错金铜博山炉等文物数字藏品，承德避暑山庄发行了 72 景、宫灯及周围寺庙等系列数字藏品，保定发行了莲池博物馆清康熙"龙飞"碑刻数字藏品，邯郸曲周博物馆首发彭八百国画系列数字藏品，等等，为文物资产数字化展示、交易、保护开启了良好的开端。

（四）河北数字文旅产业典型示范案例

1."一部手机游河北"（乐游冀）平台

2021 年 3 月 30 日，"乐游冀"平台上线。"乐游冀"平台是河北省文化和旅游厅以助力河北文化和旅游产业转型升级，提升全省景区数字化、智慧化水平为目的，以为游客提供更便捷、更智能的服务为导向，建设的河北"智慧智能"文化和旅游大数据服务平台。"乐游冀"平台搭建"一部手机游河北"智慧化管理服务体系，不仅创新了旅游管理服务模式，还丰富了文旅消费业态，加快了河北文旅产业的数字化升级。

2.承德"5G+"智慧旅游项目

承德"5G+"智慧旅游项目由中国移动通信集团河北有限公司承德分公司建设。除建设了21个5G基站外，还利用数字技术提升了避暑山庄、金山岭、七彩森林景区的智慧化水平。在第四届"绽放杯"5G应用征集大赛京津冀区域赛上，承德"5G+"智慧旅游项目获得三等奖。通过VR、AR等技术，在不破坏遗址及其风貌的前提下，承德"5G+"智慧旅游项目让历史场景、人文风貌再现于游客面前，让世界看得见、听得懂承德历史，增强了景区影响力、提升了景区品质。

3.康旅大数据综合服务平台

康旅大数据综合服务平台是河北省大数据应用试点示范项目，获评2022年河北省智慧文旅创新案例。康旅大数据综合服务平台利用云计算、物联网等技术，对景区周边配套设施的数据进行处理，为景区运营和政府部门提供数据统计、决策支持等服务，丰富了旅游区的管理和营销手段，为现代新旅游、新传播、新行为、新市场、新模式提供高科技服务，推动智慧旅游不断实现新的突破。

4.《无界·幻境》国际光影主题公园

《无界·幻境》国际光影主题公园位于河北正定滹沱河艺术生态岛，入选2022年智慧旅游创新企业和项目名单。《无界·幻境》突破传统的观演方式，采用行浸式夜游，将声、光、电、道、水、雾等特效与先进的科技手段融合，让现实实景、文化艺术与人结合，从而实现立体化全方位多维视觉体验，最终达到将场景活化、文化再现并转化为游客切身体验的奇幻效果。填补了省内行浸式光影艺术夜游领域的空白，为广大市民的休闲娱乐提供了全新目的地。

四 制约河北数字文旅产业的关键问题及推动河北数字文旅产业高质量发展的对策建议

（一）制约河北数字文旅产业的关键问题

1. 体制机制尚不健全，相关政策有待完善

一是河北数字文旅建设整体上仍处于探索阶段，数字化助推文旅高质量发展涉及多个部门和领域，信息互联互通存在障碍，数据过于分散，协调难度较大，限制数字文旅产业发展。二是相关法律法规有待完善。文旅产业数据使用和网络安全缺乏行之有效的立法、司法管理，相关政策法规有待完善。

2. 数字文旅缺少品牌，创新发展驱动不足

一是数智化文旅新业态、新产品、新空间的创新发展不足。河北数字文旅新产品融合范围较窄或融合程度较浅，文旅应用超前的文化创意和现代科技较少，数智化的文旅产业发展较慢。二是引领性品牌和特色 IP 缺失。白石山、广府古城等品牌仍需进一步挖掘，河北围绕"京畿福地 乐享河北"品牌，推出了精品线路、文旅项目，但数量有限且品牌影响力不足。三是创意开发影响力较弱。数字文旅产业创意开发缺少吸引力，辐射效应较弱，难以形成规模经济效益。数字文旅项目数量较少，无法形成集群效应，区域影响力较小。四是产业链及配套有待完善。河北数字文旅产业尚在起步阶段，存在数字文旅新概念频出、产品同质化严重、"云端"业态技术不成熟等问题，导致游客体验感差。

3. 文旅产业人才缺乏，人才集聚储备不足

一是缺乏专业的复合型人才。河北现有的相关人才数量和结构与数字文旅发展现状的适配度较低，缺乏具备一定综合能力的复合型人才。二是高端人才"招引留用"环境有待改善。河北中心城市能级低，辐射带动作用不明显，对高端人才吸引力不足。同时，部分政策措施的创新突破不够、落实

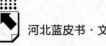

不够，对人才吸引的集聚力不足，这些都制约着河北数字文旅高质量发展。

4. 发展资金投入不足，文旅数字化动力受限

一是大多数文旅企业规模小、实物资产少，数字文旅项目较少，且多侧重于智慧管理和网络营销，内容开发和业态创新不足，存在投资风险大、融资困难等问题。二是目前的文旅资金投入无法满足数字文旅产业的增长需求，主要是政府投资，民营资本的参与积极性不高，多元化的投资体系尚未完善，无法充分发挥社会资本的活力，导致河北数字文旅产业高质量发展动力不足。

（二）推动河北数字文旅产业高质量发展的对策建议

1. 深化文旅产业数智化管理机制，构建文旅产业数智化政策体系

一是各相关部门建立互联互通、上下联动的组织协调机制，加大地方政府对数字化企业的指导、协调和监管力度，促进各方协同、资源共享，构建推动数字文旅产业发展的长效管理机制。二是为激活数字文旅市场活力，促进数字文旅新消费，打造河北数字文旅产业高质量发展的优良政策环境，制定出台文旅产业数智化财政扶持、产权保护等多层次政策，多方位扶持数字文旅产业发展。

2. 推动文旅产业数智化发展，完善产业链和配套设施

一是创新文旅产品和场景业态。强化自主创新意识，依托河北资源优势，深入挖掘特色文化内涵，研究探索数字技术的文旅应用，开发新颖、多元的数智化文旅产品和场景业态，丰富游客游览体验。二是推动河北特色IP品牌建设。紧抓大运河文化公园、雄安新区建设的机遇，运用数智化技术高品质打造河北段、邯郸段、沧州段大运河公园，优质化开展雄安新区数智城市建设，深入挖掘、展示河北传统文化内涵，推动河北传统文化创意性转化、创新性发展，打造具有影响力的河北特色IP数字文旅品牌。三是融合打造创意开发机制。运用数字化技术发展个性化定制、柔性设计、参与式生产等，通过开放性采集数字化文化元素，吸引"云游客"参与设计，用创意、设计、体验、消费等方式延长文旅产业链。四是完善产业链，强化配套措施。推动河北数字文旅产业上下游企业建设发展，完善并延伸数字文旅产业链。建设河北数字文旅大数据中心融创园区、产品研发中心等，鼓励数字文旅相关机构、企业入驻，为河北数字文旅产业高质量发展提供基础保障。

3. 加大人才培养力度，强化人才支撑

一是建设高素质、创新型文旅人才队伍。地方政府、高校、企业加强合作，创新人才培养模式，打造"理论+实践+应用"系列课程，开展从业人员线上线下联动培训，提升数字文旅从业人员的数字化素质。二是重点引进"高精尖缺"复合型人才。制订出台相关政策措施，采用退休专家返聘、跨专业人才兼职、大学生志愿者等人才引进形式，吸引优秀人才投身河北数字文旅产业发展。三是注重解决人才流失问题。文旅企业需加快建立人力资源管理机制，加强岗前培训，提升员工福利待遇，为推动数字文旅产业高质量发展提供人才保障。

4. 搭建金融服务平台，激活社会资本活力

一是搭建金融服务平台，通过举办银企对接会、文旅推介会等加强文旅企业与金融机构的合作交流，协助文创企业拓宽资金来源渠道，构建"政府主导+社会组织参与"的河北文旅产业服务平台体系。二是设立数字文旅产业专项资金，积极引导金融机构加大对数字文旅产业发展示范项目、重点项目的信贷投放力度，多方位加大对数字文旅产业的财政投入力度，推动数字文旅产业高质量发展。

B.14
促消费背景下河北省文化休闲
娱乐服务业创新发展研究

车同侠*

摘 要： 在当前我国经济增长趋缓、预期减弱的发展环境下，整体经济形势不稳定，投资和出口的驱动力整体有所下降，消费市场回暖，在消费市场增长和政府促进消费的经济发展背景下，河北省文化休闲娱乐服务业面临良好的发展机会。河北省文旅资源丰富，更好利用挖掘河北省文化休闲娱乐服务业资源，形成创新发展态势，迫在眉睫。促进消费成为拉动经济的重要引擎，文化休闲娱乐服务业作为重要的服务业发展方向，受到广泛的关注，如何提升居民的消费热情和购买意愿，需要创新政府管理办法，以特定消费人群的消费为抓手，创新工作思路和市场行为，促进河北省文化休闲娱乐服务业的发展。

关键词： 消费群体 文化休闲 创新场景

一 发展文化休闲娱乐服务业的现实背景与理论基础

（一）发展文化休闲娱乐服务业的现实背景

休闲娱乐不仅是人们的基本需求，也是一种产业，随着经济发展和社会进步，居民的人均收入水平也不断提高，休闲娱乐越来越成为满足人们追求美好生活的需要，这为文化休闲娱乐服务业提供了产业发展的动能。受新冠

---

* 车同侠，河北省社会科学院社会发展研究所副研究员，研究方向为劳动就业和文化研究。

疫情影响，全球经济增速放缓，我国过去依赖的经济增长模式也发生迅速转型，出口拉动因为国外需求的降低而失去动力，投资拉动因为房地产经济走向理性发展道路而降速以及政府债务的拖累而后劲不足，投资劳动效应弱化，国家发展的驱动力不断让位于消费拉动作用和科技带动。国家通过各种宏观政策调控刺激消费增长，服务业是消费增长的重要基础。在目前河北省消费仍然增长不足的情况下，本文提出休闲娱乐消费是消费增长的重要抓手，需要创新消费增长的重要群体，从重要群体着手寻求创新消费增长的途径。从群体的消费特点捕捉文化休闲娱乐服务业在满足他们需要的同时，也有力地推动了河北省服务业的发展。

（二）发展文化休闲娱乐服务业的理论依据

1. 消费增长理论

根据马克思主义理论，消费是经济增长的目的，也是经济发展的动力。自古以来，人类生活以实物消费为主，随着发达国家工业化和现代化的发展，首先出现了服务业大于工业增长，我国自 2015 年开始，服务业在国民经济中的比重就超过了 50%，这个三次产业的变化趋势反映了居民消费结构的悄然变化。党的十七大以来，我国发展了消费理论，提出要坚持扩大国内需求特别是消费需求的策略，以及促进经济增长向消费、投资和出口协调拉动转变的方针。消费是经济增长的重要引擎，服务业消费随着休闲旅游文化消费的兴起而不断成为经济增长的着力点，特别是随着我国进入老龄化社会，养老消费和康养消费也不断走高。年轻人把休闲旅游、新中产把购买奢侈品作为消费的新定位，助推了消费对经济的增长贡献。过去维持我国长期经济增长的模式难以为继，使我国更加清楚地认识到消费需要有收入支撑、投资要有合理回报、金融需求要有本金和债务约束，这也就是习近平总书记提到的"使居民有稳定收入能消费、没有后顾之忧敢消费、消费环境优获得感强愿消费"[①]。我国在供给侧结构性改革的推动下，逐步形成双循环新

---

① 《以更优消费环境激发更大发展动能》，中国政府网，2023 年 6 月 26 日，https：//www. gov. cn/yaowen/liebiao/202306/content_ 6888415. htm。

发展格局，构建了供给侧和需求侧双向发力的经济增长新机制，促进了居民消费能力的提高。

2.凯恩斯消费函数理论

凯恩斯在《就业利息和货币通论》中提出把消费量（c）与就业量（n）连接起来。认为一定水平的就业量决定一定的消费量。[①] 一定的收入决定于一定的就业量。这样又把收入（y）与就业量（n）连接起来。与第一步相结合，从而把消费与收入联系起来。因此，消费是真实所得的较稳定的函数。除此之外，影响消费的因素有客观环境因素，比如国家宏观政策的改变、个人对经济发展的预期、工资和资产的突然变化等，这些都会影响人们的短期消费行为。另外一个影响消费的因素是主观因素，比如不同类型的消费主体表现出不同的消费模式和消费倾向。分析研究个性化和群体特征的消费习惯和价值取向也有助于提高消费水平。凯恩斯提出三大基本规律即边际消费倾向递减规律、资本预期边际收益率递减规律和人们的灵活偏好规律，可以解释有效需求不足。消费不足是有效需求不足的根本原因，尽管消费投资也是影响因素。

（三）消费平台、消费者偏好和消费群体研究

进入新世纪我国经济增速持续高速增长，科技进步飞速，移动智能手机和社交软件的普及影响了人们的生产生活方式，个性化消费崛起，近年来抖音、快手、微信号、拼多多、京东、小红书等平台的消费不断增加，人们的消费不断升级，出现了很多品牌化和高端化的消费倾向，而且消费热点也从商品消费转向服务消费。目前，全球经济发展缓慢，我国新国货崛起，消费进一步升级，新中产群体规模不断扩大，但是人们消费更趋于回归务实和理性，消费平台上出现了很多平替品牌，如"1688"和闲鱼等，人们的消费也从品牌消费逐渐转向品质消费。[②]

---

① 张平、文启湘：《论和谐消费函数的构建》，《求索》2010 年第 12 期，第 8～10 页。
② 吴晓波频道发布的《2022 新中产白皮书》。

天眼发布的《2023 中国消费主题报告》显示，有学者指出"Z 世代"年轻人的消费特点和行为具有"反向消费"的特质，受我国民族自信文化价值观影响长大的他们，拥有积极的价值观，热爱科技和虚拟多变的社交环境，他们喜欢共享经济，理性消费多于冲动消费，消费意愿明确，会货比三家，拥有绿色消费观念，会利用闲鱼等平台置换物品。随着我国经济社会发展和人民生活水平逐步提高，居民的消费偏好也在悄然发生改变，新中产群体更加倾向于高端化消费、个性化消费。过去一年间，近 3000 万"95 后"新用户涌入闲鱼。① 2023 年以来，闲鱼 DAU（日活跃用户数）连续两季度增长，成为新中产群体最喜爱的移动购物 App。根据 QuestMobile 数据，2023 年 9 月闲鱼的月均日活跃用户达到 3668 万，同比增长 18.6%。② 1688强调产品的竞争力，是具有鲜明世代特点的数字供应链，对接企业、消费者和跨境不同赛道，具有不可估量的生命力，适合追求性价比和情绪价值的年轻人，平台上的用户平均年龄为 25 岁，女性居多，平台商家数量已达到100 万家，其中 60 万家是源头厂家，经营者多是"Z 世代"年轻人。③ 另一个消费群体是新中产，家庭年收入比较高，达到 30 万元左右，但因为经济不景气，一些新中产陷入消费下沉行列，"1688"凭借其独特的商机捕捉能力，定位了"大 C"（C 指消费者），"Z 世代"占比 48.8%，30 岁至 35 岁的新中产占比 44.9%④，"1688"严选更看重的是一些潜在做生意的客户，也就是"小 B"群体，他们有可能在朋友圈或者社区里推销商品，这些买家主要是来自大城市的年轻人，他们经常在一些流量大的内容平台和社交平台上做电商，有的也在线下开店，以社群为主要运营模式，以主播、带货达人、社区团购的"团长"为代表的新兴"小 B"群体成为时下消费平台和

---

① 孙瑾：《年轻人"反向消费"的典型表现及潜在影响》，《人民论坛》2023 年第 23 期。

② 《一年新增 3000 万 Z 世代用户，闲鱼低价红利爆发》，"每日经济新闻"百家号，2023 年
12 月 25 日，https://baijiahao.baidu.com/s? id=1786243972565305686&wfr=spider&for=pc。

③ 《平替消费时代来了：Z 世代"听劝"，1688"显眼"》，网易新闻网，2023 年 12 月 26 日，
https://c.m.163.com/news/a/IMT1T5LD0519DDQ2.html。

④ 《一年新增 3000 万 Z 世代用户，闲鱼低价红利爆发》，"每日经济新闻"百家号，2023 年
12 月 25 日，https://baijiahao.baidu.com/s? id=1786243972565305686&wfr=spider&for=pc。

消费社区的主要消费驱动力。消费平台也形成了伙伴关系，共同推进消费升级，比如"1688"和小红书的用户重合率很高，用户有分享笔记、分享品牌平替的共同需求。

2023年2月，天眼查发布的《2023中国消费主题报告》显示，理性、务实消费取向已经越来越成为一种新的消费潮流，这对市场和社会以及个人都产生了一定影响。数字技术赋能下，数字消费空间突破了传统的地域限制，极大地扩展了消费品的流通空间、增加了消费时间，满足了"Z世代"舒服、便利的消费需求，消费品流通效率的提升满足了现代性高频率生活方式的需求，这也大大地丰富了数字消费新场景。数字消费的对象突破了传统的实物消费，更多的是以数据内容为核心的商品。数字经济的发展使传统消费逐渐与数字消费共同存在，学界认为数字消费具有更加丰富的内容和创新场景，能体现现代性和个性化体验。[①] 在数字消费群体的服务上仍然存在较大的鸿沟，特别是银发数字鸿沟以及城乡数字鸿沟，因此，如何更好地调动老龄化社会背景下的数字消费成为消费时代的重要研究课题。

二 创新发展河北省文化休闲娱乐服务业面临的问题

（一）河北省文化休闲娱乐服务业发展过程中存在的问题

河北省服务业落后于全国水平。因为历史原因，河北省的产业结构偏重，依赖资源能源发展，工业经济占比较高，服务业占国内生产总值的比重落后全国平均水平2.0个百分点。而且服务业增长水平落后于农业和工业增长水平。2022年，河北省服务业占比49.4%，增长率为3.2%[②]，而农业和工业的增长率都高于4%。服务业增长落后反映了河北省消费乏力，特别是

---

① 马玥：《数字经济对消费市场的影响：机制、表现、问题及对策》，《宏观经济研究》2021年第5期。

② 河北省2022年国民经济和社会发展统计公报，河北省统计局网站。

文化、体育和娱乐业增长很低，占国内生产总值的 0.4%，另外一个因素是投资增长，下降了 12.3%。[①]

在服务业中生产性服务业占据绝大部分，本报告主要关注生活性服务业，河北省要促进消费增长，就要抓住生活性消费业。通过梳理发现，河北省生活性服务业占比最高的是居民住房需求，其次是健康服务、文化服务、居民出行服务，再次是旅游游览和娱乐服务、体育服务和养老服务等。可以发现，河北省文化休闲娱乐服务业发展落后，特别是养老服务的有效供给仍然相对不足，严重影响了河北省消费水平。河北省养老问题比较突出，其老龄化程度已经超过了全国平均水平，河北省的养老设施和养老服务严重不足，影响了银发消费。

根据 2022 年的统计数据，河北省住宿和餐饮业在投资增加 14.9% 的情况下增加值却下降了 6.9%，这不仅仅体现了居民消费能力变弱，而且反映出居民旅游消费的降低。2022 年河北省接待国内游客 3.32 亿人次、创收（旅游总收入）3008.88 亿元，同比分别下降 22.64%、31.99%，反映了河北省旅游业的发展不景气。2022 年河北省旅客运输总量 0.9 亿人，同比下降 43.3%；旅客运输周转量 382.2 亿人公里，同比下降 44.0%；机场旅客吞吐量 686.0 万人，同比下降 18.8%。[②] 这些数据体现了河北省服务业呈现下降态势。

（二）居民收入结构不合理影响消费水平的提高

对河北省居民收入进行分析后发现，河北省全体居民人均可支配收入主要分为四个部分，分别为工资性收入、经营净收入、财产净收入和转移净收入，河北省的人民生活收入主要来自工资性收入，城镇居民第二收入来源是转移净收入，农村居民第二收入来源是经营净收入，但是分析发现，无论是城镇居民还是农村居民，财产性收入都是最少最低的，说明财

①　河北省统计局网站。
②　河北省统计局网站。

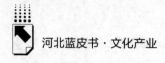

产性收入是影响居民消费的薄弱点，也是未来提升居民消费水平需要着力解决的问题。

居民财产性收入来源主要是利息、股息、炒股、红利、租金、专利收入、财产增值收益、出让纯收益等，众所周知，房地产消费是很多居民的主要负债来源，占据家庭收入的很大比例，严重影响了居民消费余地。2022年统计数据显示，即便是占了居民消费绝大比例的房地产消费，也在呈现增长率下降的局面，说明居民购房能力下降，房地产业增加值2403.1亿元，同比下降3.3%。除去房地产，居民能够在银行金融机构进行理财的资金占比较少，能够有闲钱和能力得到炒股和得红利等金融产品收入的居民本来就数量较少，更何况我国的股市就是难以挣到钱，能少亏损已经是不错的结果。制定合理化购房价格以及整顿资本市场，尤其是股市，是提升居民消费水平和收入的重要途径。

三　主要消费群体是托起消费驱动力的主要抓手

消费主体需要聚焦"Z世代"、新中产、银发族三类群体，他们的消费需求在经济整体趋缓的大背景下呈现稳定且创新的态势，谋划文化休闲娱乐服务业的新业态、新载体等思路与对策对助推河北省经济增长，特别是文化旅游、养老、高端消费行业的意义重大。在经济下行的经济环境下，河北省要遵循党中央在中央政治局、中央经济工作会议上的讲话精神，不断恢复和扩大消费，创新消费场景，提高消费带动经济增长的活力，利用消费大数据总结分析不同的消费群体的消费动向，提供更加多样化的消费方式，让年轻人更好地消费，新中产更愿意消费，老年人养老服务市场更加人性化。

（一）"Z世代"群体的画像

1. "Z世代"定义

无论是美国、欧洲还是中国，都把在网络互联网时代成长起来的一代人叫作网生代、互联网世代，或者"Z世代"，他们对于即时通信设备如智能手机、平板电脑等智能产品非常熟悉，伴随手游和动漫成长，属于从一出生就接触科技产品的一代人，泛指"95后"和"00后"，"Z世代"成长过程对消费市场的影响持续加大。具有新潮活力和创造动力的全球青年群体已逐步成为文化的消费主力军。

2."Z世代"的消费特征

"Z世代"喜欢新型的旅游方式，注重在热门打卡地进行沉浸式体验，寻找一种自由自在的轻松感觉，此外，他们也倾向于寻找高品质服务的小众旅游地。"Z世代"创新出"非遗打卡""汉服炸街"等新玩法。"Z世代"越来越成为旅游市场的新消费主体，文化旅游资源的充分发掘要适应消费者的新需要和新需求，顺应社会变化而不断迭代创新。音乐也成为吸引游客到城市旅游的原动力。2017年，赵雷的一首《成都》火遍大江南北，歌词中的玉林路、小酒馆已成为许多"Z世代"到成都旅游的热门打卡地。

（二）新中产群体的画像

1.新中产的十大特征

根据《2023新中产白皮书》，有研究首次提出新中产是在2015年1月，2016年12月开始有了新中产的画像，首部新中产白皮书发布于2017年12月。根据《2022新中产白皮书》，新中产具备以下10个主要特征：第一，专本科生占比为67.7%，硕博士研究生占比为29.6%；第二，个人税前年收入在20万元到50万元的占比为49%；第三，家庭总资产在300万到1000万元的占比为47.3%；第四，上班族占比为67.5%，创业者占比为14.6%；第五，金融相关行业占比为16.1%，制造业占比为14.5%，IT软件和互联网行业占比为12.2%，房地产和建筑行业占比为10.8%，政府部门和事业单位占比为8%；第六，年龄集中在31~40岁；第七，户均住房数为2~3套；第八，已婚人数占比为81.8%；第九，生育人数占比为72.4%；第十，有3~5个高质量社交朋友。

2.休闲娱乐成为新中产群体的刚需

现代化的快生活节奏使新中产群体对于即时性和娱乐性消费的需求也开

始增加，但是到了 2023 年经济放缓，82.5% 的新中产群体不认为自己财富有所扩张，体现为在消费上追求性价比，也把挤压基础消费的钱更多用在娱乐感官享受消费上，短剧、预制菜成了新中产群体的首选。2023 年第三季度中国网络微短剧发行量达 150 部，接近 2022 年全年总量的 2 倍。在快手 App 上，接近 2 亿短剧用户每周都要看短剧。[①] 演出经济也是新中产群体娱乐消费的重要内容，2023 年前三季度的演出场次和票房收入，已经超过了 2019 年全年的水平，新中产群体需要通过感官场景的刺激进行宣泄；旅游消费也增长，迪士尼成了新中产群体的度假胜地。居家消费更倾向于消费烘焙套装、扫地机器人、猫砂铲、运动手表、网红食品等体现新中产群体身份和品质的商品，泛户外运动体现在城郊短途旅行。2023 年新中产群体最愿意尝试的新产品是旅游出行，占比为 44.4%；其次是数码产品、智能家电、食品饮料、医疗健康保健，占比分别为 40.4%、35.5%、32.1%、27.7%[②]。

（三）"银发族"群体的画像

河北省老龄化程度比全国平均水平还高，但是养老消费却占比非常低，要让银发族能够有尊严地生活，就要开发挖掘老年人群体的特点和消费。老年人需要被照顾，需要精神愉悦，老年大学、社区老年服务中心、老年康养、照料机器人都成为老年人消费的主要内容。随着智慧社区和智慧医疗的推进，智能设施的运用也成为服务老年人的必要产品。创新老年人服务方式，特别是失能老人，仍然需要形成适合老年人口的消费模式。中国老龄科学研究中心数据显示，到 2050 年，我国老年人口消费潜力或将达到 40.69万亿元，老龄产业蕴含巨大市场潜力。[③]

---

① 《新中产 2023 年六大消费趋势：消费的终点是"松弛感"》，腾讯网，2023 年 12 月 26 日，https://new.qq.com/rain/a/20231226A05IQA00。

② 《新中产 2023 年六大消费趋势：消费的终点是"松弛感"》，腾讯网，2023 年 12 月 26 日，https://new.qq.com/rain/a/20231226A05IQA00。

③ 李彦臻：《改善适老化消费环境》，《经济日报》2023 年 11 月 19 日，第 3 版。

四　如何提高消费背景下的居民消费能力

（一）多措并举提高居民收入水平

只有提高收入水平，才有可能增加消费，而要增加居民收入，就要对收入的来源进行分析，如果说居民的工资性收入属于市场化行为无法轻易改善，那么经营性收入和财产性收入是可以考虑增加的因素，农村居民的经营性收入占比高于城镇居民，说明农村居民从事副业的增收较多，由此考虑，可以适当增加城镇居民的兼业或者创业收入，以此增加经营性收入。政府需要考虑刺激居民创业、兼业，利用互联网平台获得额外收入。通过培训让居民了解更多的经营知识和获取更多的收入渠道，以帮助居民提高收入水平。在增加财产性收入方面，国家要着力整顿资本市场，使居民的财产安全得到保障。

（二）加强河北省文化休闲旅游娱乐服务业价值导向和场景创新

针对河北省旅游游览和娱乐业增加值较低的现状，需要各级政府积极制订文化休闲旅游娱乐服务业的相关刺激政策，构建能够引导和吸引相关群体去体验和消费的特定场景。根据河北省统计局发布的信息，信息传输、软件和信息技术服务业增加值为914.4亿元，增长9.3%，属于服务业中增长比较快的行业，而这些行业大多和新中产、"Z世代"相关联。打造属于年轻人和新中产的娱乐软件和数字生活环境将是未来服务业发展的一个新方向。随着全面小康社会的实现，告别了消费短缺时代，河北省的消费创新更应该强调服务消费和价值消费，比如生产一些绿色健康产品，满足人们对健康食品的需求；增强文化消费和数字消费，满足人们对精神和个性化独特体验的需求；增加老年健康养老服务，满足人们对老年生活质量提升的需求。

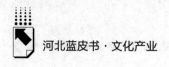

五　对策建议

在投资增速低、出口增长缓慢的情况下，消费作为推动国民经济增长的重要引擎，对国内生产总值增长的贡献越来越大，需要创新理念、增加消费。

（一）多途径刺激房地产市场和文旅产业发展

消费需求在经济发展中发挥着基础性作用，市场需求是驱动企业创新的原动力。通过取消限购限贷政策刺激房地产市场，刺激消费。通过增加投资文旅产业，提高文旅产业的吸引力，使各地的文旅资源得以整合利用，促进文旅产业发展。通过景区推介、门票减免等方式吸引游客，加大景区活动宣传力度，数字技术赋能河北省文旅产业发展。

（二）大力发展河北省健康养老产业

河北省养老产业发展较为缓慢，并且尚处于初期发展的阶段，随着河北省老龄化程度的加深，更多的养老服务和养老产业需要大力发展。养老产业发展缓慢与养老服务的低收入有关系。要加大对养老产业的投入力度，从而创造更多的养老就业岗位，推动养老消费走向正循环。在农村人口老龄化日趋严重的态势下，应创造更多符合老年人的数字消费场景，激发下沉市场的"银发消费"能力，消除数字鸿沟，更好满足老年人的消费需求。

（三）围绕特定人群进行消费升级

围绕"Z世代"、新中产和老年人的各类需求，从基本吃穿用住行生活需求到娱乐休闲旅游需求，再到心理、健康和养老需求等，都要不断进行探索创新，提高服务消费升级，努力形成若干发展势头良好、带动力强的消费新增长点。促进实物消费不断提档升级，增强产品的时代感，提高年轻人的消费欲求。针对新中产群体，要增强顾客就是上帝的服务理念，用感情、个性化、定制化服务感动人、吸引人，在服务中增添价值取向的同理心感召，吸引特定消费人群。创新产品内容和形式，针对新科技和新应用，积极拓展信息消费新产品、新业态、新模式，推进服务消费持续提质扩容。积极培育网络消费、定制消费、体验消费、智能消费、时尚消费等消费新热点，同时要加快农村吃穿用住行等一般消费的提质扩容，推动电子商务向广大农村地区进一步延伸和覆盖。针对老年人群体，要认识到未来十年是养老服务产业发展的黄金十年，经历过改革开放的即将退休的老年人拥有足够的积蓄，对养老服务需求巨大，是未来老年人消费市场的主力军。

（四）打造文旅消费新场景

打造一批新型文旅消费空间，每年联合推出一批文旅消费新场景。推动购物、餐饮等传统消费创新植入燕赵特色文化元素，抓住文旅市场监管的关键环节，构建诚信经营、放心消费的市场环境。河北省是文旅大省，在休闲文旅产业竞争力提升上，要打造诚信、品质"品牌效应"。近年来，河北省多地创新文旅消费场景，利用当地特色资源打造文旅品牌，具有很好的吸引消费的作用，要防止出现诈骗消费，特别是要做好老年人口的消费维权工作。根据地方宏观政策出台适应地方养老产业发展的配套政策。在老年大学和社区老年人服务中心开展数字化应用培训，提高老年人口的数字消费能力。

参考文献

吴晓波：《新中产白皮书（消费篇）-吴晓波2022年终秀》，搜狐网，2023年1月29日。https：//www.sohu.com/a/635189601_ 489617。

孙瑾：《年轻人'反向消费'的典型表现及潜在影响》，《人民论坛》2023年第23期。

蒙锦涛：《一年新增3000万Z世代用户，闲鱼低价红利爆发》，《每日经济新闻》2023年12月25日。

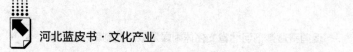

第一财经：《平替消费时代来了：Z 世代"听劝"，1688"显眼"》，每日食品官网，2023 年 12 月 27 日。https：//www.foodaily.com/articles/35353。

蒙锦涛：《一年新增 3000 万 Z 世代用户，闲鱼低价红利爆发》，《每日经济新闻》2023 年 12 月 25 日。

马玥：《数字经济对消费市场的影响：机制、表现、问题及对策》，《宏观经济研究》2021 年第 5 期。

李彦臻：《改善适老化消费环境》，《经济日报》2023 年 11 月 19 日。

经验探索 ⟫

B.15

河北省文化产业赋能乡村振兴发展研究

——以武强县为例[*]

白翠玲　雷　欣　文　征[**]

摘　要： 文化产业赋能乡村振兴发展意味着通过挖掘和发展乡村独有的文化资源，推动经济结构升级，促进乡村社区的可持续发展。这一过程不仅提升了乡村的文化软实力，也为创新驱动型乡村振兴提供了有力支持。本文以河北省的文化产业赋能乡村振兴发展为研究主题，从整体上分析了河北省文化产业赋能乡村振兴发展的现状，选取武强县作为案例，探讨了文化产业在乡村振兴中的影响因素和促进机制，深入剖析其存在的问题，并提出了相关对策建议。

---

* 本文系河北省教育厅人文社会科学研究重大课题攻关项目"乡村旅游促进乡村振兴高质量发展路径研究"（项目编号：ZD202408）的阶段性成果。

** 白翠玲，河北地质大学教授，研究方向为旅游规划与管理；雷欣，河北地质大学研究生，研究方向为旅游规划与管理；文征，河北地质大学副教授，研究方向为乡村旅游与旅游经济。

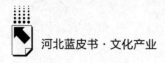
关键词： 文化产业　乡村振兴　武强县　河北省

乡村振兴战略是党的十九大提出的一项重大战略，是关系全面建设社会主义现代化国家的全局性、历史性任务。在这一进程中，文化产业作为推动乡村振兴的重要力量，逐渐引起了学术界和社会的广泛关注。河北省作为文化大省，其乡村振兴发展面临独特的挑战和机遇。文化产业与农村经济在总体上互动融合，相互促进。文化产业不仅可以促进乡村经济增长、改善农民生活，还有助于传承和弘扬当地的乡土文化。然而，文化产业在乡村振兴中也面临一系列复杂的问题和挑战。本文以武强县为例，深入研究文化产业在乡村振兴中的实际运作，分析其中的影响因素及存在的问题，并提出有效的解决方案，对于更好地发挥文化产业潜力、推动乡村振兴具有重要意义。

一　文化产业赋能乡村振兴发展现状

（一）河北省文化产业赋能乡村振兴发展现状

1.文化产业持续向好

2016 年至 2021 年，河北省文化产业发展迅速，文化产业增加值年均增长 11.85%，规模以上文化企业数达到 1300 多家，全省文化产业增加值突破 900 亿元。2021 年，文化产业持续向好，文化企业生产经营稳定恢复，1300 多家规模以上文化企业营业收入近千亿元，同比增长 19.0%，比全国平均水平高出 2.4 个百分点。河北省文化产业综合指数全国排名第 13 位，生产力指数全国排名第 13 位，影响力指数全国排名第 23 位，驱动力指数全国排名第 13 位。[①]

---

① 数据来源：2022 年 5 月中国人民大学文化产业研究院发布的"2021 中国省市文化产业发展指数"。

2. 文旅产业融合集聚特征明显

近年来，河北省的文化产业呈现蓬勃发展的态势，文化产业逐渐成为推动经济增长的新引擎，为乡村振兴提供了新的动力和机遇。河北省文化产业集群百亿量级以上的有 4 个：以武强、肃宁、饶阳等为代表的乐器产业集群，以曲阳为代表的石雕产业集群，以大成为代表的红木家具产业集群，以平乡为代表的童车产业集群。市场主体持续壮大，拥有国家级文化产业示范园区（试验园区、示范基地）14 家、省级示范园区（基地）188 家，文化创意类科技型中小企业 3000 多家，在新三板挂牌上市的有 20 多家。各地文化产业与旅游产业深度融合，形成了特色文旅产业集聚区，例如武强县基于乐器产业，形成了集乐器生产、乐器文化旅游、教育培训、餐饮服务于一体的乐器产业集群；吴桥县借助杂技文化，生产杂技配套设备，建设杂技主题景区，举办国际杂技艺术节等，形成了集杂技生产、杂技旅游、杂技体验、杂技培训等功能于一体的杂技产业集群等，为当地经济发展带来新的增长点。

3. 文化产业赋能乡村振兴效果突出

随着城市居民对乡村旅游的兴趣逐渐升温，越来越多的乡村成为独具特色的旅游目的地。通过挖掘和展示当地的历史、人文、风俗等文化资源，乡村打造了独特的文化旅游产品，吸引了大量游客前来观光、体验。这不仅为乡村增加了旅游收入，还推动了相关产业的发展，如民宿、餐饮、交通等，带动了乡村就业机会的增加。截至 2023 年底，河北省遴选了两批文化产业赋能乡村振兴试点县、特色村镇、示范单位、实践基地、重点项目和典型案例等。同时，河北省深入实施文化产业赋能乡村振兴计划，联合抖音集团，免费培训 10000 名"乡创好物"推荐官；推进乡村文旅融合，建设了非遗工坊 572 家，设立了 8 个省级传统工艺工作站、10 个省级非遗助力乡村振兴试点；创建了 55 个国家级乡村旅游重点村镇、243 个省级乡村旅游重点村镇，文化产业赋能乡村振兴取得积极成效。

（二）武强县发展现状

武强县位于河北省东南部，是千年古县、中国木版年画艺术之乡、中国管弦乐器产业基地，也是河北省文化产业"十强县"和国家文化产业赋能乡村振兴试点县。武强县的特色文化产业主要包括西洋乐器制造、年画产业和文化旅游产业"三个板块"。2020年和2021年，全县文化产业增加值分别达到3.7亿元和4.19亿元，占全县GDP的比重分别为5.38%和5.39%，在全省属于中上游水平。

近年来，武强县以乐器制造产业为核心，在经济开发区建设了中国（武强）国际乐器文化产业园，先后引进了世界最大的乐器经销企业德国盖瓦公司、世界顶级钢琴生产企业德国博兰斯勒集团，以及河北金音乐器集团等国内外知名企业，成为国际、国内乐器生产和销售的重要集散地。目前，全县有乐器生产企业63家，2021年实现营业收入16.76亿元。武强年画至今已经有近千年的历史，是我国农耕文化的杰出代表，入选了首批国家级非物质文化遗产、河北十大文化形象名片。武强县也因年画而出名，被命名为"中国木版年画艺术之乡""中国民间文化艺术之乡"。近年来，武强年画博物馆坚持以馆藏年画精品为依托，加大文化创意产品开发力度，组织精干人员专门致力于年画新产品、新工艺的研究、设计和研发，制作出武强年画礼品、纪念品、日用品、装饰品、动漫艺术品等文创产品20多个系列100多个品种。

武强县依托年画、乐器和现代农业观光等特色资源，开发文化旅游产业，促进农村剩余劳动力向文化和旅游产业转移，辐射带动3.3万人增收，其中建档立卡脱贫人口8000余人，使文化和旅游产业成为助推乡村振兴的"动力源"。截至2023年1月，全县景区景点共有50余处，其中，武强年画博物馆和周窝音乐小镇为4A级国家旅游景区、蒙牛加工厂为3A级旅游景区、河北金音集团为河北工业旅游示范点。此外，周窝音乐小镇先后入选首批中国特色小镇、全国魅力新农村十佳乡村、全国乡村旅游重点村等。

二 文化产业赋能乡村振兴的影响因素分析

河北省文化产业赋能乡村振兴受多方面因素的交织影响，参考相关文献并结合河北省文化产业的具体发展情况，本文主要分析文化产业在赋能乡村振兴过程中的产业发展、政策环境、人力资本、社会文化四方面因素。乡村振兴水平以文化产业增加值来表征。本文以文旅企业营业收入表征文化产业发展水平。政府的支持政策、财政措施和基金投入将直接塑造乡村文化产业的发展格局，本文主要以县级财政投入乡村文化和旅游产业的资金表征政策环境。具有跨领域、多元化技能的人才，能够更好地适应文化产业发展的复杂需求，在促进乡村振兴中发挥重要作用，本文以文化产业从业人员数表征人力资本。社会文化的丰富和当地居民的认同度直接关系到文化产业的创作灵感和市场吸引力，本文以辖区内文化企业数表征社会文化水平。这四个方面的协同作用将决定河北省文化产业在乡村振兴中的成效，为其注入新的发展动力。

本文运用 SPSS 软件进行线性回归分析，其中，被解释变量为乡村振兴水平，解释变量为政策环境、社会文化、产业发展和人力资本，回归结果见表1。

表1　河北省（武强县）文化产业赋能乡村振兴影响因素的回归结果

变量	政策环境	社会文化	产业发展	人力资本	R^2
河北省	0.238	0.260	0.237	0.222	0.556
武强县	0.995	0.908	-0.577	0.721	0.999

从整体来看，政策环境、社会文化、产业发展、人力资本都对文化产业的乡村振兴起到正向作用，且模型的解释力较为可靠，河北省回归模型拟合优度为 0.556、武强县为 0.999，意味着河北省文化产业的政策环境、社会文化、产业发展和人力资本可以解释乡村振兴 55.6%的发展原因；武强县文化产业的政策环境、社会文化、产业发展和人力资本可以解释 99.9%的发展原因。

从河北省文化产业赋能乡村振兴影响因素的回归系数来看，政策环境对乡村振兴的回归系数为 0.238，河北省的文化产业乡村振兴受到政府政策环境的正向推动，良好的政策支持包括财政资金投入、税收减免以及相关法规的制定，这些因素鼓励文化产业的发展，为乡村振兴提供了有力支持；社会文化的回归系数为 0.260，这表明，河北省的文化产业乡村振兴与地方文化底蕴、社会价值观的一致性密切相关，文化产业更容易融入当地社会，得到社会的认可与支持，促进了乡村振兴；产业发展的回归系数为 0.237，说明其对乡村振兴有积极作用，包括传统手工艺、文艺创作等，这些产业的发展不仅提高了当地经济水平，还激发了当地居民的创业热情，为乡村振兴提供了新的动力；人力资本的正向系数表明，河北省的文化产业乡村振兴与人才储备和教育水平关系密切，高素质的人才能够更好地推动文化产业的发展，从而促进乡村振兴。

从武强县文化产业赋能乡村振兴影响因素的回归系数来看，政策环境对乡村振兴的回归系数为 0.995，且正向影响作用较大，政策环境的正向影响源于政府对乡村振兴的高度关注，为乡村振兴提供了有效的制度支持，并且稳定的政策环境有助于在乡村振兴中形成长期的信心和计划；社会文化的回归系数为 0.908，正向推动着乡村振兴，这源于强烈的文化传承和社区认同感，有助于形成社区凝聚力，推动乡村振兴事业发展；人力资本的回归系数为 0.721，意味着人力资本水平的提升对乡村振兴起到积极的推动作用，人才的加持有助于促进产业发展、提升生活水平，从而推动乡村振兴，同时，人才的发展能够推进乡村数字化转型，进一步促进乡村振兴；产业发展的回归系数为 -0.577，表示该县的产业发展对乡村振兴可能具有一定的抑制作用，这可能涉及产业结构的调整、市场需求的变化等方面，需要进一步探讨。

三 文化产业赋能乡村振兴的促进机制分析

文化产业的赋能作用在乡村振兴中越发凸显，它不仅推动了经济的增长，还促进了社会和文化的发展。通过对文化赋能乡村振兴的影响因素进行分析，深入探讨文化产业赋能乡村振兴的促进机制（见图 1）。

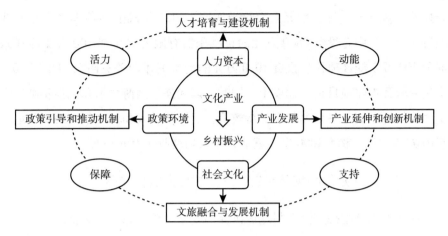

图1　文化产业赋能乡村振兴的促进机制

（一）政策引导和推动机制，为乡村振兴提供保障

政府的政策支持为文化产业在乡村振兴中发挥作用提供了坚实保障，促进了乡村经济的多元化和可持续发展，政府针对文化企业给予一定的税收减免或优惠政策，以降低其运营成本，鼓励更多的企业进入该领域。2022年，河北省文化和旅游厅积极行动，响应国家《关于推动文化产业赋能乡村振兴的意见》，第一时间会同省教育厅、省自然资源厅、省农业农村厅、省乡村振兴局、国家开发银行河北省分行，深入研究，多方征求意见，联合印发实施了《关于推动文化产业赋能乡村振兴的实施方案》。在此基础上，河北省文化和旅游厅积极引导各类文化市场主体参与乡村振兴，加强开发性金融服务保障。在京津冀"文化产业赋能乡村振兴"工作推进活动中，国家开发银行河北省分行、中国农业发展银行河北省分行、中国农业银行河北省分行、中国建设银行河北省分行共安排总规模1000亿元资金支持，促进项目落地实施。

武强县制定出台了《武强县扶持乐器产业若干措施》，在文化项目建设的项目用地、资金扶持等方面提出了优惠政策。由县财政出资500万元设立"乐器文化产业发展专项基金"，在乐器特色产业的产品研发以及新材料、新技术、新工艺、新产品等方面给予扶持。2023 年武强县共谋划文化产业项目 5 个，其中总投资 8800 万元的正欧乐器有限公司年产 100 万支西洋乐器和 500 万个配件项目、投资 1000 万元的衡水英才印务有限公司年产 5000支包装软管扩建项目正在建设中。同时，以武强年画博物馆和武强年画研究学会为依托，制定一系列鼓励支持政策，引导传承人和村庄创办书画基地和年画坊 126 家，带动 4000 余人就业，年人均增收 2 万元左右。

（二）产业延伸和创新机制，为乡村振兴提供动能

河北省充分挖掘广大乡村地区沉淀的多元文化资源，以文化产业促进乡村资源的保护利用，全面赋能乡村振兴。一是通过挖掘乡村文化，设计文创产品和旅游商品，打造一批具有乡土文化特点的传统工艺产品和品牌。二是结合当地乡土文化开展一系列文化活动，如反映创新发展理念的新时代农村题材话剧《青松岭的好日子》、"走进太行——艺术点亮乡村"全国美术家写生采风创作展览等活动。三是与相关机构通力配合，共同推进河北省文化产业建设等项目合作，河北省建设了非遗工坊 572 家，设立了 8 个省级传统工艺工作站、10 个省级非遗助力乡村振兴试点，把非遗文化优势转化为乡村产业发展优势；河北省与阿里巴巴集团开展数字文化乡村建设合作，以县域为单位，开展数字文化乡村建设，开发虚拟文化产品和沉浸式体验项目，带动乡村文化传播、展示和消费。

武强县依托乐器生产历史，进行了民居改造、环城水系、绿化美化等提升工程，建成了水乐方、音乐体验中心、世界乐器博物馆等关键文化旅游项目，成功打造了周窝音乐小镇文旅综合体。创新业态包括乐器制作体验游、乐器演奏体验游、北方民居体验游以及特色小镇体验游，延伸乐器产业链条，助力乡村特色优势资源资本化，发挥乡村产业"造血"功能。按照"保护与发展并举、传承与创新并重"的理念，充分利用武强年画这一独特文化资源，在保护和传承的同时，致力于文化惠民和产业发展。投资 3000多万元对武强年画博物馆进行扩建和改陈，成功保护了 2000 多块年画古版和 4000 多件年画资料，使武强年画博物馆成为全球规模最大、藏品最丰富

的多功能年画专题博物馆。通过与高校合作推动年画创意提升，开发了 20 多个系列、100 多个品种的文创产品，如年画餐具、画乡精酿啤酒、轴画等，不仅畅销全国，也在国际市场取得成功，为武强县创造了近千万元的直接经济效益。

（三）文旅融合与发展机制，为乡村振兴提供支持

河北省通过文化与旅游的融合发展，抢抓京津冀协同发展、雄安新区建设等重大机遇，实施燕赵文旅品牌创建行动，面向京津精准定位消费群体，精心打造京张体育文化旅游带等"五带"，着力建设文旅融合、全域全季的旅游强省，从而带动乡村振兴可持续发展。现阶段，河北省已经开展了两批文化产业赋能乡村振兴的创建工作，其中，试点县两批共计 32 个、特色村镇共 73 个、示范单位共 49 家、重点项目共 35 个、实践基地共 43 个、典型案例共 43 个。

武强县以本地优势文化产业为基础，通过全域旅游创建，积极培育新业态和新模式。首先，构建全域旅游工作格局，武强县确定了"一城四轴三区多点"的全域旅游发展格局，并投入近 30 亿元完成了一系列重点旅游项目，如县游客中心、音乐小镇等。其次，为优化全域旅游发展环境，县政府颁布了一系列政策文件，强化政府引导和市场运作，投资 1.5 亿元对硬件和软件进行全方位提升，包括旅游厕所改造、停车场建设、民宿升级、城际公交运营投入等。最后，武强县积极探索旅游服务新业态，以"吃住行游购娱"六要素为核心，推进从"景点旅游"向"全域旅游"的模式转变。以"旅游+文化"为例，依托周窝音乐小镇，大力发展休闲体验游和研学游，累计接待游客超百万人，带动周边农户通过开设民宿、咖啡馆、美食店等直接受益。通过"旅游+农业""旅游+工业"等方式，武强县成功打造了一系列旅游服务项目，如农家乐、生态采摘园、工业旅游景区等，为实现全域旅游目标提供了有力支持。

（四）人才培育与建设机制，为乡村振兴提供活力

河北省通过农业科技人才支持计划，加大对乡村产业带头人的培养力

度，建立科技特派员制度，实施乡村产业振兴带头人培育"头雁"项目，完善了人才培育与建设机制。在此过程中，对河北省的合作社负责人、企业负责人等7类产业带头人进行培训，为河北省乡村培育出乡村产业带头人5000人左右，着力打造引领力、支撑力、带动力强的乡村振兴骨干力量，促进小农户和现代农业发展有机衔接，为乡村振兴提供活力。

武强县也在不断探索人才培育机制。如武强县不断培训壮大人才队伍，截至2023年第三季度，累计培训1000多人，带动年画刻板、印刷和销售体系的补充与完善，开发了一系列文创产品。周窝音乐小镇在成立集各方利益于一体的中介组织——周窝音乐小镇景区管理委员会的基础上，创新社区参与机制，创建学校对当地农民进行培训，提高其受教育水平，增加就业，实现可持续发展。

四　存在的问题

（一）政策落地性有待增强，社区增权有待进一步提升

目前，从国家层面和省级层面，除五大部门联合颁布的实施办法和方案外，文化产业促进乡村振兴的政策文件还比较少，且人才、资金、技术等方面的政策存在落地性不足的现象。如政府出台了财政补贴、信贷支持等政策，但在实际操作中，乡村地区的经济基础相对薄弱，金融机构对风险的担忧和融资成本的提高，导致初创文化企业面临融资困难的情况，特别是对于初创企业和个体创业者而言，融资难、融资贵是制约其发展的重要因素。这一问题不仅制约了文化产业在乡村的良性发展，也对乡村内源性的创新活动产生了不容忽视的影响。同时，社区参与决策、开发、规划、管理、监督等发展过程少，在赋能过程中没有充分考虑社区的意见和需要，社区对开发与发展中的控制权缺乏，社区在推动乡村振兴中的重要性没有被充分认识，多数人认为社区参与决策对于其他利益相关者来说是一种障碍，社区居民在某种程度上拥有了经济利益的分享权，但被动参与多于主动行动。

（二）文化产业规模相对较小，产业融合创新有待加强

在文化产业赋能乡村振兴的过程中，虽然存在一定的发展优势，但仍然面临可持续发展的问题。一是很多文化资源处在沉睡状态，文化内涵挖掘不够，不能实现有效转化。二是现代化文化产业体系尚未形成，一些乡村地区文化产业的发展仍然过于依赖传统的手工艺，文化产业规模相对较小，结构有待进一步优化。三是文化产业与农业、农村发展的深度融合不足，乡村产业基础薄弱，信息共享机制和创新链等没有形成，集群效应有待进一步发挥，对乡村振兴的拉动有待进一步加强。

（三）人才短缺，当地居民收益有待提升

长期以来，文化产业从业人员具有其特殊性，人才短缺一直是阻碍文化产业发展的难题，也是制约文化产业赋能乡村振兴的内源性问题。一是人才队伍缺乏，文化遗产或文化资源因其市场化程度不高，造成就业人员的从业意愿低；目前乡村留守人口的老弱化问题突出，尽管主观上有参与意愿，但因缺乏相关的知识和技能而无法参与。二是文化遗产或文化资源传承活化对从业人员要求比较高，培训覆盖率不高，造成参与能力不足，尤其是低收入群体不能有效享受文化产业赋能乡村振兴的发展红利。三是文化产业赋能乡村振兴过程中能为当地居民提供的岗位，除服务员、售货员、保安等岗位外，其他岗位较少。同时，人力资本、自然资本、物质资本、金融资本和社会资本不足，导致乡村本地人的内生能力不强。

（四）文化产业重视经济收益，乡村振兴一体化考虑不足

文化产业赋能乡村振兴过程中，一是侧重于经济收益，而忽视对生态环境、乡风文明、乡村治理，最终共同富裕的一体化考虑；二是本地生态环境资源建设有待加强，外来文化产业资源与本地文化、传统之间的关联程度较低，本地与外来人员、企业共同管理并促进乡村振兴的能力不足；三是作为

一个社会群落，基于乡村价值观及生产生活方式的文化体系建设、乡村文化交流机制构建等方面，还没有纳入建设的视野范围，乡村振兴的可持续发展乃至社区融合发展没有受到重视和关注。

五 对策与建议

（一）加强政策支持，引导社区参与增权

政府在支持文化产业赋能乡村振兴方面有必要进一步加强政策支持，制订更具针对性的扶持政策，营造有利于文化产业发展的环境。既要在制订"自上而下"政策的基础上，提供资金、土地和基础设施等资源支持；也要关注文化 IP 的制度化保护，制订引导社区参与的增权政策，支持文化产业赋能乡村振兴中的社区化、民主化、规范化发展。一是应加大资金支持力度，通过设立专项资金、提供低息贷款等方式，为文化产业赋能乡村振兴提供更充足的资金保障。二是通过税收优惠政策降低文化产业相关企业的税收负担，激发其创新和发展活力。此外，灵活运用土地政策，为文化产业创业者提供更为便利的用地条件，促使其更好地实施项目。三是以乡村资源所依托的无形和有形事物为载体制订引导社区参与的增权政策，重点事项和财务信息要公开透明，村委会、村支部、党员代表大会和村民代表大会都要参与进来，进行表决和监督，激发村民在乡村振兴过程中的话语表达和自身智慧发挥，增强村民集体和个人的尊严感、效能感和地方认同感。社区参与甚至社区主导的乡村振兴更有助于提高乡村地区的生计水平，促进社区收益能力提升和收益机会增加，为实现效益本地化提供保障，最终实现经济、社会和环境效益多赢。

（二）健全现代乡村文化产业体系，促进产业协同发展

乡村振兴的首要目标是产业振兴，产业的本地化是其中的关键。一是

挖掘乡村各类文化资源，强化能人主动性和村集体实力，培育市场主体，构建社区主导的内生式开发模式和机制，为乡村文化产业发展奠定资源基础和组织基础。二是延伸文化产业链条，文化产业有其特殊性，文化产品包括虚拟的文化服务性产品和实体产品，文化服务与互联网之间有天然的适应性，利用互联网技术进行文化产品的生产、流通和销售服务，把技术、创意和数据等创新要素渗透至文化生产的各个环节中，实现数字经济下的文化产业赋能乡村振兴的高质量发展模式。三是提升文化产品的商品化水平，促进文化产业与农业、旅游业等产业的协同发展，促进文创和文农旅深度融合，创新乡村文化业态，建立完整的乡村产业链。四是注重产业集群和文化产业示范园区的建设，提升其发展能级，促进各类资源在空间上集聚，实现各产业节点间的有效互动和资源共享，实现创造性转化和创新性发展。

（三）加大人才培养力度，激发乡村振兴的内生动力

人才培养和流入是乡村振兴的关键，乡村文化产品的创新、生态环境的改善、乡风文明的建设、乡村治理的有效受乡村人才文化水平和专业技能水平的影响，对此，只有创新人才培训、吸引制度，才能打破这一发展瓶颈。一是通过培训提升从业人员的素质，实施零距离乡村文化产业发展辅导工程，把辅导站直接设在农家小院。二是政府可以通过制定更加灵活的人才政策，提供更有吸引力的激励措施，吸引有乡村情结的城市人口到乡村居住或投身乡村文化产业。示范和引领专业人才回到乡村创业，激发他们在文化产业领域的创新潜力，同时要注重培养具备跨领域、多元化技能的人才，使其能够更好地适应文化产业发展的复杂需求。三是建立政府、学校合作机制，在重点市县职教中心、职业高中、大专院校推动设立乡村旅游创业服务专业，建立乡村旅游企业孵化中心，以市场化方式提供专业知识课程教育、创业指导、就业咨询、创业贷款一条龙服务，一站式解决培训成本高、乡村人员技能低和就业难的问题，为乡村文化产业的蓬勃发展注入新的动力。

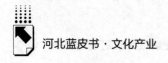

（四）构建共享收益机制，推动乡村振兴一体化建设

在文化产业赋能乡村振兴的过程中，会涉及多个利益相关者，如政府、农民、企业、其他社会组织，需通过合作社或者公司平台实现共建共赢。一是从利益相关者的角度分析，提升本地与外来人员、企业共同管理并促进乡村振兴的能力，让村民们共享乡村振兴成果，将优势项目股份化、文化资源资产化，让当地居民入股享受收益，实现"家家有生意，人人能就业"，实现文化产业收益本地化。二是在生态环境和文化环境方面，提升外来文化产业资源与本地文化、传统之间的关联度。三是构建乡村治理模式，对乡村治理等方面进行一体化建设，最终实现主客共享、发展共建、产品共创、市场共治和成果共享。

参考文献

周舟、赵兴云：《乡村振兴视域下乡村文化产业高质量发展的困境与路径——以黔西南州为例》，《智慧农业导刊》2023 年第 23 期。

刘浩、孔少华：《乡村振兴背景下山东文化发展与乡村经济的关系研究》，《边疆经济与文化》2023 年第 12 期。

侯麟军、张宁：《民族地区乡村文化振兴的实践、困境及路径优化：基于广西壮族自治区融水苗族自治县的考察》，《长江师范学院学报》2023 年第 6 期。

王国杨：《做强农村文化产业　赋能乡村振兴》，《文化产业》2023 年第 32 期。

韩晓贺、刘玥、毕雪蒙等：《新时代乡村人才培养与乡村振兴的协调发展》，《人才资源开发》2023 年第 22 期。

申淑征：《马克思主义理论视域下乡村文化振兴实践路径探析》，《农业经济》2023 年第 11 期。

康霜：《乡村振兴视角下传承发展乡土文化的路径探究》，《西部财会》2023 年第 11 期。

白翠玲、杨建朝、文征：《河北省旅游扶贫体制机制研究》，地质出版社，2020。

李书琴、胡慧源：《市场分割如何影响文化产业结构升级——基于资本、创新和劳动力要素的分析》，《文化产业研究》2023 年第 1 期。

韩晗：《从"双循环"到全国统一大市场：我国文化产业高质量发展的前提、原则与路径》，《东岳论丛》2023 年第 1 期。

祁述裕、闫烁：《数字时代文化产业治理新特点与繁荣文化产业新思路》，《山东大学学报》（哲学社会科学版）2024 年第 1 期。

李燕琴、崔佳奇、施佳伟：《IRT 框架视域下的中国旅游减贫特征与模式》，《资源科学》2023 年第 2 期。

周汝波：《文化创意产业园的空间演化及发展策略——以广州市为例的实证研究》，《决策与信息》2024 年第 1 期。

杨开新：《文化产业赋能乡村振兴》，《经济日报》2023 年 12 月 12 日，第 008 版。

《文化产业助推乡村振兴的优化路径》，《大庆社会科学》2023 年第 6 期。

韩钟毅、卢思宇：《河北省文创产业园区发展对策研究》，《商展经济》2023 年第 17 期。

张义杰：《大力推动文化和旅游强省建设》，《共产党员》（河北）2022 年第 14 期。

史晓多：《文化产业赋能乡村振兴走出"好路子"》，《河北日报》2023 年 4 月 4 日，第 008 版。

B.16
大好河山·冰雪之约：推进张家口文旅跨越发展[*]

张祖群　卢成钢　李潘一[**]

摘　要： 张家口历史文脉与非遗谱系是文旅发展的历史基础，对张家口游客游记的爬虫分析可以反映当地文旅发展的热度与问题。基于张家口文旅发展问题与政策推进，凝练"大好河山·冰雪之约"张家口城市旅游形象，打造四大旅游品牌，构成八类旅游产品谱系，形成"两核立地标、三廊串精品、四区建产业"的文旅发展思路。对此，要实现张家口文旅跨越发展，需要采取六大措施：加强大境门文化遗产活化、塑造与巩固冰雪旅游品牌、延伸独具特色冰雪旅游产业链、积极发展民俗文化产业、激活饮食文化旅游产业、挖掘军事旅游和红色旅游资源。

关键词： 大好河山　冰雪之约　文脉　旅游品牌　张家口

---

[*] 基金项目：中国高等教育学会"2022年度高等教育科学研究规划课题"重点项目"基于文化遗产的通识教育'双向'实施途径"（22SZJY0214）、教育部学位与研究生教育发展中心2023年度主题案例"中华优秀传统文化的文化基因识别与文创设计"（ZT-231000717）、世界中餐业联合会2024年度重点课题"中华饮食文化：遗产名录、属性特征及文明互鉴"（WFCCI—2024—KT006）、工业和信息化部2024年软课题"统筹推进新型工业化和新型城镇化的路径和机制研究"（GXZK2024-01）、2024年北京理工大学"研究生教育培养综合改革"课程建设专项教学案例"从公约认知到文明互鉴——文化遗产创新设计案例"。

[**] 张祖群，中国科学院博士后，北京理工大学设计与艺术学院文化遗产系高级工程师、硕士生导师，研究方向为文化遗产旅游、文化遗产与艺术设计等；卢成钢，北京理工大学设计与艺术学院文化遗产系2021级硕士生，研究方向为文化遗产与艺术设计等；李潘一，北京理工大学设计与艺术学院2023级硕士生，研究方向为文化遗产与艺术设计等。卢成钢与李潘一对本文学术贡献一样，为并列第二作者。

一 基本文脉

（一）张家口基本文脉

1. 历史文脉

张家口历史悠久。是农牧交错带的中华优秀传统文化缩影。距今9000~7000年左右张家口兴隆遗址就孕育了早期居民的冰雪文明。从战国到明代，这片土地上留下了八个朝代的遗迹，包括夯土型、石垒型、砖砌型等各种类型的建筑，展示了不同历史时期的建筑风格和工艺。作为明代九边重镇宣府镇的管辖地，张家堡镇在历史上扮演着重要的角色。上堡和下堡之间相隔五华里，下堡的建立较早，上堡则是为了促进茶马古道交易而修建的。下堡如今作为明清时期古建筑的博物馆，如祥发永帐局等向人们展示了古代建筑的魅力与历史的厚重。

随着京张铁路的兴建，张家口在明末清初迎来了交通工具的变革，从骆驼、马逐渐演变为火车汽车。这一变化极大加速了该地区的经济变革，形成了以工业遗迹为主的老火车公园。这个公园不仅是历史的见证，更是地区经济发展的象征。张家口在抗日战争早期（1931~1937年）发挥了重要的作用，1933年方振武等人在张家口成立了察哈尔民众抗日同盟军。中苏关系恶化之后，张家口成为军事最前沿城市，留下了大量反坦克军事设施。正因为如此，1981年的华北大阅兵选择在张家口举行，成为我国建军史上最大规模的华北大阅兵之一。华北大阅兵是中国人民解放军的一次重要军事活动，旨在展示中国军队的威慑力和中国的军事实力。这次阅兵不仅展示了中国军队的装备水平和作战能力，还向世界证明了中国军队坚决维护国家安全和世界和平的决心。华北大阅兵的成功举办，不仅展示了中国军队的军事实力，也为张家口带来了更多的旅游业发展机遇。这一历史事件成为张家口的一张名片，吸引了众多游客前来探索和了解本地的红色历史。

2. 非遗谱系

张家口拥有丰富多样的民俗文化谱系。其中最具代表性的就是二人台艺术。二人台是流行于张家口及周边地区的一种民间戏曲形式。起初以场对子、小叫门为开场戏，演员通过摸帽戏的形式扮演多种角色，展示歌舞、说唱等表演形态。随着时间推移，二人台逐渐演化为扮演固定角色的民间小戏。伴奏乐器有枚（笛子）、四胡、扬琴等，道具有扇子、手绢等。在吸收了晋剧、梆子声腔、秧歌戏等优点的基础上，张家口二人台形成了独特的艺术个性，创作出《走西口》《回关南》等经典剧目。新编二人台小戏和吹奏乐《巧送钱》《父子争权》等也非常受欢迎。2006年，二人台被列入第一批国家级非物质文化遗产名录。

蔚县秧歌是中国戏曲从民歌体转入板腔体的重要转型，对北方戏曲发展产生了深远影响。2008年，蔚县秧歌被列入第一批国家级非物质文化遗产名录。据史书记载，蔚县剪纸始于清朝道光年间，迄今已有150多年的历史。① 蔚县剪纸以宣纸为原料，以刻制为主，以精细的刀工和绚丽的色彩而著称，戏曲人物、鸟虫鱼兽等题材广泛，观赏性、收藏性和实用性兼具。蔚县剪纸2006年入选第一批国家非物质文化遗产名录，2009年入选联合国教科文组织"人类非物质文化遗产代表作名录"。

张家口的民俗文化文脉丰富多样，具有重要的历史文化价值，丰富了当地的艺术表演形式与民众文化生活。截至2023年，张家口有1项人类非物质文化遗产代表作名录（蔚县剪纸）、27处国家级物质文化遗产名录、百余项河北省省级非物质文化遗产名录，还公布了7批张家口市级非物质文化遗产名录。它们共同构成了张家口多元荟萃的非遗谱系。

（二）对张家口游客游记的爬虫分析

截至2023年9月10日，利用网络爬虫技术爬取了携程网中关于张家口

---

① 《蔚县剪纸》，张家口市文化广电和旅游局网站，2022年6月21日，http://whgdly.zjk. gov.cn/single/591/171360.html。

的游客游记，共检索到 412 篇，得到 76 万行文本。针对这些数据进行词频分析，得到词云图（见图 1）。

图 1　张家口游客游记的词云

游记中涉及的高频词语包括"草原""天路""历史""建筑"等。来张家口的游客更关注其历史文化、建筑文脉、景区酒店设施、景观体验等。张家口拥有自然风光、历史遗迹和民俗文化等多种类型的旅游资源。如崇礼区作为 2022 年北京冬奥会的分会场，冰雪运动设施非常完备，适合冬季运动。此外，还有草原天路、大境门、官厅水库等优美的自然风光和丰富的历史文化资源。张家口属于温带季风气候，四季分明，夏季凉爽，冬季寒冷干燥，气候条件良好，是理想的夏季避暑和冬季滑雪胜地。

自北京—张家口高速公路开通之后，京新高速、京藏高速、海张高速、首都环线高速等使张家口成为冀北地区高速路网的重要枢纽。张涿高速与北京市国道 G109 新线高速连通工程项目正全力加速建设中，京张高铁、张呼高铁、张大高铁的开通，在张家口形成"人"字形高铁网，使来往北京、天津和其他地方的交通更加便利。

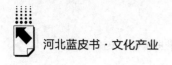

二 张家口文游发展存在的问题与发展的思路

（一）存在的问题

一是部分优质资源没有转化成高品质产品，资源品级与产品品位不对等，产品影响力和辐射带动力弱。毫无疑问，张家口有丰富的旅游资源供给，但相较于其他一线旅游城市，尚有一定差距。二是旅游产品时序形成淡旺季差异明显。受气候的影响，冬季和夏季是张家口旅游的高峰期，春秋两季，相关旅游活动与项目有所减少。全年呈现春季（淡季）、夏季（高峰）、秋季（平淡）、冬季（高峰）的时序，相关旅游服务与接待时序不均衡。三是文化旅游产业基础较为薄弱，尚处于培育壮大阶段，项目少、规模小、层次低，旅游设施与旅游服务有待提升。自身文化旅游品牌的形象地位不高，缺乏文化元素与旅游产业的高度融合。四是公共文化服务投入不足，服务效能发挥不够充分，在建设标准、基层文化队伍综合素质、设施管理水平等方面都有待进一步提升。五是京张一体化进程加快，但张家口在基础设施与公共服务、政策创新、产业升级、服务质量等方面问题突出，与北京相比仍有较大差距。六是在数字科技发展大形势下，创新发展的支撑不强，在产品供给、公共服务设施建设、宣传营销、市场管理等方面亟待科技赋能。

（二）发展的思路

张家口历史悠久，文化底蕴深厚，是多种生产生活方式碰撞、文化交融的地带。如何让更多人了解张家口的历史文化和自然景观，想来此旅游、能来此旅游，并在旅游后不想走，成为值得深入思考的问题。"十四五"期间，张家口文化和旅游发展处于前所未有的战略机遇期。要始终贯彻新发展理念，主动适应新形势、新阶段、新格局、新变化，以创新发展催生新动能，以深化改革激发新活力，聚力推动张家口文化事业繁荣兴盛、文化产业跨越赶超和旅游产业提质升级，努力开创文化和旅游高质量发展新局面。

首先，张家口可以借助政策优势，在京张协同发展形成新格局的基础上，持续深化京张合作，全面履行好张家口市人民政府与北京市文化和旅游局签署的《共建京张体育文化旅游带战略合作协议》。张家口与北京合作举办赛事活动 50 余次，开通运营北京至崇礼高铁赛事专列和 4 条京张旅游专线。怀来县、涿鹿县与北京门头沟区成立京西旅游联盟，加快构建"京西旅游生态圈"。

其次，赛后场馆利用展现新图景。张家口与北京的门头沟、海淀、延庆等 7 个区签署了后奥运场馆利用、品牌赛事打造、深化国际交流等方面的合作协议，加快推进对标北京核心客源地的赛后场馆利用。做好高水平专业赛事的申办承办工作，持续办好张家口城市联赛等赛事活动，承接专业运动队到场馆开展训练活动。

再次，重点项目建设实现新突破。依托宣化区和高新区 2 个冰雪产业园，累计落地 106 个冰雪装备研发制造、冰雪文化旅游项目，投产运营 66 个项目，初步构建起冰雪产业全链条发展体系。

最后，文旅—体育融合发展迈出新步伐。推出冬奥冰雪游、草原生态游、红色研学游等六大主题的 20 条文化旅游精品线路，崇礼区被评定为首批国家级滑雪旅游度假地。在强化公共基础支撑方面，持续推动京张两地实现交通互联互通、生态共建共享、产业协作互补。以国家风景道标准加快推进草原天路的改造提升，形成冀北最美国家风景道之一。

在旅游形象定位上张家口要把握"准"和"特"，即要突出张家口最有代表性的特质，这个特质必须是张家口所独有的、最能代表张家口的形象。张家口旅游目的地的形象定位实质是一个旅游资源凝练、旅游市场开拓、旅游个性发掘的过程。纵观张家口的旅游资源，无论是古遗址、古建筑、古戏楼还是民俗节庆、工艺剪纸，无不透露出浓郁的文化气息，这些优势的文化资源为张家口文化旅游发展奠定了坚实基础，文化旅游的属性非常明显。从旅游消费者的角度考量，随着文明的不断推进，旅游者去旅游目的地考虑的不仅仅是自然环境优良与否，同时更期待一种难忘的旅游体验。结合张家口的实际，文化旅游产业发展恰恰是对旅游者深刻体验需求的迎合。

结合环京津旅游圈的环境，张家口大境门门楣上的"大好河山"无疑是张家口旅游品牌定位第一核心。因为冬奥带动，大量的冬奥场馆、接待设施、配套基础设施、冰雪景区等，成为张家口延续后奥运经济，发展冰雪旅游、体育旅游的重要支撑。因此，凝练"大好河山·冰雪之约"张家口城市旅游形象，打造"滑雪""草原""红色文化""长城文化"等旅游品牌，形成冬奥、冰雪、避暑、户外、演艺、民俗、红色、节庆八类旅游产品谱系。

三 推进张家口文旅跨越发展的对策建议

（一）加强大境门文化遗产活化

大境门是张家口的重要历史遗迹，也是中国长城的重要组成部分。然而，由于自然灾害和时间的侵蚀，大境门的城墙和城台出现了安全隐患。为了修复和保护这一重要文化遗产，张家口启动了大境门修缮工程。2012年8月，由于遭遇连续强降雨，张家口大境门西段约36米长城墙体发生沉陷性坍塌，大境门城台及大境门至西太平山整段约73延米长城均存在一定程度的安全隐患。后启动抢险修复工程。2020年8月30日至2021年10月30日，进一步启动了大境门改建工程。用地面积为99651.1平方米，建筑面积为49781.75平方米，总投资额为8.044亿元。① 改建内容包括：修缮三庙及城墙，新建仿古文化步行街，新建仿古文化区，新建配套基础设施，新建游客服务中心，修建大境门广场，铺设相应的管线，实施景区景观绿化升级亮化工程，等等。通过这次修缮工程，大境门焕发新的生机和活力。在未来，大境门将成为张家口的一张亮丽名片，为城市的发展增添新的动力。

大境门作为中国北方重要的军事建筑，其价值不言而喻。它不仅体现了明清时期由防御北方游牧民族到蒙汉和平互市的转变，是中国多民族共同发

---

① 数据来源于张家口资讯网。

展、中华一家亲的典范；更象征着近代以来中华民族誓死捍卫主权和领土完整、不向日本帝国主义投降的民族气节。作为我国万里长城的要塞，张家口大境门历史中蕴含着浓厚的红色文化内涵，是中华民族不屈不挠、前赴后继的最好历史见证。时至今日，出京前往塞北，仍能经过张家口北部的城防遗迹。只有了解历史，才能感受到文化遗产背后的魅力。文化遗产承载着历史文脉。军事遗产旅游展示的不仅是当年战争的残酷，更警醒我们勿忘国耻，砥砺奋进，为实现祖国的强国梦、强军梦不懈奋斗。

作为万里长城的礼宾门、冬奥城市的"会客厅"，大境门—西太平山旅游门户区毫无疑问是张家口第一 IP。持续性进行大境门整体统筹规划，形成大境门—西太平山旅游门户区（一期为大境门长城段、明德口街、来远堡遗址公园 16.8 万平方米，二期为大境门长城文化创意园区 6.7 万平方米）、西太平山龙脊绿野长城郊野公园、生态示范区（四期）、西郊绿谷生态度假（五期）、东太平山山地公园（六期）的发展时序与宏大格局。在修缮长城本体基础上，通过大境门亮化、绿化、美化、彩化工程，形成长城本体参观瞻仰、民宿风情体验、多种文化创意体验等。以明德口街为中心形成四大文化展示空间、特色餐饮消费空间、休闲娱乐体验空间、精品民宿体验空间。明德口街的四大文化展示空间分别是蔚花园·元宇宙乐园、长安牧人、司木集、苏酶咖啡，已经入驻 34 家知名品牌。开展古城遗址寻踪、非遗鉴赏、美食品尝、民俗体验、民宿休憩、夜间巡游、文化演出、中小学遗产旅游研学等多种活动。

（二）塑造与巩固冰雪旅游品牌

任何旅游文化品牌的形成都是建立在综合考量旅游目的地资源、对标主要客源市场的基础之上的，对所辖区域内的旅游资源进行分析、评价，并且将品牌建设投入旅游市场进行检验和总结。对张家口"大好河山·冰雪之约"文化旅游形象进行综合定位，结合旅游形象设计中的文化内涵，在张家口文化旅游品牌塑造中，以文化要素为支撑，设计和开发多维度的旅游产品，提供温馨、细致、周到的旅游服务，将张家口多元文化要素精髓、独特文化体验传达给旅游者。

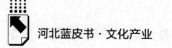

　　张家口具备丰富的冰雪资源和冬奥发展机遇，有望成为独具特色冰雪旅游产业链的生态旅游目的地。借助"冬奥概念"品牌，张家口有望在国际市场上崭露头角。以崇礼滑雪为例，以全球一体化的眼光审视崇礼滑雪的不足，对标世界顶级的滑雪旅游区品牌，进一步完善配套设施，加快张家口滑雪基地建设的步伐，向世界推介中国张家口（崇礼）国际滑雪节，使之成为东亚乃至世界级滑雪品牌。充分利用冬奥契机与后奥运效应，推动冰雪旅游产业高质量发展，提升张家口在国内外的知名度和影响力。

　　在加速品牌推广方面，鼓励新媒体达人在抖音、小红书、微博等平台对张家口进行宣传。做好旅游旺季和文旅活动举办季的各项工作，深化与世界冬奥会举办城市的联盟与长期合作，联合开展冬奥主题活动、后冬奥持续运营，推出特色国际旅游线路，扩大国际旅游市场。

　　冰雪旅游是张家口的一张闪亮名片，也是推动地方经济发展和增加居民收入的重要驱动力。张家口将继续发挥冰雪资源的优势，不断创新冰雪旅游产品和提升服务质量，为游客提供更好的旅游体验，助力河北冰雪旅游产业的可持续发展。同时，也期待更多的人加入冰雪旅游的行列，共同感受冰雪带来的乐趣。

（三）延伸独具特色冰雪旅游产业链

　　崇礼滑雪旅游的资源优势与区位优势十分明显，地理位置十分优越，产品特点十分鲜明。要不断巩固崇礼滑雪旅游的龙头地位：对外加大宣传力度，扩大品牌知名度；对内加强基础设施建设，不断完善、优化与滑雪旅游相关的服务系统，将滑雪旅游做大、做强。要把滑雪旅游做精、做细，开发与滑雪相关的各种旅游项目，实现从单一滑雪到多项复合，本文提出以下具体措施。

1. 加强后奥运时代场馆利用

　　为充分利用冬奥场馆，张家口以举办丰富多彩的体育赛事和运动休闲活动为抓手，实现月月有活动、季季有比赛，让冬奥场馆的利用"活"起来。通过举办各类赛事活动，张家口成功将冬奥遗产转化为经济增长动力。以国家冬季两项中心场馆为例，冬季保留了原有场馆的赛事功能，为国家队、省队运动员提供冬季两项滑雪和越野滑雪训练场地；夏季则将其改造成露营广场、青少年拓展区域、文艺表演场地以及多功能运动场地等。以国家跳台滑雪中心为例，张家口奥体体育文化有限公司接手该中心的运营和管理之后，大力推动场馆由专业型向服务大众型转变，这里白天有飞盘、攀岩等文体活动，晚上有灯光秀、乐队表演等演出。游客可以在国家跳台滑雪中心的"雪如意"的"柄首"顶峰俱乐部体验一览众山小的感觉，并通过展览墙了解场馆建设历程和回顾北京冬奥盛况。除此之外，张家口有序推进专业赛事、品牌赛事、城市联赛、群众小规模赛事等的举办，不仅提高了张家口的影响力，而且吃住行游购娱等消费行为促进了地方经济的发展。例如，2023年7月初举行的2023崇礼168超级越野赛，共设9条赛道、14个组别，吸引了9000多名选手参赛，多数赛道经过国家跳台滑雪中心、万龙滑雪场、太舞滑雪场等崇礼地标。选手们在山峦间尽情奔跑，感受崇礼小城夏季的独特魅力。目前，张家口利用冬奥场馆及周边资源举办各类赛事114项、近2000场次，承接了21支国家和省市专业运动队驻训。利用冬奥遗产，承办和举办了国家级雪上项目专业赛事12项，并取得了良好的效果。张家口不断健全冬奥场馆后续利用和运营机制，完善场馆配套设施，提升体育赛事牵引能力，大力发展赛事经济、会展经济、研学经济，实现冬奥场馆的四季运营，努力打造集高端赛事、专业训练、科研培训、大众参与于一体的世界级冰雪运动基地。

2. 加大场馆设施供给

冰雪运动发展，场馆设施是基础。张家口将加强冰雪场馆设施建设作为基础性工程重点推进。张家口全市共建成万龙、云顶、太舞等大型滑雪场10家，194条高、中、初级各类雪道，总长度超过185.4公里；建成21个室内滑冰馆、6个越野滑雪场、31个群众娱雪场，实现各县（区）室内滑冰馆和群众娱雪场全覆盖。要充分借鉴国际知名滑雪旅游区的成功经验。根据游客持续增长态势，在张家口现有的9个滑雪场的基础上，扩大已有滑雪场规模，修整、改善旧滑雪场，适当建设新滑雪场。通过一系列的综合措施形成规模效应，优化旅游产业结构，形成配置合理的冰雪设施与服务体系。扩展多元化的主题模式，构成主题丰富的滑雪场体系，让张家口成为京津冀地区乃至全国滑雪发烧友的第一选择。

3. 拓展四季皆宜的旅游产品与服务

针对张家口的冬夏旺季与春秋淡季的交错时序，巩固冬季冰雪运动谱系，拓展其他季节户外休闲运动谱系。在冬季，要以滑雪为一项全民健身运动研发滑雪产品。不仅要举办高端专业赛事，为专业滑雪人士提供锻炼和交流的平台，还要开发堆雪人、滑雪板等大众娱乐项目，为群众提供更加丰富的休闲、娱乐、度假、健身活动。根据滑雪场的不同定位，将滑雪与观光、保健、度假等旅游活动结合起来，推出不同的冰雪游套餐，形成复合型旅游产品，满足不同类型游客的旅游需求。在夏季，崇礼区各大雪场纷纷转型推出各具特色的旅游项目，如草地露营、飞碟飞盘、滑草卡丁车、山地骑行等，逐步形成春赏花、夏避暑、秋观景、冬滑雪的四季旅游发展模式。

优化四季旅游服务。加强各滑雪场工作人员的业务培训，提升旅游服务的软实力。近期各个滑雪场之间还无法做到统一结算，不能向游客提供一票通服务。中期统筹各个滑雪场之间的综合发展，形成强大的张家口冰雪服务联盟，基于游客便利与滑雪场的差异化定位、个性化服务，推出张家口"滑雪一票通"，分散运营、统一结算。远期将张家口"滑雪一票通"升级为"智慧一票（ID）通"，整合张家口全年旅游景点与相关旅游设施，在吃住行游购娱多要素中实行便利出行、一卡（ID）结算。

4. 打造冰雪全产业链

随着冰雪消费的不断增长，张家口在冰雪产业的全产业链上进行布局，加快冰雪产业项目的集聚、融合与跨越发展。张家口规划并建设了高新区冰雪运动装备产业园和宣化区冰雪产业园，形成集研发、制造、检测和仓储于一体的冰雪装备产业完整基地。以卡宾滑雪装备制造有限公司为例，借助冬奥会的东风，加快造雪机国产化"智造"步伐，产品销往辽宁、甘肃、山西、宁夏等地的130多家雪场。冰雪经济所产生的红利持续释放，张家口逐步形成产业链完整、技术先进、特色鲜明的冰雪装备制造业产业体系。仅

2023年上半年，全市新签约冰雪产业项目12项，总投资28.01亿元，新落地项目和投产运营项目各13项。预计到2025年，全市冰雪产业规模将超600亿元。

5. 发展"五全"运动

在全力推进场馆利用方面，聚焦冬奥赛后场馆利用，发展全民全域全季全面全体育（"五全"）运动。坚持体育牵引、文化赋能、旅游带动，张家口吸引到越来越多的社会力量和资本加入后奥运经济赛道，丰富了全民健身公共服务产品供给，推动了体文旅产业链条日趋完整，满足了市民日益增长的多样化需求。为了进一步降低群众参与冰雪运动的门槛，张家口着力构建全方位、立体式的群众冰雪运动推广普及模式。通过"乐冰雪"智慧体育平台，采用"嵌入式"精准发放惠民补贴券的方式，提供不同冰雪旅游产品，以满足不同市民、不同游客的多元化需求。这些补贴券不仅能够补贴群众参与冰雪赛事的费用，还能够补贴场馆的使用费用，从而降低群众参与冰雪运动的消费成本。这种模式使冰雪运动更加普惠，让更多的人能够参与到冰雪运动中来。张家口构建全方位、立体式的群众冰雪运动推广普及模式，旨在推动冰雪运动的普及和发展，提高市民对冰雪运动的参与度。不仅改善与促进了全民健康，而且有效地推动了冰雪产业的发展，促进了冰雪旅游的繁荣。

6. 加强冰雪人才队伍建设

围绕冰雪项目进行人才队伍建设，延伸人才服务链条。在人才培养方面，张家口培养了近6000名冰雪项目社会体育指导员和校园辅导员，培养了近2200名裁判员和群众冰雪赛事活动组织人才，培训了超过3000人次的体育教师，旨在实现每个社区至少配备1名冰雪项目社会体育指导员、每名体育教师至少掌握1项冰雪运动技能的目标。这些措施为推动全民冰雪运动、全域冰雪旅游胜地、全面冰雪产业的高质量发展提供了强有力的人才保障。在北京冬奥会的带动和影响下，张家口掀起了全民"冰雪热"。张家口持续开展冰雪运动进校园、进企业、进机关等活动，积极开展集中培训和举办大众化、全季型体育赛事，进一步扩大参加冰雪运动的人口规模。全市目前冰雪运动人才充足，冰雪运动人才总量位居全省第一。通过人才队伍建

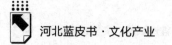

设，张家口提高了整体冰雪项目的专业水平和服务质量。培养出的专业人才既能够提供高、中、低水平的教学和多样化指导，也能够组织和承办各类冰雪赛事和活动。这将进一步推动冰雪运动在张家口的普及和发展，形成冰雪集群效应。

（四）积极发展民俗文化产业

张家口是一个多民族聚居地区，既形成了兼容并包的民族文化，也孕育了多姿多彩的民俗艺术。

1. 继承与发扬传统民俗文化

通过保护和传承民俗文化，张家口积极宣传和传播本地的历史文化，增强了人们对传统文化的认同感和自豪感。张家口在发展民宿文化、乡村旅游等方面采取了积极措施。通过展示田园风光和乡村生活，让游客欣赏到独特的乡村景观，并体验冀西北传统的婚丧嫁娶风俗。在大境门文化园区、张家口市博物馆等设立民俗风情体验区，引进国家级非物质文化遗产蔚县剪纸，并设立剪纸体验馆，让游客深入体验民俗民情。蔚县剪纸以阴刻为主的点彩剪纸工艺深受国内外游客喜爱。设立东口梆子、东路二人台、秧歌戏、拜灯山、曲长城木偶戏和竹林寺寺庙音乐等艺术展演区，展示张家口多样性的民间文艺。这些地方戏曲剧种和非物质文化遗产具有地域特色，传承久远，技艺精湛，是发展民俗文化旅游的重要资源。

通过发展乡村旅游和挖掘本地的民俗文化资源，张家口为游客提供了丰富多样的旅游体验。游客可以欣赏美丽的坝上坝下自然景观，体验独特的乡村生活方式，深入了解当地的民俗风情和传统艺术形式。参与式、休闲度假式、体验式乡村旅游不仅促进了文旅产业的综合发展，还为本地居民提供了增收机会，促进了乡村经济的繁荣。

2. 保护民俗文化的生命力和活力

由于城镇化进程的加速，许多优秀的民俗文化逐渐失去了赖以存活的文化土壤。这就需要政府制订相应的政策措施，加强对土地利用和城乡规划的监管，保留和适当改造特色乡村，保护传统村落和建筑，维护农民（牧民）

的生活方式和社区文化本色。开发利用民俗文化资源不仅仅是一场表演或是一场展览，还与人们的生产生活息息相关，要确保民俗文化资源的有效保护和有序传承。政府还应推进教育和宣传工作，提高公众对民俗文化的认知度和重视度。通过开展民俗文化教育活动、举办展览和演出、编撰相关的教材和读物等方式，向公众传递民俗文化的价值和意义，激发人们对传统文化的热爱和保护意识。

为加强对非物质文化遗产的传承保护，政府需要采取多维度的措施。首先，政府应投入更多的专项资金，用于非物质文化遗产的保护和传承工作。专项资金主要用于相关非遗项目的研究、保护、培训、宣传和推广，专款专用、特事特办，形成透明顺畅与有效的非遗保护利用资金使用制度。其次，政府应加大对非物质文化遗产的宣传力度，通过各种渠道和媒体向公众传播有效信息，提高人们对非物质文化遗产的认知度和重视度。再次，政府应强化基础教育与高等教育体系中的非物质文化遗产教育，让年轻一代了解和热爱自己的文化传统。通过开设"乡土张家口""张家口非遗""张家口文化遗产"等相关课程、举办讲座和开办培训班等方式，增强青少年对非物质文化遗产的传承意识。最后，政府应加强保护措施，出台更加精准、更加有针对性的文化遗产、非物质文化遗产法律法规，加强对非物质文化遗产的监管和保护。坚持"动静结合、绿色发展、树立品牌"的思路，采取多项立体化措施，推进非物质文化遗产的有效保护与良性传承，推动非物质文化遗产与文旅融合发展。

（五）激活饮食文化旅游产业

1.张家口特色的饮食文化

张家口拥有悠久的饮食文化历史，这种独特文化融合了多民族饮食的精华，形成了具有地方特色的饮食文化。该地既有马市口一窝丝饼、蔚州豆腐干、化稍营狗肉、三河小熏鸡、马市口烙饼、坝上莜面、宣化莜面窝、怀安豆腐皮、阳原圪渣饼、阳原黄糕等传统美食，也有奶茶、烤全羊、奶豆腐、张家口手把肉等体现草原风情的民族特色美食，还有口蘑、地皮菜、崇礼蕨菜等山珍野菜。此外，张家口当地还生产长城葡萄酒、三祖龙尊、沙城老窖、康保老窖、赤城宝典等名酒，以及塞北的莜麦酒和万全高庙的老烧酒等。宣化的牛奶葡萄、怀涿盆地的苹果、蔚县阳原的杏与杏扁等水果品种也丰富多样。

2. 促进饮食与文旅融合

可以将区域特色饮食和土特产品融入旅游文化品牌的认知与文旅产业的推进。游客在旅游过程中离不开"食"与"购"，既有味觉的感受，又有视觉的感受，两种要素的有机结合使游客对旅游目的地的旅游设施及服务留下良好的印象。在文化旅游品牌设计中可以住特色民居、品特色饮食，体验乡土生活。最终利用标志、名称和口号等表现元素有效地反映和强化其中的文化旅游品牌核心价值，让游客在品牌传播过程中充分了解和记忆文化价值。

特色饮食文化资源是张家口文旅跨越发展的基础。为了进一步突出张家口地方特色，根据市场需求，拟进一步塑造多维层次的餐饮文化旅游休闲项目。地方饮食的推广需要结合当地的文化风俗、历史地域等进行全方位包装和宣传，加强游客对张家口美食的情感认知。在餐饮业的装修设计中，可以将餐厅与地域特色、历史文化元素相结合，形成独特的主题文化，让游客在获得美食享受的同时，也获得精神享受。餐厅可以在菜单上详细说明张家口"口菜"菜系的食材、菜品出处、文化信息与历史记忆等信息。让游客现场体验酿造葡萄酒工艺、口蘑制作工序、莜面制作技巧、黄糕制作流程等，将张家口文化特有的表现力和感染力传递给游客，调动他们的旅游积极性，让他们感受多元饮食文化给心灵带来的独特体验。参与式饮食体验方式可以有效地激发游客对本地饮食文化的兴趣，使他们获得精神陶冶。

（六）挖掘军事旅游和红色旅游资源

通过挖掘以抗战文化精神为核心的战争文化谱系，形成区域性精神品牌，进一步提升文旅吸引力。向来以兵家必争之地而闻名的张家口发生过许多具有重大历史影响力的事件，如野狐岭之战等。自辽金时期以来，野狐岭一直是军事重要地区，具有重要的历史意义与国防价值。民国曾任张北县副县长的许闻诗赋诗二首："野狐胜地古今传，路险山高云汉边。莫怪军家争此地，长驱直捣控幽燕。""野狐岭北战场开，几万雄兵动地来。以寡敌多自古少，凯旋齐赞将官才。"野狐岭军事要塞现在已经对外开放。主要细分为军事爱好者特有客源市场与军事研学之旅群体市场，除了一般旅游者外，应创造条件，每年吸收一批批学生连同家长来这里吃、住、游，进行有特色的军事训练，前途广、趣味浓、意义深。

革命文化贯穿于张家口现代历史的始终，是革命、抗击侵略者、实现民族解放、创建新中国等精神价值元素互相融合的文化集成。张家口的抗战文化是以民族独立自强、抗击侵略为核心的一种民族文化形态。在张家口这片红色热土上，有众多革命历史纪念地，包括：李大钊召开西北农工兵代表大会旧址（张家口桥西区宝善街）；察哈尔抗日同盟纪念塔（桥东区东山路），2017年入选《全国红色旅游景点景区名录》；晋察冀军区司令部旧址（桥东区宣化路），周恩来、贺龙、聂荣臻、叶剑英等老一辈革命家战斗过的地方，2017年入选《全国红色旅游景点景区名录》；察哈尔烈士陵园（桥东区陵园路）2017年入选《全国红色旅游景点景区名录》。文旅产业的振兴发展要体现精神价值"灵魂"主导，将革命文化作为张家口现代文旅产业、公共文化服务、党建团建等活动重要价值导向。张家口在推进产业发展和满足人民文化需求的过程中，预先设定革命文化为公众性的精神价值导向，为文旅产业振兴发展注入灵魂，为民众精神文化的拓展提供广阔空间，对公众心理行为产生巨大影响。

四　结语

张家口拥有丰富的旅游资源，旅游发展潜力巨大。为进一步推动张家口地区旅游产业的结构调整和发展升级，应根据当地的旅游文化特点构建科学合理的融合发展模式和相应的发展路径。

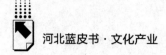

张家口文化旅游品牌的建设要通过品牌形象定位和科学的市场营销管理来实现，要不断适应变化的经营理念，不断挖掘深层的文化内涵，重塑"大好河山·冰雪之约"的文化旅游特色品牌。

张家口推出 20 条文化旅游精品线路，形成冬奥冰雪游、草原生态游、红色研学游、康乐休闲游、长城古堡游、亲子假日游六大主题，不断巩固冬奥之城的旅游特色品牌。2023 年以来，加快实施赤城新雪国冰雪旅游度假区、沽源县库伦淖尔旅游度假区提升改造等 86 个文旅产业项目，推动传统观光休闲游向深度文化体验游转变。

文化与旅游相互影响、相互渗透，文化是旅游的灵魂，旅游是文化的载体。文化旅游是旅游产业发展中的高层次需求，让具有不同文化层次、素养和民族背景的旅游者在旅游项目、旅游体验、旅游服务中感受文化内涵。需要以一种直观且可感的方式展示和推广张家口旅游的文化内涵，以"文化"吸引、感染并打动游客，从根本上激发旅游市场活力，推动文化和旅游产业朝更深层次迈进。

参考文献

张家口市地方志编纂委员会编《张家口市志（上下卷）》，中国对外翻译出版社，1998 年。

郭明建：《冰雪世界中的早期探索——张家口兴隆遗址史前先民的生活与奋斗》，《光明日报》2022 年 1 月 30 日。

郑恩兵：《红色文艺之城——张家口》，《光明日报》2021 年 5 月 28 日。

张晓星、张力学、肖立新：《整合传统文化资源提升核心竞争力——以大境门为例》，《东方企业文化》2012 年第 24 期。

邰子君等：《在保护与活化中更好传承》，《中国旅游报》2021 年 8 月 11 日。

鞠明海：《黑龙江省冰雪体育旅游产业集群发展对策》，《冰雪运动》2015 年第 1 期。

淑华：《基于产业价值链理论的黑龙江省冰雪体育产业发展研究》，《冰雪运动》

2015 年第 6 期。

胡雅丽：《张家口加快推进后奥运经济高质量发展》，《中国体育报》2023 年 8 月
16 日。

陈贵、安俊杰：《张家口文化丛书·多彩的民俗》，党建读物出版社，2006 年。

姚伟钧：《从文化资源到文化产业——历史文化资源的保护与开发》，华中师范大学
出版社，2012 年。

B.17
曲阳县文化产业示范园区（基地）带动作用分析

刘景枝　马运飞*

摘　要：　文化产业示范园区（基地）示范带动能力不断提升，曲阳县对雕塑和定瓷产业深入实践探索，积累了政策、平台、品牌方面的经验，形成了文化产业发展的"样板"。随着人民精神生活新消费需求的提升，曲阳县也面临文化带动能力、新业态、品牌影响力等不足的发展困扰。曲阳县一方面可借鉴先进园区（基地）文化带动发展经验，促进示范作用充分发挥；更关键的是要抓住新时代数字化机遇，整合曲阳县三大文化名片和产业基础，打造文化新质生产力、科技赋能产业升级、创新宣传推广方式。

关键词：　高质量发展　园区带动　新质生产力　城乡协同

以国家级文化产业示范园区（基地）建设为龙头的园区（基地），在带动城区协同发展方面发挥着不容忽视的作用。本文结合曲阳文化产业示范园区（基地）的实践探索，分析其对该县发展经济、提升城市形象以及满足人民精神文化需求新期待等的作用，并探索高质量发展要求下示范带动的路径和方式。

---

* 刘景枝，河北经贸大学京津冀文化产业研究中心主任、副教授、博士，中国大运河智库研究员，研究方向为文化产业、传媒经济学、国际文化传播；马运飞，河北省文化和旅游厅产业发展处副处长，研究方向为文化产业发展。

一 曲阳文化产业示范园区（基地）发展概述

近年来，河北曲阳的雕刻和瓷器产品日益丰富，产业规模不断扩大，在促进"文化+"深度融合、促进文化新消费、培育发展新动能等方面的作用日渐凸显。围绕"现代化中国雕刻文化名城"的定位，曲阳坚持文化领航、以文兴业，实施文化惠民工程，积极推进文旅融合发展，提升文化影响力和塑造力，为推进乡村振兴和高质量发展注入了活力。

（一）发展基本情况

曲阳县得益于丰富的自然资源和深厚的文化产业要素，成就了较多的文化产业龙头企业。自2004年以来，曲阳县积极参加文化部开展的文化产业示范园区（基地）的建设和评选工作，至今已评定了国家级文化产业示范园1家、国家级文化产业示范基地2家，省级文化产业示范基地已达10家，同该县其他多家省级、市级园区（基地）在带动文化产业、农业、工业、服务业以及在赋能乡村振兴、推动经济转型高质量发展和消费升级方面持续发力。

1. 示范园区

中国曲阳雕塑文化产业园于2023年3月通过认定，成为河北省继承德21世纪避暑山庄之后的又一家国家级文化产业示范园区。为推动雕塑文化园区产业高质量发展，曲阳县委、县政府高度重视，推动园区内企业集团化、品牌化发展。园区坚持政府引导、市场运作、企业主体、政策扶持，构建了以雕塑产业为主导，融定瓷、旅游、教培、餐饮服务等为一体的特色产业体系，入园企业达400余家。特别是园区近年来注重发展"文化+互联网""文化+创意设计""文化+旅游"等新兴业态，为产业园区的发展注入了新动力。一方面，通过数字化平台实现了文化产业的数字化监测和管理，提高了文化产业的管理水平和效率；另一方面，运用3D打印、数字化制版等技术，实现了产品的数字化制造和生产。同时，园区推行营销变革，通过电商平台、社交媒体等渠道，开展文化产品的数字化宣传推广和销售，园区内雕刻产业网络年销售额在 2022 年就超过了 12 亿元。

2.示范基地

曲阳县目前有国家级文化产业示范基地 2 家。第 1 家是曲阳宏州雕塑园林有限公司，作为曲阳县龙头企业，还拥有"国家级非物质文化遗产生产性保护示范基地"等称号。公司拥有正高级工艺美术师 1 人，国家级、省级非物质文化遗产传承人各 1 人，国家级、省级、市级工艺美术大师各 1 人，享受国务院政府特殊津贴专家 1 人。第 2 家是曲阳县荣杰雕刻石材有限公司，该公司位于羊平经济开发区，在中国雕刻奇人安荣杰带领下，公司集创作设计、科研、生产于一体，技术力量雄厚，年产能力亿元以上。该公司拥有国际工艺美术大师 1 人，国家级工艺大师 5 人，省级工艺大师 18 人，高级工艺师 38 人。这两家国家级文化产业示范基地，带动了上百个雕刻企业发展壮大，促进了就业并提高了县生产总值及税收。[①]

曲阳县省级文化产业示范基地如表 1 所示。

表 1 曲阳县省级文化产业示范基地

级别	数量	名称及批次
省级	10	河北曲阳陈氏定瓷有限公司(第二批) 河北恒岳雕刻集团有限公司(第三批) 曲阳县通宝雕塑建筑艺术有限公司(第四批) 曲阳马若特雕塑艺术有限公司(第四批) 河北翰鼎雕塑集团有限公司(第五批) 曲阳县顺儒雕塑有限公司(第六批) 河北鑫特园林建筑雕塑有限公司(第六批) 曲阳县润艺雕塑有限公司(第七批) 曲阳县中尚园林雕塑工程有限公司(第七批) 曲阳县众友自动化设备有限公司(第八批)

资料来源：曲阳县文旅局。

---

① 数据来源：曲阳县文旅局。

河北省曲阳陈氏定窑瓷业有限公司在第一代"定瓷三杰"之一的陈文增和第二代传承人庞永辉等的努力下，实现了定窑恢复烧制，"定瓷烧制技艺"被认定为国家级非物质文化遗产。多年来秉承"光中华之绝技，创定窑之全新"发展理念，公司研发了仿古瓷、艺术瓷、生活用瓷数百个品种。在弘扬定窑传统文化的同时，该公司也非常注重融入当代新科技和新理念，推动当代定瓷的高质量发展。公司有国家级、省级非遗传承人共5名，国家级、省级工艺美术大师共6名。

曲阳县市级文化产业示范基地见表2。

表2　曲阳县市级文化产业示范基地

级别	数量	名称及批次
市级	12	曲阳县定窑遗址博物馆定瓷研究室（第一批） 曲阳汇成雕塑集团有限公司（第二批） 河北弘传定瓷文化创意有限公司（第三批） 曲阳县艺华雕塑有限公司（第三批） 曲阳县宏州雕塑园林有限公司（第三批） 曲阳县凯鑫园林雕塑有限公司（第四批） 曲阳县杨刚雕塑有限公司（第四批） 曲阳县众友自动化设备有限公司（第四批） 河北省曲阳县华鑫石材雕刻有限公司（第四批） 河北缸北窑定瓷文化创意有限公司（第四批） 曲阳县兴华石材雕刻有限公司（第四批） 曲阳县屹召雕塑有限公司（第五批）

资料来源：曲阳县文旅局。

（二）园区（基地）带动作用的主要体现

以上园区（基地）在加强自身发展的同时，也在延伸产业链、项目孵化、人才培养、资本集聚、新产品消费方面有非常突出的带动作用。

1.助力城乡文化建设

"雕刻、定瓷、北岳"为曲阳文化产业示范园区（基地）的发展提供了基本文化形象内涵。1995年国务院命名曲阳为"中国雕刻之乡"，2022年被河北省文化和旅游厅认定为第一批省级文化产业赋能乡村振兴示范县。该县共有雕刻和定瓷企业 2500 余家，文化产业年产值突破 90 亿元，包括 14 个乡镇 14 万余人①。

河北博物院设立的"曲阳石雕"专门馆中，不仅展陈了自汉代、魏晋南北朝、隋唐五代、宋金到元明清时代珍贵的石雕文物，还重点介绍了北岳庙中珍藏的杨琼神道碑刻；在现代曲阳石雕展示单元，展示了羊城雕塑五羊石像、人民英雄纪念碑底座浮雕、三大仕石雕等曲阳石雕珍品。在"名窑名瓷"展厅，设有定窑名品展，介绍了曲阳定瓷发明的覆烧法。这些展陈对于曲阳形象塑造起到了非常直接和广泛的影响。

曲阳文化产业示范园区（基地）引导雕塑企业主动承担社会责任，助力城乡协同发展。曲阳县利用园区企业开展帮扶，累计安排雕刻定瓷产业扶贫项目 18 个，注入扶贫资金 1740.2 万元，覆盖贫困户 2895 户，使每户年均增收 600 元，扶贫成效显著。曲阳县省级示范基地通过雕刻活动和科学研究，传承和推介曲阳文化。例如，刘同保作为曲阳县通宝雕塑建筑艺术有限公司董事长，不仅撰写专著和多篇论文弘扬雕塑文化，还在其他省市的雕刻艺术活动中传播曲阳的独特文化。

2. 推动经济发展

曲阳文化产业示范园区（基地）通过吸引投资、培育文化企业，带动了区域经济的稳定增长，促进了当地经济的繁荣发展。2021 年曲阳县雕塑产业总产值达到 84 亿元，成为推动县域经济社会发展的重要力量。园区内曲阳宏州大理石工艺品有限公司和省级文化产业示范基地——河北鑫特园林建筑雕塑有限公司、曲阳县中尚园林雕塑工程有限公司连续三年营业收入超过 5000 万元，有力带动了园区产业集群的发展。

同时，通过提供就业机会，解决了当地居民的就业问题。截至 2022 年底，曲阳县人口为 65 万人，其中有 10 万人从事雕塑行业，直接受益

---

① 纪丽娜、南梦诗、石亮：《用文化之光点亮乡村振兴之路——曲阳发展县域特色产业的探索与实践》，《共产党员》（河北）2023 年第 18 期。

人占总人口的 20% 以上。通过培训交流、商贸活动、国际市场推广等多种方式，带动全县 10 个乡镇的 10 万余人进入雕塑产业，工人日工资 300~1000 元。① 其中，组织打造非遗工坊，与脱贫群众建立长期利益联结机制，建立抖音直播基地，帮扶 73 个村 2895 户、1.6 万人实现就业。国家级非遗传承人甄彦苍带动 3 万余人实现家门口就业。省级非遗代表性传承人庞永辉等带动灵山镇周边 10 余个村从事定瓷产业，帮助 3000 余名村民致富，户均年收入超 20 万元。② 同时，唐县、阜平县、定州市、石家庄新乐市、灵寿县、张家口阳原县等周边市县的雕塑产业也被带动起来。

3. 满足新消费文化需求

近年来，消费已经成为中国经济的主要拉动力量，而且进入了从看景到入景的 "Be on showing" 新消费时代。基于社交网络和新媒介驱动的新消费关系向深度体验转型，更加注重文化类体验和参与，消费者积极展示体验过程，扩大延展文化影响，使新消费看起来更便捷、更有趣、更高品质，供给水平不断优化提升，满足了消费者的个性化需求，彰显了供给侧结构性改革的突出成效。

曲阳文化产业示范园区（基地）通过推进文化设施建设、举办文化活动、提供文化服务等方式，提升了人民精神文化生活质量。曲阳雕塑园通过与相关产业之间的互动，促进了产业的融合与发展；持续打造常态化、规模化、品牌化的文化展示活动，助推文化消费的增长，激发了城乡融合发展的新活力；推动与曲江文旅集团合作，谋划"北岳不夜城"工程，打造文旅融合的夜间文化和旅游消费集聚区。

曲阳文化产业示范园区（基地）通过塑造数字文化品牌，为社会提供

---

① 何杰：《雕塑产业助力乡村振兴，打造县域社会经济发展"新引擎"》，"文旅中国"微信公众号，2023 年 4 月 14 日，https：//mp. weixin. qq. com/s? _ _ biz = MzUzMjkxMjUyNA%3D%3D&mid = 2247539658&idx = 1&sn = 55f6f807d97276e914c489a267d4ef54&scene = 45&poc_token = HBsn52Wja84hihsCh2CdJpV5aoxRG4chwmfesEXL。

② 数据来源：曲阳县文旅局。

了更多的新文化产品和服务。打造"北小岳""德福狮"IP 形象,努力实现"庙"不可言、"石"来运转、不虚"瓷"行①的文化价值延伸。定瓷传承人庞永辉针对年轻人的审美和需求,把定瓷打造成了手办潮玩,销售团队以"非遗+电商"模式满足了人们日益增长的精神文化新消费需求。从 2020年 3 月开始尝试在淘宝平台销售定瓷,不到一年时间就实现了线上销售额占比达到 20%左右,一定程度上满足了年轻人的数字消费新需求。

二 曲阳县文化产业发展的基础与面临的挑战

当前,国内文化旅游需求大幅度提升。为满足各种文化需求,河北省累计培育出 20 多个省内原创知名 IP,开发文创商品 30 多个系列 10 多万种,推动近 2000 家文创企业高质量发展。在机遇和挑战并存的背景下,曲阳县通过多种方式优化发展的政策环境、树立产业升级的学习标杆、创新人才培养平台,带动县域"文化+"快速发展;同时也面临影响力不足的新挑战。

(一)文化赋能县域发展的基础

1. 营商环境持续优化

为营造良好的营商环境,曲阳县委、县政府主导高标准编制《曲阳县雕塑文化产业振兴规划》,科学引领文化产业发展。相继制定出台了扶持曲阳县雕塑、定瓷产业发展的政策文件,如《关于支持雕塑定瓷特色产业的十条措施》《关于加强雕塑、定瓷产业知识产权保护的实施方案》等。为解决雕塑企业融资难、融资贵问题,还推出"企易贷""雕刻贷"等信贷产品。同时,行业组织也不断完善,不仅成立 3 个省级行业协会,制定行业标准,还成立全国首家石雕产品检测站,推行标准化生产和检测。在相关政策的支持下,中国曲阳雕塑文化产业园的产品质量稳步提升。

---

① 《曲阳县:聚焦数字赋能,高质量构建智慧文旅新场景》,"网信曲阳"澎湃政务号,2023年 4 月 12 日,https://m.thepaper.cn/baijiahao_ 22668885。

2. 树立学习标杆

一是创建中国雕塑文化产业创新联盟。组织 28 家雕塑企业与八大美院成立雕塑文化产业创新联盟，建立大师艺术工作室、雕塑创意设计研究院，邀请全国知名艺术家陈培一等开设常驻工作室；依托"艺术家部落"设立 20 多家大师工作室，强化创意研发，提升产品附加值和市场占有率。二是对标先进地区，建设嘉禾特色艺术小镇。与江苏文旅产业"拈花湾文旅"合作，借鉴福建惠安、江西景德镇建设雕刻小镇、定瓷小镇的经验，对嘉禾山片区进行整体规划，基于大师影响力，建设特色酒店、特色民宿、特色街道，打造现代化城市会客厅，凸显艺术范、高品质，力争建设成为京津冀周末休闲旅游目的地。

3. 丰富人才培养平台

支持人才培养，推进雕刻、定瓷专业化建设。中国曲阳雕塑文化产业园形成了以曲阳雕刻学校、曲阳职教中心为主，以"高研班""大家讲"为辅的人才综合培育体系，开展各类技术培训，为雕塑产业发展培育了大量专业技术人才。其中，1985 年河北曲阳雕刻学校创立，作为全国唯一一所培养雕刻人才的专业学校已培养了万名以上雕刻专业技术人才，其中 40 余人成为市级工艺美术大师，500 余人创办了雕塑企业或雕塑工作室[①]，就业率几乎达到 100%。此外，定瓷职业培训学校于 2017 年成立，培养定瓷技艺人才已超过 1500 人，也实现了就业和创业。

（二）面临的挑战

从城乡优化文化资源配置的高度，中共中央办公厅和国务院办公厅印发的《"十四五"文化发展规划》中就提出打造"文化发展空间"的概念和要求，三年疫情之后人民的精神需求提升、文旅新消费持续升级，推动文化

---

① 《保定曲阳：新农人致富，老手艺点金》，"保定研究与改革"微信公众号，2023 年 6 月 5 日，https：//mp.weixin.qq.com/s?__biz = Mzg3NDczNzc0Ng == &mid = 2247500675&idx = 2&sn = dbd9d6d0d8f2122d6ff48f0c5346c077&chksm = cecebabef9b933a890972d8dec6c15e02e67b6c843c284446dd56d6140903301e0ca890de16a&scene = 27。

发展形成新的赋能创新力量，"文化+"深度融合发展趋势愈加显著，新产品、新业态、新模式大量出现，文化产业面临新挑战，曲阳县也需要大力推进文化高质量发展和提升影响力。

1. 高质量发展要求

党的十八大以来，习近平总书记高度重视文化产业发展，强调"要推动文化产业高质量发展，健全现代文化产业体系和市场体系，推动各类文化市场主体发展壮大，培育新型文化业态和文化消费模式，以高质量文化供给增强人们的文化获得感、幸福感"[①]。随着休闲度假成为常态，乡村旅居成为实现乡村振兴的重要路径，文化赋能县域乡村振兴的要求也被提上日程。

2019年国务院印发《关于促进乡村产业振兴的指导意见》，提出要促进乡村特色文化产业发展；2021年《中共中央　国务院关于全面推进乡村振兴加快农业农村现代化的意见》指出要全面推进乡村产业、人才、文化、生态、组织振兴；同年4月《中华人民共和国乡村振兴促进法》颁布，提出要有计划地建设文化产业特色村落，发展乡村特色文化体育产业，推动乡村地区传统工艺振兴。在《中共中央　国务院关于做好2022年全面推进乡村振兴重点工作的意见》中，就提出"启动实施文化产业赋能乡村振兴计划"，不断推动计划落地实施。

2022年8月在武汉召开的"文化产业园区创新发展高峰论坛"上，强调了"十四五"时期文化产业园区应该在"从文化产业园区向文化创意城区转变、以文化资源活化打造内生动力、从地租模式向全产业链生态模式升级、以文化科技融合为园区创新发展赋能、从资源驱动向创新驱动转变"五个方面发挥带动作用。文化和旅游部也多次强调，将促进文化和旅游消费，提升人民群众生活品质，创新产品供给。河北也适应高质量发展要求，依托"乐游冀"线上商城，扩大线上文创产品销售渠道，以及聘请东方甄选团队推行"文旅+电商"直播营销新模式，激发带动新热点、新消费。

---

① 《搭台聚力，推动文化产业高质量发展》，人民网，2023年6月7日，http：//sz. people. com. cn/n2/2023/0607/c202846-40447645. html。

2.影响力有待提升

当前曲阳文化产业存在的主要矛盾是，产品生产供给丰富但传播宣传和业态创新不够，影响力亟待提升。曲阳县因地处古北岳恒山弯曲的阳面而得名，阳文化、山文化、古北岳文化独具特色，更有石雕、定瓷和北岳庙三张文化名片久负盛名，但是文化赋能成效相较于其他先进省份还有一定差距。曲阳县尚应学习先进经验，提升区域文化影响力。

很多国家级文化产业示范园区（基地）在融合发展、城乡协同方面的经验，为曲阳县提供了借鉴。如天津的智慧山文化创意产业园、浙江的横店影视文化产业集聚区、深圳的龙岗数字创意产业走廊、安徽的包河创意文化产业园、四川的梵木文化产业园、江苏的南京秦淮特色文化产业园等积极把握发展机遇，将文化产业与旅游、科技、影视、生活等相结合，不断延伸、拓展文化创意产业链，实现跨界融合发展，开发文化数字化融合衍生产品和服务，实现了文化生产力的提速，以文化优化城市空间形态，以城市发展推动文化传承与创新。[①] 同时，淄博、哈尔滨等城市文化品牌的出圈，皆是植根于自身独特的文化特性，借助数字技术传播带来的流量吸引力，优化营商环境，加大推销宣传城市文化的力度，从而提升影响力。

三 建议以数字技术带动曲阳县打造文化新质生产力

2023年9月习近平总书记在黑龙江主持召开新时代推动东北全面振兴座谈会时强调，要"积极培育未来产业，加快形成新质生产力，增强发展新动能"[②]。马克思也曾指出："劳动生产力总是在不断地变化。"[③] 以数字化、网络化、智能化科技创新为主的新质生产力，符合高质量发展要求，

---

① 曹玲娟等：《文化产业园各有新看点引题：汇集上下游企业、升级生活场景、加速文旅融合》，《人民日报》2023年6月13日。

② 《新华述评：积极构建现代化产业体系——加快形成新质生产力系列述评之三》，中国政府网，2023年9月20日，https：//www.gov.cn/yaowen/liebiao/202309/content_ 6905186.htm。

③ 《马克思恩格斯选集》第二卷，人民出版社，2012，第18页。

呈现颠覆性创新驱动、产业链条新、发展质量高等一般特性,具有强大的产业赋能作用。[1] 它不仅创造并迎合了用户以前未能满足的潜在需求,而且开辟了新的市场,带来新的产业增长空间。作为一个特色产业突出、处于转型升级的示范县,曲阳县适逢其时,在文化产业领域应洞悉由技术革命性突破催生的当代先进生产力要求,以数字技术进一步推动文化产业创新、融合、引领、超越发展,提升全要素生产率;进一步推动产业链供给的高质量流动,实现"供得好、流得动、传得远",不断加强品味、品质、品牌"三品"建设,提升文化附加值;以"向阳而生"打造独特的曲阳品味,以阳光、阳刚的"曲阳文化"塑造文旅新势力,扩大"三Y文化"[2] 传播力,加快形成文化新质生产力;发挥产业链关键环节的带动作用,助力文化价值引领、科技赋能、创意传播推广,满足新消费需求,推动乡村振兴和文化高质量发展。

(一)价值品味引领力:打造文化新质生产力

从价值生成的角度看,新质生产力创造的价值是由信息、知识、数据组合而成的;从价值内涵的角度看,更是基于核心价值观的价值。推动文化企业自觉弘扬和践行社会主义核心价值观,树立正确的历史观、文化观,向新而行、向新而兴,增强发展新动能,进而形成和谐共生的生产关系,为新时代新征程做好文化建设工作,担负起新的文化使命。特别是要从理念上避免价值判断能力的缺失,防止计算主义当道、人文失位的技术陷阱,就特别需要以先进文化实现价值引领。曲阳文化产业园区(基地)在文化产品供给的配置机制、生产技术、传输机制等方面,应注重以价值导向为出发点,把握文化建设规律和文化在新时代新征程中的地位作用,匹配文旅融合常态化、科技赋能常态化、高质量要求常态化的需求。

---

[1] 《总书记提到的"新质生产力",有哪些特征?》,"人民论坛网"百家号,2023年11月24日,https://baijiahao.baidu.com/s?id=1783417033333449031&wfr=spider&for=pc。

[2] "三Y文化"本文提出的这个概念指的是Y:Yang,曲阳、杨琼、羊平镇。

创造属于我们这个时代的新文化。[①] 曲阳县文化管理部门需以正确价值观和政绩观为导向，全面联动、上下齐心推进资源一体化整合，推动"生生不息"的"阳文化"精神赋能引领文化发展新方向，规划设计与雕刻和陶瓷的生产、传承、传输、展示等相关的"十全十美"人物、故事，比如黄石公故事、灵山镇故事、孩儿枕故事，特别是杨琼建设北京城、曲阳工匠制作人民英雄纪念碑浮雕的传奇故事，应以数字化互动的形式呈现，践行核心价值观，将博爱、好学、坚持、创新、协同、精益求精等优秀文化注入雕塑和定瓷作品中，筑牢产品价值生成底线，打造独特的"三Y文化"品味，引领产品生产、传播和消费，使曲阳价值通过文化产品、活动、服务实现创意传播。

（二）业态品质融合力：科技赋能产业升级

进入移动互联网时代，消费品牌与用户之间的沟通互动越来越多元化，文化价值的注入和互动体验的消费方式改变了旅游景区、旅游活动、休闲生活方式等很多内容。产业园区（基地）亟待通过数字产业化及产业数字化，降低差异化、多样化等提高利润与附加值的活动的成本，并吸引观众消费的注意力，在文化领域构建现代化产业体系。2023年12月召开的中央经济工作会议提出以科技创新推动产业创新，明确要求加快推动人工智能发展。在消费市场上，将人工智能、大数据引入生产，把消费者需求数据化，确保生产的产品匹配消费者需求。为更好满足多样化、个性化需求，很多国家级文化产业示范园区（基地）将数字化转型升级作为重点任务，推动"互联网+文化"融合，持续加快培育影视、网络视听、游戏、电竞、动漫、数字会展等数字文化新业态，推动数字文化消费成为"十四五"时期文化产业的新增长极。

在此语境下，曲阳县应把北岳文化、定瓷文化上升到中华文化标识和国家记忆高度来打造，鼓励雕塑和定瓷文化企业推陈出新，以数字化呈现和深

---

① 高翔：《创造属于我们这个时代的新文化》，《求是》2023年第24期。

度体验将文化优势转化为新质生产力，推动县域特色文化与数字经济融合发展。作为以文化为主导的现代化文化产业龙头，曲阳县各级文化产业示范园区（基地）应整合科技创新资源，引领发展战略性新兴产业和未来产业，实现文化生产力的提速。园区（基地）进一步坚持数字赋能，将数字经济与雕塑产业结合起来，推动产业数字化、数字产业化，积极开发文化数字化融合衍生产品和服务。以数字化技术拓宽非遗创新创意的发展思路，提高雕塑和定瓷的品质与附加价值。要紧密结合当下生活，推出"百人百兴"特色鲜明、符合市场需求、彰显文化内涵的文创产品，在产品形式、工艺水平、实用价值等方面打造出"三Y文化"系列新数字化融合产品。

（三）延伸品牌拓展力：创新宣传推广方式

运用数字科技赋能价值传输，以特色品牌推广创新谋取附加值。从信息中产生的生产力，是当今社会发展产生的新质生产力。挖掘和传承曲阳县的三张名片①和文化企业品牌文化资源，通过信息生产力推广和展示当地文化特色，向市场提供可以满足需要和欲望的有形产品、服务、经验、事件、财产、信息和创意。借力博物馆（河北博物院、故宫博物院、中国国家博物馆、大英博物馆等）馆藏文物的影响力，将曲阳县低调的奢华雕塑和定瓷文物通过讲故事的方式激活其文化传承力，将与现代品牌大宋定瓷的创意融合相关的俩半石匠等历史品牌精神"讲出来、走出去、传下去"，推动高英坡的"让艺术融入生活"理念延伸皇尧御匠品牌的现代影响。做好营销宣传，深入开展"互联网+"行动，在微信、淘宝等设立电商服务平台，在抖音设立直播基地，通过升级宣传推广的数字互动版，进一步提升"三Y文化"的塑造力。

特别是加大数字化在文旅产品互动体验中的参与和支持力度，提供服务体验场景。利用VR、AR、大数据、云计算、元宇宙等数字技术，推动影院

---

① 唐笛等：《曲阳县：精心雕琢文化名片 完美塑造产业新样态》，《保定日报》2023年4月23日。

系统、可穿戴装备带来的视觉体验与场景体验创新。建设数字文化体验园、数字文化体验馆、数字文化体验厅；整合数字技术企业和数据产业平台资源，数字化文化体验设施、数字化公共服务、数字化文化消费场景，通过数字技术、体验设备等操作提升沉浸式体验，打造"沉浸式数字文化体验中心"全链条服务。

基于消费者的心理需求，以"技术+创意+人性"融合好玩的创意和技术，克服单纯的技术流范式，打造演艺、文博体验、主题食宿等能触动用户的沉浸式体验场景，将雕塑、定瓷等文化企业和从业者参与的各类交流活动以数字形式呈现出来，加入 AI 技术，营造人机交互、虚实相生的体验消费服务场景。

借助平台力量，推进曲阳文化传播久远。打造新质生产力需要上下联动、左右贯通、一体推进，才能产生共振效应和发挥辐射带动作用。除了用好外交部帮扶平台、节会赛事平台、媒体演艺平台外，更要用好京津冀协同协作平台，加强合作联动，进一步拓展合作、交流互鉴，推动实现文化资源共享、市场互动、项目共建、共同发展。此外，以京津冀文创大赛为例，可借助媒体力量开展更多的联盟合作，由京津冀到周边晋鲁豫三省，通过携行小组的苏州工业园区独墅湖月亮湾文创产业园、西安老钢厂设计创意产业园传播数字化发展高地江浙地区和文化高地古都西安，推动曲阳县独特品牌产品走向海内外，进一步扩大辐射影响力，赋能城乡协同高质量发展。

参考文献

田文斗：《曲阳石雕非遗保护传承与创新发展》，《名家名作》2021 年第 6 期。

向勇、朱倩倩：《中国数字文化和旅游产业发展报告（2021）——数智技术赋能新文旅的应用场景》，中国旅游出版社，2022。

《【互联网公益文化节】文博曲阳｜提高定窑附加值助推文化产业发展》，"网信曲阳"微信公众号，2023 年 12 月 13 日，https：//mp. weixin. qq. com/s？＿＿biz＝MzI3ODE5NjcxNQ＝＝&mid＝2247541420&idx＝3&sn＝2c0e6cc959c65eb749a5aeda4a1d65af。

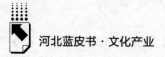

王伟杰：《国家级文化产业示范园区高质量发展显成效》，《中国文化报》2023 年 4 月 25 日。

陈希琳：《推动文化产业高质量发展满足人民精神文化生活新期待　访文化和旅游部产业发展司司长缪沐阳》，《经济》2023 年第 7 期。

B.18
国家全域旅游示范区创建的
"北戴河样本"

宋东升[*]

摘 要： 本文从北戴河的旅游资源基础与旅游业发展现状出发，提出了北戴河全域旅游示范区创建的主要路径，包括全景打造构建全域大旅游场、生态立区强化生态禀赋优势、景区升级提升龙头景区品质、融合发展"旅游+"产业融合、深化改革市场化开发与运营、顶层设计高位推动全域旅游，并在最后提出了北戴河经验对河北省全域旅游示范区创建的启示，包括全域旅游的全景化布局、全域旅游的特色化定位、全域旅游的品牌化打造、全域旅游的全业化融合以及全域旅游的创意化开发。

关键词： 北戴河 全域旅游 全域旅游示范区

全域旅游就是在特定行政区域内对区域旅游资源的全面开发和全景打造，也是对旅游业发展的相关资源、要素、产业、生态、体制机制、发展规划、部门工作等的全方位的整合拓展、融合共建与优化提升。全域旅游是以旅游业统筹带动区域经济社会发展的新理念与新模式，也是旅游业发展的迭代升级和旅游业供给侧结构性改革深化的新体现。目前，我国旅游业发展已完全步入以全域旅游为主体的新发展阶段，国家级全域旅游示范区创建工作已全面展开且成效初显。

自入围全国全域旅游示范省创建单位以来，河北省将全域旅游作为推动

---

* 宋东升，河北省社会科学院经济研究所研究员，研究方向为开放经济和文化产业。

旅游业转型升级和高质量发展的关键抓手和工作主线，对创建全域旅游示范省工作进行全面部署，通过示范引领、提升供给和变革体制形成了全域旅游大发展的良好态势。2019年，北戴河、涉县、易县成为河北省首批通过国家认定的国家级全域旅游示范区，其中北戴河区以总评分第一的成绩居河北省国家级全域旅游示范区创建之首。本文是对北戴河"国家全域旅游示范区"成功创建的个案研究，旨在为河北省的全域旅游发展路径提供一些共性化的有益启示。

一　北戴河的旅游资源基础与旅游业发展现状

北戴河是中外闻名的旅游度假胜地和我国四大避暑胜地之一，也是我国滨海避暑度假发源地和我国现代旅游业发展的起源地。北戴河不仅是气候宜人的天然"夏都"，也是空气质量全国领先的"天然氧吧"，更享有适合旅游业发展的海洋、森林、湿地等多样化的自然生态资源，是具有观光旅游、休闲度假、健康疗养等多元复合功能的高品质旅游目的地。依托得天独厚、丰富多样的旅游资源禀赋，北戴河打造了鸽子窝公园、联峰山公园、中海滩景区、碧螺塔海上酒吧公园等丰富多彩的旅游景区群，拥有优秀旅游城市、重点风景名胜区等众多国字号旅游桂冠。

北戴河因旅游而名，旅游资源是北戴河最大的发展优势，旅游业也是北戴河的传统优势产业、主导性产业和立区富民的根基性产业。自实施"国家全域旅游示范区"创建工作以来，北戴河突出旅游产业的主导地位和融合带动效应，全面深化"旅游立区"战略的丰富内涵，依托丰富多样的旅游资源禀赋，突出顶层设计和高位推动，全面践行"全地域、全领域、全方位、全业态"的全域旅游发展理念，全域开发、全业共融、全民共建，深化旅游供给侧结构性改革，通过硬件升级和服务升级推进品质升级，高标准推进，高品质打造，升级存量，拓展增量，强化生态底色，优化完善旅游基础设施和服务设施，丰富提升全域旅游业态和产品供给，开发特色高新旅游项目，全面推动旅游与文化、乡村、体育、康养、节庆、研学等业态的融合互动与创新发展，形成了"全域覆盖、全季供给、全业融合、全面创新、全民共享"的全域旅游发展模式，全方位推进"国家全域旅游示范区"对标对表创建，持续推动传统滨海旅游度假地向新型全域旅游目的地转型升级。

二 北戴河全域旅游示范区创建的主要路径

（一）全景打造：构建全域大旅游场

在全域旅游示范区创建中，北戴河确立了"城区即景区"的基本理念和高端化打造全域 5A 级景区的战略导向，把北戴河全域作为一个大景区进行规划建设。通过全域整合资源、全域开发景区构建全景化的大旅游场，推动点状的景区游向面状的全域游转型，且通过精细化打造旅游环境形成高质量的旅游供给。

滨海休闲是北戴河最有特色、最有竞争力的旅游资源。在全域旅游示范区创建中，北戴河不仅推动传统滨海旅游景区景点的优化提升，更是从海域拓展到陆域、从城市拓展到农村、从景区拓展到全域，依托森林、湿地等自然生态资源和历史文化资源推出了系列旅游新业态和新项目，围绕鸽子窝公园、联峰山公园、碧螺塔海上酒吧公园、石塘 in 巷街区、北戴河艺术村落等打造了登山观海、生态观光、寻梦秦皇、康养微度假、超流畅玩、乡村田园、精彩民俗、欢乐冰雪等多条旅游精品线路，形成了北戴河全域旅游发展的全景化空间布局。

北戴河全域旅游示范区全景打造还延伸到一般景区景点之外的城市建设、农村风貌和社区环境的景观化打造。在城市建设景区化方面，北戴河连年投资实施街区景观改造提升工程，秉持处处精细、处处精美的建设理念精心雕琢街区景观，按照风格各异、主题鲜明的设计理念美化提升街区外景，形成凸显、展示近代特色建筑文化的建筑文化景观，同时精心设计每一处墙体和节点，将相关片区每一处建筑都赋予蕴含文化品位的独特造型与色彩，打造内涵丰富多样的街区景观，推动城区环境的人文化与艺术化，开发城区建筑的文化旅游功能，同时依托绿色生态优势提升城区景观环境，形成集生态化、景观化、艺术化、人文化和精品化于一体的城市园林新景观。在农村风貌建设景区化方面，北戴河以农村建设景区化理念美化乡村面貌，全域打造园林化、绿色化、特色化、景区化的新型村庄，形成了全域美化、独具特色的农村全域旅游场。在社区环境建设景区化方面，北戴河以"社区即景区"理念建设开发特色社区旅游新业态，通过旅游由景区向社区延伸打造了导入旅游要素、融入全域旅游的度假型新社区，为全域旅游增添了社区旅游这一区域特色鲜明的新内容和新业态。

（二）生态立区：强化生态禀赋优势

生态环境是北戴河最大的资源底色，也是北戴河发展的金字招牌和核心竞争力。在全域旅游示范区创建中，北戴河区充分依托生态资源持续实施生态优先战略，把改造提升、优化美化自然生态环境置于首位，全力实施大气污染治理、河流等水质污染治理等环境治理行动，显著改善和提升了全域生态环境品质，进一步凸显了北戴河旅游的自然生态禀赋优势，生态立区战略的实施为北戴河发展全域旅游奠定了良好的环境基础。

在科学治水方面，北戴河实施入海河流补水水质保障、河道治污还清综合治理、沿线村庄污水并网等工程，建立了入海河流和滨海区域全域清洁体系与环保监管责任机制，通过疏挖河道、填筑堤坝、重塑景观等大力实施河道生态综合治理和绿化美化，近岸海域环境综合整治项目成效显著，确保了入海污水零排放和近海海域海水质量及各主要浴场的水质优良率，同时在护海行动中淘汰高污染小渔船、在近海增殖放流鱼蟹虾苗和执行夏季休渔养鱼等，营造了良好的近岸海洋生态。在近岸海域环境治理方面，北戴河实施了生态修复专项治理项目。在精准治气方面，北戴河建立了集实时监测、数据分析、网格管理等多功能于一体的新型智慧监管体系。在城市绿化方面，北戴河实施拆墙透绿、拆违改绿、生态补绿、见缝插绿等全域绿化工程，实现了精品绿植的全域覆盖，增加了公共绿地、绿色游园在城区空间的比重，提升了公园/游园、公共道路和街巷的绿化比重,并将增绿布景的生态绿化工程延伸到农村区域。

(三)景区升级:提升龙头景区品质

在全域旅游示范区创建中,北戴河以游客体验为导向全面提升景区品质,改造提升了以鸽子窝公园等为代表的龙头景区,以提升龙头景区品质带动全域旅游产品供给的品质提升。

1. 鸽子窝公园的改造提升

鸽子窝公园是北戴河的标志性景区和最具代表性的景观胜地,也是北戴河游客人数常居首位的景区,不仅有东临碣石、伟人观海平台等历史人文景观,也有壮丽的"红日浴海"奇景、沙滩、海潮等自然生态景观,是观赏海上日出的绝佳之地。此外,北戴河海岸沿线地貌又使其成为鸟类迁徙的重要中转栖息地,而鸽子窝公园是候鸟群停留觅食的必经之地,有候鸟聚集"万鸟临海"的奇特景观,由此被誉为"观鸟的麦加"和世界四大观鸟胜地之一。2018年,鸽子窝公园经全面改造提升实现了向5A级景区的晋级。鸽子窝公园改造工程主要是整合原主体景区与邻近的景区景点,不仅大大拓展了景区面积,还增加了众多新景观与高品质业态,全面提升了景区的自然生态品质和相关文化内涵。

2. 集发农业梦想王国的改造提升

集发农业梦想王国的前身是北戴河集发生态农业观光园。北戴河集发生态农业观光园是全国首家生态农业旅游观光4A级景区。在全域旅游示范区创建中,观光园依托既有的农业生态资源实施了整体改造提升,形成了集旅游观光、文化体验、休闲娱乐、科普研学等于一体的内容多元的农业文化旅游园区——集发农业梦想王国,从单一的农业观光游转型为涵盖多种旅游新业态的复合型农业休闲游,已成为颇为热门的"亲子研学基地"和青少年教育基地。

3. 碧螺塔公园、联峰山公园的改造提升

碧螺塔公园有全球唯一的海螺形螺旋观光塔,包括海上垂钓基地、空中

酒吧街等滨海休闲业态；联峰山公园山海相映，林木如海，风景如画，是登山览胜、林中探幽的绝佳之地。在全域旅游示范区创建中，碧螺塔公园景区推出了《浪淘沙·北戴河》大型实景演出，联峰山公园通过改造提升实现了景区晋级。

（四）融合发展："旅游+"产业融合

北戴河确立了旅游业与区域产业全面融合的"大旅游""泛旅游"发展理念，全面推动旅游与文化、体育、康养、农村、研学等领域的融合互动与创新发展，大力开发新型旅游业态和新型旅游产品，通过"旅游+"做大旅游业增量、丰富旅游业供给、拓展旅游业发展空间，构建了丰富多彩的全域旅游供给体系。

1. 文旅融合

文旅融合是旅游业深化发展的核心，也是全域旅游发展的重头戏。在全域旅游示范区创建中，北戴河大力推动旅游与演艺文化的融合，推出了以阿那亚戏剧节、音乐节、电影周、海上音乐厅演出等为代表的颇有人气的系列旅游演艺文化活动。2018 年，北戴河更是推出了以当地历史文化、民俗风情为主线的我国首部海上实景魔幻秀《浪淘沙·北戴河》，借助现代艺术表现手段全面展示秦皇岛的悠久历史、文化底蕴和沧桑巨变，打造了美轮美奂的"秦皇山海康养福地"山海视听人文盛宴。在开展专业性的旅游演艺文化活动的同时，北戴河还引导推动普遍性的大众文化活动以满足游客的慢休闲需求，如"街头音乐文化人"、常态化的社区演艺文化活动、春节灯会等。此外，北戴河还完成了怪楼文化艺术产业园等人文景观的建设，并依托沙丘艺术馆、壇艺术馆、龙图阁藏书楼等新型文化空间常态化举办艺术家艺术展、读书会等文化艺术活动，拓展文旅融合的新边界。

2. 农旅融合

乡村旅游是旅游业从观光型向休闲型发展的重要标志，也是全域旅游尤其是乡村空间广阔的行政区域发展全域旅游的重要内容。在全域旅游示范区创建中，北戴河顺应旅游发展新阶段游客对住宿体验的多元化和个性化需求，大力改善乡村基础设施，全面整治村容村貌，将众多闲置的传统农村院落、房屋改造为各具特色的乡村民宿，结合美丽乡村建设打造了以乡村特色民宿发展为支点的乡村旅游发展模式。北戴河根据特色民宿的主题风格和民宿经营者的个人喜好，以民宿为平台因地制宜地引导民宿与相关业态的创意融合，为游客营造与众不同的"民宿+"复合业态入住体验，通过"民宿+文化""民宿+休闲""民宿+康养"等赋予民宿新的内涵，打造了田园休闲、非遗文化体验、中医康养、滨海娱乐、音乐民宿等多姿多彩的特色主题民宿和别具一格的文创院落。作为北戴河农旅创意融合的典范，北戴河村发掘自身的文化资源优势，全面推动自然生态、农耕文化和现代艺术的融合互动，确立了"戴河人家、水岸田园、艺术村落"的特色主题定位。通过对村庄旧房旧院的艺术化改造和主题化文化内容的导入，将百年历史古村北戴河村打造成充满艺术气息和诗情画意的"艺术村落"，吸引了来自全国各地的艺术、设计、创意机构入驻，成为集文化创意、非遗传承、创新创业、休闲旅居等多业态于一体的全国知名的大众文创示范村和文化旅游目的地。

3. 体旅融合

在全域旅游示范区创建中，北戴河推动体育赛事的品牌化发展，并通过体旅融合形成新的旅游供给，连年举办或承办国际轮滑节、国际马拉松赛、铁人三项赛等系列体育赛事活动，尤其是打造了轮滑等国际化的体育赛事品牌。为打造轮滑赛事国际化品牌，北戴河不仅在已有赛事的基础上进一步引进国际国内高级别赛事，延长体育赛事系列活动时间，还在国际轮滑节期间增添世界冠军轮滑展演、儿童轮滑追逐赛等新内容，提高了大众的参与性与互动性。强化了赛事的观赏性和旅游市场热度。同时，北戴河还依托优质的海岸线开展帆船帆板等水上赛事活动，开发了多项高水准的国家级、省级赛事项目，将帆船帆板等水上运动游项目打造成体旅融合的新热点和全域旅游的新名片。

4. 康旅融合

在全域旅游示范区创建中，北戴河依托自身自然生态禀赋和生命健康产业资源优势推动健康医疗与旅游融合互动，通过整合疗养机构特色医疗和康养资源开发康复疗养、休闲养生健身等高端康养健康旅游项目，推动形成"康养+旅游"的全域旅游新业态。在推动"康养+旅游"的康旅融合中，北戴河生命健康产业不仅是十分重要的资源依托，也为北戴河康养旅游发展提供了强大助力。自2016年被批准为我国首个国家级生命健康产业创新示范区以来，北戴河设立了产业发展专项基金，开发建设北戴河新区国际健康城，吸引了一批知名的医疗、健康企业与机构入驻集聚，形成了医、药、养、健、游五位一体的生命健康产业新集群。2017年，北戴河又获批国家首批健康旅游示范基地。

5. 学旅融合

研学游是一种寓教于游、教游融合的文旅业态，也是随着中产群体日益壮大而蓬勃发展的热点旅游项目，尤其是暑期等假期面向青少年学生的夏令营、研学营等。在全域旅游示范区创建中，北戴河也注重依托自身多样化的旅游资源优势延伸开发研学营地项目，开发了夏令营等青少年研学营地项目，打造了研学营地系列品牌。中国营地教育大会是我国营地行业规模最大、权威性最强的行业交流大会，也是国内外最前沿的营地教育理念与成果的展示会。北戴河因其独特的自然生态禀赋和研学营地建设成果而成为第三届中国营地教育大会的举办地。

（五）深化改革：市场化开发与运营

国有景区的体制机制改革一直是旅游业制度建设的重要内容，也是推动全域旅游发展的制度建设红利和工作重点之一。在全域旅游示范区创建中，北戴河全面深化改革旅游资源开发与运营管理模式，创新旅游项目开发投入体制机制，形成了国有景区的市场化运营和旅游项目的市场化开发。在深化国有景区管理体制改革方面，北戴河成立了专门的全域旅游发展有限公司，实施了区域内国有景区的市场化改革，建立了规范的现代公司化管理制度。在改革旅游项目开发投入机制方面，北戴河依托自身资源优势广泛引入外部社会资本开发当地旅游项目，充分借助社会资本的资金优势、市场化运营经验、营销和品牌优势等打造了一批高层次、高水准的旅游项目，借势借力推动全域旅游高质量发展。

（六）顶层设计：高位推动全域旅游

全域旅游的核心定位是以旅游业带动区域经济社会的全面发展，这一统筹区域经济社会发展的高点定位自然要求对全域旅游工作的高位推动/顶层设计。在全域旅游示范区创建中，北戴河依据全域旅游发展理念高位推动全域旅游工作，成立了全域旅游示范区创建工作指挥部，形成了统筹协调各职能部门资源协同推动全域旅游发展的工作合力，同时编制了《北戴河区全域旅游发展规划》，并将全域旅游规划与相关领域专项规划有机整合，由此构建了多规合一、统筹整合、多方联动、全民共建、域内共享的全域旅游发展规划体系。

三　北戴河经验对河北省全域旅游示范区创建的启示

（一）全域旅游的全景化布局

全域旅游在概念上首先是对整个行政区域的全覆盖，即在整个行政区域内通过打造和提升景区、景点、景观，形成全景化的空间布局。在全域旅游的空间布局方面，北戴河将整个行政区域作为一个大景区进行全景化整合、开发与打造，全域整合开发旅游资源，全域打造景区、景点、景观，在优化提升滨海休闲旅游的同时，依托森林、湿地、建筑等多样化的自然生态资源和历史文化资源拓展新业态和新项目，推动海域游向陆域游、城区游向乡村游、点状观光游向面状全域游延伸，构建"三区、四廊、五组团"的全域旅游空间布局，在城市景观、村庄风貌、社区风格中全面引入旅游要素，全域推动城市建设、农村风貌以及社区环境的景区化建设，形成了全景化的全域旅游发展布局。

（二）全域旅游的特色化定位

特色是市场竞争之魂，有特色才有市场竞争力。特色化形成了区域旅游发展的个性，也是区域旅游独特的市场卖点。区域旅游有特色不仅可吸引市场关注，也利于集中区域有限资源强化和放大区域旅游竞争优势，全域旅游整体性、大众化的旅游"表象"更需要以特色化定位彰显区域旅游业发展的独特性与差异化竞争诉求。北戴河虽然拥有多样化的自然资源和历史文化资源禀赋，可开发滨海休闲、山水生态、文化体验、休闲康养等众多旅游业态和海域游、陆域游、城区游、乡村游以及社区游等全域旅游线路，但基于资源稀缺性、资源价值、主体客源市场需求偏好等多重考量，独具特色的滨海休闲生态康养资源才是北戴河最有价值和市场吸引力的特色资源。因此，在全域旅游发展中，北戴河秉持和持续强化滨海休闲康养这一旅游业发展的传统特色定位，紧紧依托碧海金沙、青山绿水的自然生态优势优化提升核心项目的旅游品质，并立足该"基本盘"最大限度地拓展延伸其他相关旅游业态与产品，构建了以滨海休闲康养为主导的全域旅游供给体系。

（三）全域旅游的品牌化打造

全域旅游是区域内旅游价值各异的众多景区景点的混合体，由此形成了全域覆盖的多样化的旅游供给，但全域旅游整体的市场吸引力仍要依托区域内广受市场关注的精品景区个体的市场影响力，即全域旅游的核心竞争力还是要基于旅游精品景区的市场影响力，因此要着力培育和强化独树一帜、别具一格的旅游精品景区，以精品景区品质提升带动全域旅游供给的品质提升，全力实施精品旅游项目个体的品牌化打造。在"国家全域旅游示范区"创建中，北戴河十分注重旅游业态与产品的品牌化打造，按照高端化打造全域 5A 级景区的战略导向，不仅完成了鸽子窝公园的 5A 级景区创建和其他传统景区的改造提升，且拓展打造了高端化、特色化的北戴河乡村民宿等新业态新品牌，塑造了由滨海休闲度假之都、观鸟之都、轮滑之都、北戴河民宿等众多品牌为支撑的全域旅游整体形象。

（四）全域旅游的全业化融合

旅游业是无边界产业，具有与一切旅游吸引物融合的内在属性。全域旅游不仅是旅游业在空间上的全域布局，更是旅游业与全域内产业、资源和环境全面融合的"大旅游""泛旅游"产业，全面融合也是全域旅游发展的内在要求和首位路径。在"国家全域旅游示范区"创建中，北戴河通过"旅游+""+旅游"全面推动旅游业与滨海休闲康养、美丽乡村建设、体育赛事等资源、产业和环境的全面融合互动，充分发挥旅游业对区域经济社会发展"一业带百业"的整体带动作用，促进旅游业关联与融合效应的最大化，形成了滨海休闲康养、文化体验、水上运动、美丽乡村等多样化、全融合、集成化的旅游业态体系。

（五）全域旅游的创意化开发

文化是旅游之魂，文化元素是旅游业最大的赋能增值变量。文化产业又是创意产业，因而创意助力也必然是旅游业发展的内在要求。随着经济的发展和国民素质的提升，对旅游产品的文化偏好也日益增强，文旅融合已成为旅游业迭代升级和高质量发展的内在要求和评判基准。在"国家全域旅游示范区"创建中，北戴河引导推动文旅融合下旅游项目尤其是新业态项目的创意化开发，用文化养分充实、丰富旅游产品内涵，创新旅游产品中文化内容的表现形式，创意化开发内容丰富、形式多样的文旅融合产品，其中又以特色民宿的创意化开发最为出彩。北戴河不仅将民宿发展作为全域旅游服务设施优化提升的重要内容，更以民宿为平台因地制宜地引导民宿与相关业态的创意融合，通过"民宿+"赋予民宿以新的内涵，为游客营造与众不同的复合业态入住体验，打造了田园休闲、非遗文化体验、中医康养、滨海娱乐、音乐民宿等多姿多彩的特色主题民宿和别具一格的文创院落，以"五品"（品貌、品质、品味、品尝、品德）为特征的"北戴河民宿"品牌的影响力日益扩大，北戴河由此被评为"全国民宿产业发展示范区"。

参考文献

戴学锋、杨明月：《全域旅游带动旅游业高质量发展》，《旅游学刊》2022 年第

2 期。

王春丽：《全域旅游示范区建设典型案例分析》，《经济研究导刊》2022 年第 4 期。

高少丽：《新时期全域旅游的理论认知及其高质量发展探究》，《西部旅游》2022 年第 9 期。

王立鑫、梁永国：《基于网络文本分析的北戴河滨海旅游目的地形象感知研究》，《经营与管理》2022 年第 8 期。

刘宜卓、岳华、刘少达等：《发展体育产业对北戴河闲置旅游资源的带动作用》，《经贸实践》2017 年第 22 期。

杜宗棠、张星、刘宜卓等：《康养旅游的特征与差异研究——以北戴河为例》，《时代金融》2017 年第 36 期。

B.19
新时代乡村农文旅深度融合的
"魏县模式"

邹玲芳　陈　璐*

摘　要： 2020 年印发的《全国乡村产业发展规划（2020—2025 年）》，提出要"以一二三产业融合发展为路径"，把"拓展乡村特色产业、优化乡村休闲旅游业"作为重点任务。因此，挖掘乡村现有资源潜力，实现文化旅游与乡村产业融合发展，成为实现乡村振兴战略目标的重要方向。农文旅的深度融合是有效连接乡村资源、休闲农业和乡村旅游的发展模式，是新时代和美新农村建设的有效途径之一。本文首先介绍了魏县的文旅资源，对农业与旅游业融合发展现状进行了分析；其次分析了魏县农文旅深度融合面临的困境；最后提出了推动魏县农文旅深度融合发展的路径选择和对策建议。

关键词： 新时代乡村　农文旅　深度融合　魏县模式

党的二十大报告指出，"坚持以文塑旅、以旅彰文，推进文化和旅游深度融合发展"，这为文旅产业发展指明了方向。农文旅深度融合的可持续发展不仅是乡村振兴的内在要求，更是助推新时代的宜居宜业和美乡村发展的重要途径。2023 年 3 月，河北省人民政府办公厅印发《河北省加快建设旅游强省行动方案（2023—2027 年）》，聚焦建设文旅融合、全域全季的旅游强省。河北省提出着力构建"一体两翼五带"、实施高质量旅

---

* 邹玲芳，河北省社会科学院经济所副研究员，研究方向为产业经济；陈璐，河北省社会科学院经济研究所所长、研究员，研究方向为区域经济和产业经济。

游目的地培育行动，着力打造 50 个河北省旅游名县，构建"以名城带名县、以名县耀名城"的整体格局。在实施乡村振兴战略，推进新时代的宜居宜业和美乡村建设背景下，河北省魏县围绕魏文化、梨文化生态游，非遗民俗文化特色游等板块，积极探索农文旅融合的发展模式，激发文旅活力，构建文化振兴体系，深度挖掘乡村文化特色，努力提升魏县农文旅品牌效应。

一 魏县农文旅深度融合发展的探索与实践

（一）农文旅深度融合的现实基础

魏县历史悠久，文化底蕴深厚，2009 年被联合国地名专家组评定为"中国地名文化遗产千年古县"，素有"鸭梨之乡"美誉。魏县有着自然资源禀赋优势，这是其发展文旅产业的基础。一是区位优势明显。魏县位于河北省南部，地处冀鲁豫三省交会区域，位于邯郸、安阳、聊城、濮阳 4 个中等城市辐射交汇的中心地带，拥有冀鲁豫交汇的区位和自然资源禀赋优势，是助力乡村产业振兴、推进农文旅多产业深度融合发展的重要基础。二是历史文化底蕴深厚。魏县拥有"古漳唱晚""宋园香雪""神龟驮城""魏风古韵""礼贤荷风""玉泉晨曦""益民秀山""日晷观天"等魏州八景，以及裴香斋烈士纪念馆、蔡小庄暴动纪念馆等红色文化教育基地。三是文旅资源禀赋特色突出。魏县现有 3 项国家级非物质文化遗产，分别是冀南四股弦、传统棉纺织技艺和冀南皮影；7 项省级非物质文化遗产，分别是申家饸饹制作技艺、花布染织技艺、魏县梅花拳、孩模烧制技艺、木镟技艺（梨木厨具）、魏县大平调、魏县落腔；还有 7 项市级和 46 项县级非物质文化遗产。魏县继续推进人文资源的保护和利用，截至 2022 年 5 月，该县非物质文化遗产项目代表性传承人共 16 人①。魏县

---

① 《魏县 5 人被评定为第四批市级非物质文化遗产项目代表性传承人》，魏县文化广电和旅游局，2022 年 5 月 21 日，https://www.sohu.com/a/549328733_ 121123725。

以独具特色的魏文化、梨文化等地域文化为基础,加快农文旅多产业深度融合发展,打响魏县"有魏(魏文化)、有味(梨文化)、有为(实干兴魏,舍我其谁的干事创业文化)"的文旅品牌。

(二)坚持文旅项目驱动,提振全域农文旅融合发展

魏县坚持文旅项目驱动,加快文化旅游资源整合,推动文化产业与工业、农业深度融合,探索文化产业赋能乡村振兴的魏县路径与新业态。一是文化旅游产业规模不断扩大。魏县现有文化产业法人单位629家,从业人员5.3万人,规模以上文化企业10家[①]。其中,北京百鸣集团小猪优视魏县基地、邯郸郭家坊土纺织股份有限公司、河北省魏县龙翔粮油食品有限公司、魏县梨家班徒果木工艺品有限公司、魏县霍家手工花布有限公司等的规模不断扩大。2020年,魏县规模以上文化企业年营业收入为12.56亿元,文化产业占国内生产总值(GDP)的比重为5.1%[②]。二是文化旅游产业实力显著增强。截至2023年12月,魏县拥有省级文化产业示范基地2家,为魏县申家榆面饸饹文化产业示范基地;市级文化产业示范基地2家,分别为魏县传统棉纺织技艺基地、魏县合裕花布手工艺基地;文化产业赋能乡村振兴重点项目4个,分别为传统棉纺织项目、申家饸饹项目、梨木厨具项目、花布印染项目。

(三)聚焦跨界融合,探索农文旅融合发展新业态

一是探索农业和三产融合发展新业态。魏县以3万亩的现代农业产业园区为核心,建设绿珍食用菌、高科技花卉博览园、铭锐循环生态园、九凯麦黄金食品加工、瑞博恩果品加工等农业、文旅项目。其中,魏县银耳产业园在生产功能基础上开发拓展银耳文旅项目,为乡村振兴赋能。2021年12

---

① 《魏县以人为本推进城市更新》,"邯郸政务"微信公众号,2023年10月11日,https://mp.weixin.qq.com/s?__biz=MzIxNTkzNzA2MQ==&mid。

② 《魏县以人为本推进城市更新》,"邯郸政务"微信公众号,2023年10月11日,https://mp.weixin.qq.com/s?__biz=MzIxNTkzNzA2MQ==&mid。

月，魏县成功举办中国·魏县首届银耳线上销售博览会暨绿珍企业 IP 魏小耳发布会。发布会聚焦银耳、鸭梨的产业特质，融合魏县传统的历史文化与地方特色，打造具备地域特色的文化符号，创造魏县的卡通代言人，塑造银耳和鸭梨行业的形象大使，缔造品牌 IP 吉祥物。二是依托文旅资源特色，推进农文旅品牌建设。魏县作为"中国鸭梨之乡"，依托梨文化的资源特色，连续举办梨文化旅游和鸭梨采摘活动，还开展名优土特产品展销活动，展出魏县鸭梨、土纺土织、梨木厨具、申家饸饹面等土特产品，"有魏、有味、有为"文旅品牌带动力逐步显现。2023 年 3 月，在魏县举办的梨文化旅游活动共接待游客 182 万人次，实现旅游收入 4 亿元①。三是创新发展农文旅模式。魏县以花为媒，积极发展花卉产业，不断创新发展模式，延伸产业链条。魏县的菊花产业规模较大，菊花种植面积达 500 亩，同时引进菊花种植和深加工项目，在经济链上"联农带农"促进农民就业增收，为魏县经济发展注入活力。

（四）聚力特色文旅业态深度融合，助力特色旅游提档升级

近年来，魏县着力实施"文化+"战略，深入挖掘梨文化，将文化产业与农业、工业深度融合，不断延链拓链，壮大乡村文化产业规模，提升文化产业附加值，形成了一批经典旅游线路和优质文化企业。一是以魏文化、梨文化、水文化、红色文化等资源为基石，发展特色文化旅游业态。形成依托梨乡水城特色文化发展的梨花小镇旅游休闲农业；依托全域水网特色文化发展的水文化旅游和依托魏祠、礼贤台发展的魏文化旅游；以蔡小庄第一党支部为代表的红色文化旅游，以有点梨谱为代表的露营旅游；等等新业态格局。二是特色种植、特色文化与乡村休闲旅游不断融合，乡村小游园、特色旅游村镇建设加快。魏县打造了"鸣翠小院""康美小院""多肉小院""和谐小院""非遗小院"等一批特色小院，美丽庭院创建率达 70%，精品

---

① 《魏县以人为本推进城市更新》，"邯郸政务"微信公众号，2023 年 10 月 11 日，https：//mp. weixin. qq. com/s？＿＿biz＝MzIxNTkzNzA2MQ＝＝&mid。

庭院创建率达23%。三是提升生态环境质量，助力城乡农文旅融合发展。依托水网、原生态梨园、魏祠公园等，着力打造特色街区，推进国家森林城市、省级生态园林城市建设，累计建成公园、游园82处，全县绿地覆盖率达40.56%[①]，努力绘制"四面环水四面梨、半城烟火半城绿"的城乡图景。为魏县建设省级文化产业赋能乡村振兴示范县打下了坚实的基础。

二　魏县农文旅深度融合面临的困境

魏县拥有深厚的文旅资源，是联合国地名专家组评定的"千年古县"，也是中国鸭梨之乡、河北省民间文化艺术之乡。同时还是全国"粮食生产先进县"、全国农村一二三产业融合发展先导区创建县。魏县文旅生态资源富集，城市功能品位全面提升，生态田园城市特色充分彰显。尽管如此，魏县在文旅资源的开发利用方面仍存在问题，魏县农文旅深度融合面临诸多困境。

（一）基础设施建设待完善，公共服务配套待提升

传统农旅融合项目对当地基础设施条件和公共配套资源有较强的依赖性。要想实现文旅产业的发展，必须具备良好的基础设施条件和公共服务配套。一是农旅项目的基础设施建设待完善。由于农村基础设施和公共服务设施本身较差，建设服务也相对滞后。如有些乡村存在村道设施不完善问题，还有些乡村的旅游环境存在"脏、乱、差"的现实困境。二是公共服务配套待提升。农文旅融合项目是综合性的项目，若资源投入不足、公共基础设施落后，将面临农村公共资源配套紧缺、公共服务配套滞后的矛盾。如有些农文旅项目在接待游客服务方面，与之配套的停车场、指示牌、游客服务中心（站）等设施不齐全；服务从业者多为在当地从事农业生产的农民和私营业主，缺乏相应的旅游管理经验和服务技能，导致很容易在服务质量上与

---

① 《邯郸魏县：对标宜居宜业　缺什么就补什么》，凤凰网·河北，2023年10月11日，http://hebei.ifeng.com/c/8TlsxuMVmGP。

满足游客需求上出现差距，公共服务配套处于低端水平，在一定程度上影响了农文旅融合的进程。

（二）农文旅融合待深化，部门协同待加强

农文旅融合的进程是一个不断优化资源配置的过程，需要整体统筹协调发展，形成大融合、大互动的产业发展格局。一是农文旅融合待深化。传统农业村落在文化、旅游产业项目实施过程中对当地农业产业的宏观统筹难以把握，文旅项目的系统规划、经营理念、特色项目发展相对滞后。区域村落参与融合不够深化，存在一村旅游为一村经济的现象，对整个地区的经济带动作用还需统筹提升。二是部门协同待加强。推动农文旅深度融合需要多方面的共同努力、联动发展。农文旅融合项目实施过程中文旅资源的保护、开发与传承的软硬件建设涉及乡镇、农业、旅游、财政等诸多部门，这些部门在调动土地、资金、人力等资源的过程中，既需要各专项规划的支撑和引导，也需要各部门的协同联动，才能形成强大的合力。

（三）农文旅融合产业链待延伸，文旅品牌效应待提高

传统农文旅融合的模式是"农业+观光"，如果园景观、花卉景观等，融合层次较低。一是农文旅融合产业链待延伸。魏县农文旅融合产业具有明显的季节性和淡旺季，游客前来旅游的时间会比较集中在某一时段；观光形式以"农家乐""采摘园"为主。农文旅资源的开发利用还处于浅层次的传统旅游范畴，停留在吃、行、游、购、娱、住的简单层面。文旅产品以观光为主，体验不足，产业链条短，高品位、多功能的农文旅系列产品有待开发，文旅产业对农业的带动能力有限。二是文旅品牌效应待提高。在农文旅融合发展的过程中，打造具有自身特色的文旅品牌是决定旅游吸引力的重要因素。农文旅融合深度不够，文旅品牌效应不足体现在诸多方面，如产品表现形式单一、主题不够鲜明、游客体验感较弱、当地土特产的知名度低等。对文化特色资源的挖掘不够深入，对文旅品牌形象也缺少深度的开发与利用。

三 魏县农文旅深度融合发展的路径选择和对策建议

为推动魏县建设宜居宜业宜游和美乡村，应积极探索实践乡村农文旅深度融合路径。发挥政策推动力、文化资源原创力、文旅融合生产力；突出地方品牌特色及社会和经济影响力，促进乡村文化和旅游融合发展，继续打造"有魏、有味、有为"文旅品牌，赋能乡村振兴。

（一）优化完善顶层设计，加强规划统筹和政策扶持

推进农文旅深度融合，发挥乡村振兴赋能、富民强农的重要作用，需要坚持政府的主导作用，强化统筹规划布局。一是推进多方协作，建立协调运作机制。政府部门应建立相应工作机构，建立农文旅融合工作协调推进机制，做好整体规划和行政支持。二是强化统筹规划布局。充分整合农文旅相关资源，编制农文旅深度融合发展规划，明确定位、统筹布局、引导文旅产业向农文旅景区集聚、联动发展，形成文旅产业优势和文旅区域优势。三是加大政策扶持力度。落实农文旅专项扶持资金和配套支持政策。制定农文旅融合发展的产业政策。有序引导社会资金、城市工商资本下乡进村；通过整合财政配套资金、项目资金、专项奖补等涉农项目资金，加大政府对农文旅的景区（点）及基础设施、公共服务配套的投入力度。

（二）创新农文旅融合发展模式，推进文旅深度融合

1. 加快文旅融合创新平台建设

以大力发展"平台经济"为目标，加快文旅融合创新平台建设。一是助力文旅融合创新平台建设，丰富节庆、赛事活动内容。围绕农文旅项目的重要时间节点和季节性特征、区域性特点，谋划和组织举办梨乡水城马拉松比赛，以传承红色基因为主题的文化艺术活动、赛事，以生态观光、休闲娱乐、竞技竞艺为主题的梨花节、采摘节、农民丰收节，丰富活动内容。二是谋划优势产业发展平台。举办魏氏宗亲、生氏宗亲等姓氏文化活动和梨产业

发展大会、再生资源循环经济大会等优势产业发展大会，以此为平台，促进文旅经济发展，推动文旅产业提质增效。

2. 开发特色文化旅游村镇

一是推进康养研学基地建设。结合乡村振兴综合体创建，紧紧依托现有村镇特色和优势产业，东代固镇前后闫庄康养研学基地以养老体验为主题，运营热带植物园、知青馆、生态餐厅、乡村振兴馆、梨花园等，把示范区建成养老康养研学综合体，发展健康养老体验及科学研究旅游。二是开发特色文化旅游村镇。德政镇前后西营蔬果基地以绿色蔬菜瓜果种植业为主题，着力发展休闲采摘游；野胡拐乡蔡小庄村围绕蔡小庄武装革命暴动旧址，完善场馆配套，弘扬红色文化，打造红色教育基地。三是挖掘、提炼文旅品牌。按照突出特色、擦亮品牌的原则，借鉴泊口镇的"泊口晚舟"品牌，鼓励有条件的村挖掘、提炼文旅品牌，发挥品牌效应，实现文旅品牌"百花齐放、百家争鸣"。

3. 培育农业休闲观光景点

一是立足农文旅资源优势，培育农业休闲观光景点。高标准建设魏县高科技生态农业花卉博览园种植基地、鸭梨产业集群、棘针寨镇老君堂采摘体验果园等项目，打造独具特色的农业休闲观光景点。二是立足各地种植条件及资源优势，提升改造农业休闲观光景点。对车往镇申霖香菇产业园、院堡镇岳庄村中药材庄园、院堡镇中三中村食用菌产业园、前大磨乡六味果采摘园、芍药花观赏园、大辛庄乡东郭村金银花种植庄园、牙里镇牙北中草药公园、魏城镇柴家园子、街道办大宋梨园、东代固镇梨花小镇植物博览园等农业休闲观光景点进行提升改造。三是加强对餐饮文化系列产品的开发、推介。依托饸饹面、煎血肠等现有的名小吃品牌和鸭梨、食用菌、红薯、强筋麦、黑小麦等农特产业产品，按照县委提出的"粮头食尾、农头工尾"思路，加强对饮食文化的开发、推介，加快对饮食产品的创意研发，形成以"蛟龙宫""乌麦酒"等为主的酒文化系列产品和以"鸭梨宴""食用菌宴""红薯宴"等为主的餐饮文化系列产品。

（三）推动文旅产品融合创新，培育农文旅新业态

推动文旅产品融合创新，打造乡村特色文旅品牌，催生文旅消费新热点，延链拓链做强文化产业，丰富体验业态。

1.打造文旅休闲游新地标

以历史文化元素为重点，围绕梨乡水城、魏祠、礼贤台三个片区，打造文旅休闲游新地标。一是梨乡水城片区。依托环城水系，对水系两岸进行整体包装，建设健身步道、体育广场，融入体育元素，推动绿色空间、生活空间、健身设施有机融合，把体育元素有机嵌入绿色生态环境，充分利用自然环境打造运动场景。加快实施漳河湾亮化改造工程等，对水系功能进行全面升级改造，谋划建设水上体育公园，打造全民健身新载体，擦亮国家级水利风景区名片，建成"一路是景、充满体验"的梨乡水城片区。二是魏祠片区。依托现有设施，对原有建筑进行翻新，增设停车场等设施，进一步完善功能布局。深挖魏文化资源，植入文化元素，丰富文化内涵，谋划建设魏文化城项目，打造文化业态多样的"魏祖圣地"，建成魏文化核心区。三是礼贤台片区。依托墨池·礼贤台景区，以礼贤台为中心，融合龙舟赛、钓鱼大赛等水上赛事，将周边梨园、美丽乡村等旅游景点"打捆"包装，谋划建设千亩梨园空中赏花栈道项目，丰富体验项目，完善旅游功能，建成集观光、体验、教育等功能于一体的旅游片区。

2.推动文旅产品融合创新

一是加快特色文创产品开发。加快魏县鸭梨、魏县梨木工艺品等精品旅游商品的创意化开发和品牌化打造，争列全省"文创进景区"商品采购名单，在县域内游客接待中心、商贸物流平台及有条件的城市公园、景区景点开设旅游商品超市或专柜。二是推动文创产品和旅游商品提质增量。积极引进在京雕塑企业返乡创业，打造魏县雕塑文化产业园，依托雕塑文化产业园内的文化企业和文创产品，推动对外交往交流，开发独具魏县文化特色的旅游纪念品、工艺美术品、服装配饰品等。引导农产品、传统手工制品、特色小吃的规模化、标准化生产，推动文创产品和旅游商品提质量、增产量。

3.培育新型智慧农文旅场景，打造文旅消费新热点

一是培育新型智慧农文旅场景。以数字化激活"梨"项目场景，打造文旅消费新热点。适应新时代受众的新消费注重体验这一特点，把握下沉市场，在短视频、直播、广告、营销等各类场景中实现沉浸式的实时互动，拉近品牌与新消费人群的距离，打造虚实相生的梨文化相关消费虚拟场景，塑造元宇宙时代的新形象，引领新消费。二是设置知名文创商品品牌的数字体验场景。充分发挥"魏县梨文化旅游节"的品牌影响力，围绕"梨果、梨花、梨园、梨村、梨俗"设置数字体验场景，着力打造一批集梨宴、休闲梨园、主题游乐场、梨木工坊等于一体的体验载体和基地，开发系列梨文创商品，打造系列梨文化活动等，做强梨节庆IP，进一步做大梨节庆经济，擦亮梨乡"金名片"，使其成为拉动地方经济的流量密码。

（四）强化产业项目建设，拓宽农文旅深度融合领域

魏县以文化产业引领、特色产业突出、三次产业深度融合的建设思路，构建以梨文化产业为主导、以非遗产业为特色、以文旅融合为补充的现代文化产业体系，加快推动"文化+"乡村各领域融合渗透，走出一条文旅商融合发展新路径。

1.培育壮大文化旅游企业

一是培育壮大龙头企业、全产业链企业。持续开展农文旅招商，延伸提升五链（产业链、供应链、创新链、物流链、价值链）水平，着力培育一批标志性龙头企业、全产业链企业。加快建设同福集团魏县大健康食品产业园，培育壮大瑞博恩食品、九凯食品、兆真食品、饸饹面等加工产业，进一步提高产品文化附加值，凸显魏县乡村美食特色。二是加强农业与第二、三产业的融合。利用水生态、梨产业等特色，加强农业与第二、三产业的融合，融入魏文化、梨文化等元素，提升文旅品牌吸引力。

2.创建业态多元的文化产业园

一是创建业态多元、融合发展的产业园。大力推进铜雕产业园、鸭梨采摘园、博浩农业园等园区融入文化元素，生产独具魏文化特色的雕塑和乡村

美味产品，提供旅游景点、场景体验服务，发挥创意园区的集聚和辐射带动作用。依托现有铜雕产业园招商引资，打造雕刻创意文化产业园。二是打造梨文化休闲观光农业园。全面推进县域北部鸭梨种植片区建设，围绕梨文化和民俗风情，深度挖掘梨园休闲观光功能，打造鸭梨采摘园、鸭梨特色小镇，建设以梨园为主题的休闲观光农业主题公园。以博浩农业园为龙头，合理布局，加快园区道路、水系等基础设施建设，建好服务平台。三是发展休闲观光农业。围绕美丽乡村建设、特色小镇建设，依托乡镇现有的产业基础、现代农业园、龙头企业、种养殖基地，一乡一园，建设兼具乡村旅游功能的乡村振兴综合体。

（五）拓展农业旅游功能，延伸特色文旅产业链条

多业态融合是农文旅深度融合的关键节点，要充分发挥"文旅+"功能，拓展农文旅融合模式。以农促旅，以旅促农，带动文旅产业延伸发展。

1.拓展农业旅游功能

一是推动传统旅游模式转变。乡村旅游从单一观光型向集文化、休闲、风景、娱乐、养老于一体的多元化转变，不断提升农文旅产品的品质。二是建设特色旅游模式。依托当地的生态文化和历史文化打造旅游景点，保持魏县的梨文化、魏文化特色。统筹规划农业观光、蔬果采摘、农耕体验等活动的有机组合，以游客体验需求为导向，开发康养游、修学游项目，打造"沉浸式体验""微度假"的旅游方式，拓展特色旅游模式。

2.延伸特色文旅产业链条

一是培植"农旅融合"新产业，构建"农工融合"新链条。整体谋划推进农文旅的规划、生产、加工、营销全产业链条。打造农旅融合景观，盘活土地，助力文旅景区的运营，实现全产业有机链接，促进农文旅融合发展。二是延伸特色文旅产业链条。梨产业作为魏县的特色产业，延伸其产业链条是工作重点。在加强规模化、标准化种植的基础上，进一步完善果品研发、种植技术推广培训、果品商贸物流、梨果品深加工，拓展鸭梨产业链条，通过鸭梨购物旅游基地、鸭梨观光公园、休闲梨园的建设，深化三次产

业融合的广度和深度，全面延伸鸭梨产业价值链条，从而将其打造成为河北省三次产业融合示范标杆。三是丰富农旅融合模式，构建"基地+企业+农户"融合模式，打造以农家乐、民俗村为基础，休闲农庄、观光采摘园为主体，特色文旅小镇、田园综合体为引领的"农业+"旅游格局。

3. 加强多渠道推广，打造独具特色的文旅产品

推进魏县全域旅游发展，加快农文旅深度融合，加强多渠道推广，提升品牌效应。一是加强多渠道推广。充分发挥微信、微博、抖音等网络新媒体的传播力量，扩大推广平台。搭建"电商+"网销平台。打造农文旅品牌IP，注册土特产系列加工产品商标，加速区域内特色农产品的推广，吸引游客对乡旅资源的关注和参与。鼓励绿珍食用菌公司等一批实体企业开发"魏小耳"等文创产品，放大品牌效应。积极参与和自主举办文创产品、商品创意大赛，搭建创新展示平台，推进创意设计成果转化和市场推广。二是提升魏县文旅的知名度。做美做精文创产品，打造具有市场竞争力的特色文化产业品牌。广泛开展魏县文化旅游广告语、旅游形象大使的征集和评选活动。"魏州古都·梨乡水城"旅游品牌影响力持续提升，"梨乡水城·魏都"文化品牌价值不断增强。三是打造独具特色的文旅产品。在文旅产品的创新上，寻找具有代表性、特色鲜明的资源载体，提炼主题，利用本土文化符号、文化记忆、文化遗址等资源转化，形成独具特色的文旅产品。如瑞博恩食品文创产业以"大品牌+小价格+近距离"为理念，建设集观光、旅游、采摘、体验、游乐于一体的生态园，打造颇具民俗文化色彩的文旅IP。

（六）激活特色非遗资源，打造魏文化品牌

保护传承、开发利用乡村优秀文化，丰富文化公共服务、节庆会展等文娱产品供给。优化文化场所、游览休憩文化景点、生态走廊等人文环境，打造魏文化品牌。

1. 聚力传统文化保护和传承体系建设，打造魏文化品牌

一是保护传承、开发利用魏县传统乡村文化。收集整理一批魏县文化

故事，以讲好新时代魏县故事、传播新时代魏县声音为主旋律，提升文艺生产的组织化程度。二是盘活用好县豫剧团和非物质文化遗产传统地方戏曲团体。策划《魏州印象》等一批文化剧作编排演出。实现县内文艺团体有阵地、有人员、有产品、有特色。三是创作文艺精品，打造魏文化品牌。采取依据名家、名团队攻关和广泛激发县内文艺爱好者创作热情相结合的办法，紧盯党的重大活动、节庆纪念等重大时间节点和魏县历史英雄人物，根据"史记""地方志"以及魏县籍名自述等千年以来魏县事记，认真选取题材，组织集中攻关，收集整理一批魏县文化故事，创作一批文艺精品。

2. 挖掘提升非遗文化、红色文化保护、利用场所

一是打造一批非遗传承基地。将非物质文化遗产保护与美丽乡村建设、农耕文化保护相结合，充分发挥非物质文化遗产代表性项目和代表性传承人作用，合理利用非物质文化遗产资源。二是保护红色文化。围绕张二庄镇大运河遗址、蔡小庄武装革命暴动旧址、南台头二十八烈士公墓、车往镇六国会盟台遗址、泊口乡崔也冲革命旧址、王从吾故居、双井镇船渡运河等保留着一定历史风貌、文物古建的村镇，营造特色历史风貌，恢复具有重大意义的历史建筑，发展具有主题特色的街区和馆驿作坊，建成一批文化体验型特色小镇，打造文化体验观光线路。

3. 加大非遗项目的创新、展示、转化力度

一是释放非遗效应，提升游客体验。立足沙口集乡土纺土织、双井镇四股弦、院堡镇况庄村唢呐等非遗资源，推动非遗保护融入乡村振兴和文旅发展。积极开办非遗展馆，让游客在参观了解非遗文化的同时，亲自动手、亲身参与制作或表演，切身感受非遗魅力。二是多元展示、参与非遗项目，提升文化影响力。有针对性地组织魏县国家级非遗代表性项目参加中国（淮安）大运河文化带城市非遗展、京津冀非遗联展、省市旅发大会、河北省民俗文化节和邯郸市中原民间艺术节等，进一步提升魏县优秀传统文化的影响力。

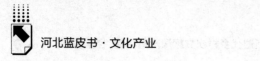
参考文献

《非凡十年·权威访谈 | 魏县县委书记苏雷芳：解放思想，推进魏县高质量发展》，"邯郸新闻网"百家号，2022年10月5日，https：//baijiahao.baidu.com/s？id＝1745812145045697302&wfrc。

吕焕琴：《乡村振兴背景下美丽乡村文旅融合发展路径研究》，《魅力中国》2018年第51期。

高莲莲：《从市南区看青岛文旅深度融合高质量发展》，《商周刊》2023年第8期。

王玉国：《县区级文化馆在农文旅融合中的创新路径——以苏州市吴中区文化馆为例》，《甘肃农业》2023年第9期。

B.20
京张体育文化旅游带建设背景下
张家口市文化创意重大项目
策划研究

张 彬 赵 南*

摘 要： 2021 年 1 月 20 日，习近平总书记主持召开北京 2022 年冬奥会和冬残奥会筹办工作汇报会，做出"要积极谋划冬奥场馆赛后利用，将举办重大赛事同服务全民健身结合起来，加快建设京张体育文化旅游带"的重要指示，为京张体育文化旅游带建设提供了根本遵循和重要指引。如何落实好总书记的指示，如何将体育赛事的热度延续并推动区域的文化产业发展，走上可持续、高质量发展的道路是当前面临的巨大挑战。本报告分析了张家口市在体育文化旅游方面的发展现状与资源优势，针对存在的问题与挑战提出了推动张家口市文化创意重大项目实施的对策建议。

关键词： 京张体育文化旅游带 文化创意 重大项目策划 张家口

习近平总书记对京张体育文化旅游带的指导意见，我们必须深入、精确、全方位地领会并执行。这就需要把握好京张体育文化旅游带如何与京津冀共享发展，如何与体育大国、健康中国、文化大国相互联系。建设京张体育文化旅游带是为了适应该地的发展策略，我们需要勇敢应对当前的问题与挑战，致力于构建一个融体育、文化、旅游等多元领域为一体的全方位产业

---
* 张彬，河北省社会科学院经济研究所助理研究员，研究方向为区域经济和文化产业；赵南，中共石家庄市藁城区委党校助理讲师，研究方向为马克思主义和全面深化改革。

带。京张体育文化旅游带建设应以线带面，促进区域全面发展建设，应与乡村振兴战略有机衔接、城乡兼顾、协调推进，应侧重于大众化普及型的运动，由两地共同谋划、共同参与、各尽优势、相互支持。京张体育文化旅游带跨不同行政区和地理单元，包括多个发展要素，涉及大量经济主体，这些要素和主体在各层次空间单元上关联耦合，形成一个区域社会经济生态系统。张家口市作为其中一个重要节点，拥有丰富的文化资源和独特的地理优势，在京张体育文化旅游带建设中扮演着重要角色。在京张体育文化旅游带建设背景下，文化创意项目的策划是推动区域产业创新发展的关键。通过文化创意项目的策划实现京张冬奥会场馆的可持续利用，重点是需要实现场馆综合利用和培育市场化主体。要打破传统行政区管辖的传统管理机制，构建跨区域高效的协同管理和制度新机制，协调管理、优势互补，京张体育文化旅游产业实现合作、联动、互惠、可持续发展。

一 研究背景与意义

在京张体育文化旅游带建设的背景下，张家口市作为其中一个重要节点，拥有丰富的文化资源和独特的地理优势。张家口市坐落在华北地区，与北京市相邻，是承接北京冬奥会的重要赛区，具备承办大型文化活动和举办体育赛事的基础设施和经验。张家口市还拥有悠久的历史文化、丰富的民俗传统和独特的自然景观，为文化创意项目的实施提供了宝贵的素材与资源。张家口市文化创意重大项目策划研究也是京张体育文化旅游带建设的需求。京张体育文化旅游带作为国家级重点项目，旨在推动京津冀地区的协同发展和文化交流。在这一战略背景下，张家口市作为体育赛事和文化旅游的重要节点，需要有具有代表性和吸引力的文化创意项目去丰富体育赛事的内容和扩大旅游业的吸引力，从而为该地区的发展注入新的活力。张家口市文化创意重大项目策划研究也是推动本地区文化产业发展的途径。文化产业是当今经济的重要组成部分，具有促进就业、推动经济增长和塑造城市形象等多重功能。张家口市文化创意重大项目策划研究，可以为该地区的文化产业发展提供实践经验和借鉴，促进本地区的产业创新与经济繁荣。为京张体育文化旅游带的建设提供有益的参考和启示。

研究的目的与意义是在京张体育文化旅游带建设背景下，探索张家口市文化创意重大项目的策划问题。通过深入的研究和分析，找出合适的策划方案，以促进张家口市文化创意产业的发展，了解京张体育文化旅游带建设背景下张家口市文化创意产业的发展现状和存在的问题，研究市场需求和潜在机会。通过对市场趋势的分析和调研，了解消费者对文化创意产品的需求趋势，发现市场中的创新机会和潜在的发展空间，以此制订科学合理的策略和方案。

二　京张体育文化旅游带和文化创意产业的研究现状

（一）关于体育文化旅游带和文化创意产业的研究

体育文化旅游带和文化创意产业作为当今全球旅游业发展的重要方向，其间的互动关系以及两者结合所形成的全新产业形态，已经引起全球学者的广泛关注。体育文化旅游带是指以体育赛事、体育训练、体育产业为基础，结合旅游资源、文化资源，形成的一种新型旅游发展模式。体育文化旅游带具有丰富的文化内涵、鲜明的地域特色和广泛的参与性，是推动旅游业可持续发展的重要途径。体育文化旅游带和文化创意产业两者之间的关系和互动尤为重要。体育文化旅游带作为一种新型旅游发展模式，具有丰富的文化内涵和鲜明的地域特色，而文化创意产业则以创新、创意为核心，对旅游资源的利用起到重要的推动作用。两者之间的互动，不仅可以丰富旅游产品的文化内涵，提高旅游业的吸引力，还可以推动文化创意产业的发展，促进经济的可持续发展。此外，体育文化旅游带和文化创意产业的结合，不仅可以为旅游业的发展提供新的动力，还可以为文化产业的发展提供新的途径。两者结合，不仅可以实现资源的优化配置，提高经济效益，还可以推动文化创新，提高文化产业的核心竞争力，这是当今全球旅游业发展的重要方向。

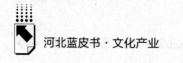

（二）关于京张体育文化旅游带的研究

京张体育文化旅游带是近年来我国体育产业和文化创意产业融合发展的一个重要载体。其发展具有以下特点。

一是体育旅游和文化创意产业融合性强。京张体育文化旅游带的发展需要体育和文化两个方面的支持，而文化创意产业的发展也为体育旅游提供了更多的创新思路和体验形式。

二是市场需求旺盛。随着人们生活水平的提高，其对旅游和文化娱乐的需求也越来越大，而京张体育文化旅游带和文化创意产业的发展正好能够满足这种需求。

三是发展潜力巨大。京张体育文化旅游带和文化创意产业的发展还处于初级阶段，还有很大的发展空间，可以为当地经济的发展带来巨大的推动力。

四是面临一些挑战。例如，如何提高旅游服务质量、如何保护当地文化遗产等。该地区的发展不均衡且不充足，跨地域的共建和共享机制还不完善，基础设施和公共服务的平等化程度仍需要进一步提升。

由此，京张体育文化旅游带建设背景下文化创意的发展研究，既可以为张家口市文化创意重大项目策划提供理论依据，也可以为其他地区的发展提供借鉴。

（三）关于张家口市文化旅游产业的研究

张家口市作为我国北方重要的旅游城市，拥有丰富的自然和人文资源。近年来，随着京张体育文化旅游带的规划建设，文化创意产业逐渐成为推动张家口市经济发展的重要动力。

第一，从国际视角来看，文化创意产业已经成为全球经济发展的重要支柱性产业。各国政府纷纷将文化创意产业作为提升国家竞争力的关键产业。在文化创意产业的发展过程中，创意设计、文化传承与创新、知识产权保护等方面成为研究热点。此外，文化创意产业与其他产业的融合发展，如与旅游、科技、金融等产业的交叉融合，以实现产业协同发展是研究的重要方向。

第二，从国内视角来看，张家口市文化创意产业的研究主要集中在以下几个方面。一是文化创意产业的发展现状与趋势。通过收集和分析相关数据，对张家口文化创意产业的发展规模、产业结构、产业政策等方面进行了研究。二是文化创意产业与旅游业的关系。探讨了张家口市文化创意产业与京张体育文化旅游带之间的互动机制，以及发挥文化创意产业在京张体育文化旅游带发展建设中的核心作用。三是文化创意产业的政策支持。分析了国内外对文化创意产业的政策支持体系，为张家口市文化创意产业的政策制订提供了借鉴。

三　京张体育文化旅游带和张家口市文化创意产业的发展现状

（一）京张体育文化旅游带的发展现状

京张体育文化旅游带是我国北方地区重要的旅游资源之一，是以北京市和张家口市奥运场馆所在区县为核心，以连接两地的高铁、高速沿线两侧县区为重要组成部分的区域，辐射北京市和张家口市全域范围。近年来，随着冰雪体育旅游的发展和人们对文化旅游的重视，京张体育文化旅游带逐渐成为一个备受关注的旅游区域。

京张体育文化旅游带的旅游资源丰富多样，包括自然景观、历史文化、体育赛事等。截至 2021 年底，京张体育文化旅游带区域内拥有 25 个奥运场馆、21 个大众滑雪场地、6 项世界文化遗产、136 个全国重点文物保护单位、61 项国家级非物质文化遗产代表性项目、3 个国家公共文化服务体系示范区、56 个高等级旅游景区、2 个国家级滑雪旅游度假地、1 个国家级旅游度假区、2 个国家全域旅游示范区、11 个全国乡村旅游重点村镇，体育文化旅游资源富集。

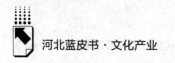

北京市携手张家口市成功举办 2022 年冬奥会和冬残奥会，使该区域体育文化旅游融合发展取得明显成效，具备在更高起点上推动高质量发展的良好条件。2022 年 1 月，国家出台《京张体育文化旅游带建设规划》，这是今后一个时期京张体育文化旅游带建设的纲领性文件。

（二）张家口市文化创意重大项目的开发现状

张家口市在京张体育文化旅游带建设背景下，致力于推动文化创意产业发展，在重大项目中扮演着至关重要的角色。当前，张家口市已经取得了一定的成绩，但仍存在一些问题。首先，从数量上看，张家口市的文化创意重大项目数量相对较少。虽然在体育文化旅游带的建设中，张家口市已经开展了一些成功的项目，如北京冬奥会张家口赛区的成功组织运行，依托冬季运动的滑雪小镇建设等。然而，在整个文化创意产业中，这些项目只是冰山一角，还远远不能满足市场需求。其次，从质量上看，张家口市的文化创意重大项目还存在一定的不足。目前，一些项目在内容和创新程度上还不够突出，缺乏核心竞争力。与其他地区相比，张家口市的文化创意项目在市场上的影响力相对较小，有待进一步提升。最后，从可持续发展的角度看，张家口市的文化创意重大项目还需加强整体规划和设计。目前，很多项目存在规模过大、持续性不足的问题，导致出现资源浪费和后期运营难等问题。因此，张家口市需要加强项目的可持续性考虑，注重项目的长期效益和社会影响力。尽管张家口市在文化创意重大项目方面已经有所努力并取得一定成绩，但仍然存在数量不足、质量有待提高以及可持续发展问题等一系列挑战。在进一步推动文化创意产业发展的过程中，张家口市需要创新项目模式，提升项目质量，以期在京张体育文化旅游带建设中有更大的突破和发展。

（三）张家口市文化创意重大项目开发中存在的问题

在张家口市文化创意重大项目的发展过程中，存在一些问题亟待解决。首先，项目投资不足与后期造血不足。资金来源的限制使很多文化创意项目无法得到充分的资金支持，并且在先期投资建设后，后期因自身造血能力不足而无法实现良性循环，进而导致项目的实施和持续发展建设受到限制。其次，市场需求不稳定。由于市场需求的波动性，一些项目尤其是与冬奥相关的冰雪项目可能在初期取得了成功，但随着时间推移，后冬奥时代来临造成市场的环境发生变化，使其逐渐失去了吸引力。这种不稳定性使文化创意项目无法实现长期稳定的发展。再次，项目管理与运营水平亟须提高。在一些文化创意项目中，缺乏专业的管理和运营人才，导致项目管理不规范、效果不理想。例如，一些项目在策划和设计环节欠缺深入考虑，导致无法吸引目标受众的注意。同时，一些项目在运营过程中缺乏创新，无法持续为观众提供新颖的体验。最后，与其他行业的融合和协同发展亟待改善。文化创意项目往往需要与其他领域进行有机结合才能产生更好的效果。然而，由于缺乏跨行业合作的意识和机制，许多文化创意项目无法实现与其他领域的深度合作，从而限制了项目的发展空间和创新能力。针对以上问题，应进一步拓宽项目资金筹集渠道，增加投入，加大项目实施的资金保障力度。同时，加强市场调研和分析，抓住市场需求的变化趋势，及时调整项目方向，保持项目的市场竞争力。在项目管理与运营方面，加强人才培养和引进，提高项目管理和运营的专业水平。并推动不同行业间的合作共建，打破行业壁垒，实现资源共享，推动文化创意项目与其他领域的协同发展，为京张体育文化旅游带的建设和发展注入新的活力。

四 张家口市文化创意重大项目策划思路分析

（一）文化创意重大项目策划的重要意义和关键作用

文化创意重大项目策划是指对具有重大文化创意价值的项目进行系统、全面、深入的策划和规划，以实现项目的创新、效益和社会价值的最大化。在当前京张体育文化旅游带建设的背景下，文化创意重大项目策划在张家口市的发展中具有重要的意义和作用。

首先，文化创意重大项目策划能够为张家口市的旅游业发展提供强有力的支撑。京张体育文化旅游带的建设给张家口市带来了丰富的旅游资源，而文化创意重大项目策划能够对这些资源进行整合和创新，形成具有鲜明特色和吸引力的体育文化旅游产品。这些产品不仅能够吸引更多的游客到张家口市旅游，还能够带动相关产业的繁荣发展，提高旅游业的整体竞争力。

其次，文化创意重大项目策划有助于推动张家口市文化产业的转型升级。在旅游业的繁荣发展过程中，文化创意产业将成为旅游业发展的重要支撑。文化创意重大项目策划能够引导张家口市文化产业向高端、创新、可持续方向发展，提高文化产业的核心竞争力。

最后，文化创意重大项目策划有助于推动张家口市的城乡一体化发展。体育文化旅游业的发展需要城乡一体化，而文化创意重大项目策划能够引导张家口市的城乡资源整合，推动城乡经济、文化、旅游等领域的互动发展，实现城乡共同繁荣。

综上所述，通过文化创意重大项目策划，张家口市能够实现旅游业的繁荣发展，推动文化产业转型升级，提升文化软实力，促进城乡一体化发展。

（二）文化创意重大项目策划的基本原则

项目策划在京张体育文化旅游带建设背景下，对于张家口市文化创意重大项目的成功实施至关重要。为了确保项目策划的有效性和可行性，我们制定了一系列的原则。项目策划应立足于京张体育文化旅游带建设的整体目标和规划。这意味着我们要将项目与京张体育文化旅游带建设的战略定位紧密结合，确保项目的定位和发展方向与整体规划相一致。只有这样，项目才能够真正融入京张体育文化旅游带，发挥其应有的作用。项目策划需要充分考虑市场需求。在进行项目策划的过程中，要对市场需求进行全面、深入的调研分析，了解潜在受众的需求和偏好，把握市场的变化趋势。只有深入了解市场需求，才能够确定项目的规模、内容和形式，确保项目具有市场竞争力。项目策划要注重创新性和差异化。在京张体育文化旅游带建设背景下，张家口市文化创意重大项目面临激烈的竞争。为了脱颖而出，必须充分发挥创新的力量，打造独具特色的文化创意项目。这需要我们关注市场的空白和痛点，挖掘独特的文化资源，以及在项目的内容和形式上进行创新，给受众带来全新的体验。项目策划要注重可持续发展。京张体育文化旅游带的建设是一个长期的过程，项目策划应该考虑项目的长远发展和可持续性，要确保项目具有持久的影响力和生命力，注重项目的长远盈利能力和社会效益。同时，要与当地相关产业进行深度融合，实现项目的多方共赢。

综上所述，项目策划的原则在于紧密结合京张体育文化旅游带建设的整体目标和规划，充分考虑市场需求，注重创新性和差异化，以及注重可持续发展。只有遵循以上原则，我们才能够确保项目策划的有效性和可行性。

（三）文化创意重大项目策划的基本思路和主要目标

在京张体育文化旅游带建设背景下，张家口市文化创意重大项目策划需要有明确的思路和方法。项目策划要紧紧围绕京张体育文化旅游带建设的核心目标展开，这意味着项目策划需要明确京张体育文化旅游带这一区域的特色和需求。在重大项目策划中，必须充分考虑京张体育文化旅游带的资源优势和市场需求，并将这些因素纳入策划思路中。项目策划要注重创新性和差异化。在京张体育文化旅游带建设过程中，众多的项目涌现，因此项目策划要具备创意性和差异化的特点，只有这样，才能在激烈的市场竞争中脱颖而出。因此，在项目策划的思路中，要注重挖掘和突出项目的独特价值和创新亮点，使其与众不同，才能吸引广大游客和投资者的关注。另外，项目策划要注重多方合作与共赢。在京张体育文化旅游带建设过程中，项目的成功离不开各方的相互协作。因此，在项目策划的思路中，要注重与政府、企业、社会组织和其他利益相关者的合作，形成合力，达到互利共赢的目标。只有通过多方合作、全民参与，才能实现项目的规模发展和资源共享。项目策划要注重长远规划和可持续发展。在京张体育文化旅游带建设过程中，项目策划不能只关注眼前的效益，而要注重项目的长远规划和可持续发展。因此，在项目策划的思路中，要考虑项目的可持续性，以实现京张体育文化旅游带的可持续发展。只有在以上思路的指导下，张家口市文化创意重大项目策划才能更加科学、有效地实施。

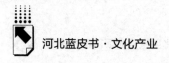

五 推动张家口市文化创意重大项目实施的对策建议

（一）强化项目策划主体

在京张体育文化旅游带建设背景下，张家口市文化创意重大项目的策划主体需要进行强化。针对该问题，一方面需要明确策划主体的组织架构，确保项目策划工作的专业性和高效性。明确策划主体的组织架构是强化项目策划主体的关键。在张家口市文化创意重大项目策划过程中，应建立一个由市政府主导的协调机构。该机构负责统筹协调各级政府部门、文化产业企业、文化创意机构等相关主体的合作，确保项目策划工作和实施过程中的协同性和整体性。还需要配备专业化的策划团队，包括市场研究人员、文化创意专家、项目管理人员等，他们将担负起项目策划主体的工作责任。另一方面需要加强人才队伍建设。目前，张家口市在文化创意领域已经拥有一批专业人才，但仍然存在缺乏高层次、专业化的策划人才的问题。因此，应该加强对策划人才的培养和引进，通过制订相关政策，提供专业化培训和良好的职业发展环境，吸引更多的优秀人才加入项目策划工作中。明确策划主体的组织架构和加强人才队伍建设，将有助于提高项目策划工作的专业性和高效性，推动文化创意产业的快速发展，为京张体育文化旅游带建设贡献力量。

（二）优化项目策划内容

在京张体育文化旅游带建设背景下，张家口市作为一个重要的文化创意重大项目的实施地，必须优化项目策划内容以提高项目的质量和吸引力。针对这一目标，我们可以从以下几个方面入手。首先，要注重项目策划的独特性和创新性。在策划内容的选择上，不仅要关注市场需求和前沿趋势，更要注重打造独具特色的文化创意项目。这些项目应该与京张体育文化旅游带的定位相契合，在吸引游客的同时也能够展示当地的文化底蕴和特色。其次，要注重项目策划的可持续性。项目策划内容应该考虑经济、环保和社会效益的平衡。通过引入可再生能源、推动循环经济和倡导社会责任理念，可以让项目更具可持续性并获得更多支持和认可。再次，要注重项目策划的前瞻性和可操作性。在制定项目策划内容时，需要充分考虑未来发展的趋势和变化。借助科技创新和信息化手段，可以预测市场发展方向，提前做好相应的准备。项目策划内容也应该具备可操作性，能够落地实施并取得具体的成果。最后，要注重项目策划内容的评估和改进。在实施过程中，应该建立健全评估机制，定期对项目策划内容进行评估，及时发现问题并进行改进。同时，要注重与社会各界的沟通和合作，收集各方的意见和建议，不断完善项目策划内容。

（三）创新项目策划方式

在京张体育文化旅游带建设的背景下，张家口市文化创意重大项目的策划方式需要创新以适应新时代的发展需求。为了创新项目策划方式，需要充分借鉴国内外优秀案例。通过对国内外类似项目的研究，了解不同地方在项目策划过程中采用的创新方式和方法，从而汲取其中的经验和教训。例如，可以学习借鉴国内其他文化创意重大项目的成功经验，如北京奥运会文化活动策划，上海世博会文创产品开发，方特乐园、淄博与哈尔滨的特色旅游策划等，以及国外一些成功的文化创意旅游项目，如迪士尼乐园、意大利滑雪小镇等。学习国内外项目策划中的独特之处和创新之举，可以帮助我们拓宽项目策划思路，并深化对项目策划的理解。创新项目策划方式还需要与时俱进，充分利用信息化技术和互联网平台。在信息化技术高度发达的今天，我们可以利用互联网平台进行项目策划，如视频平台的网红推介效能、媒体宣传、市场调研、合作伙伴招募等。将项目策划与互联网相结合，可以更加高效地收集市场信息和用户需求，提高项目策划的精准度和针对性。互联网还可以为项目策划提供更广阔的宣传渠道和更多的参与机会，吸引更多的投资者和合作伙伴。项目策划还需要创新策划理念和内容。在设计项目策划的具体内容时，应该注重突出文化创意的核心价值和特色，以满足人们对于文化创意项目的需求。例如，在项目策划中注重文化传承和创新，将传统文化元素与现代科技、艺术创意相结合，打造独特的文化创意产品和体验。2023年大火的淄博与哈尔滨的文旅推介就充分体现了这一特点。此外，还应注重项目的可持续发展，将可持续性发展作为策划内容的重要组成部分，推动项目在经济、社会和环境方面的协调发展。

（四）健全项目策划保障机制

在京张体育文化旅游带建设背景下，张家口市文化创意重大项目的实施对策至关重要。为了确保项目的顺利推进和运行，必须健全项目策划的保障机制。项目策划保障机制的建立需要有清晰的规划和指导。相关部门应制订明确的项目策划工作流程和标准，明确项目策划的目标和任务，以及各个环节的职责和分工。建立与实际情况相适应的项目策划管理制度，包括制订项目策划的时间表和里程碑，明确各阶段的目标和进度要求。只有通过明确的规划和指导，才能确保项目策划工作的有序展开。项目策划保障机制还需要建立有效的沟通和协调机制。在项目策划过程中，各个部门和单位之间的沟通与合作至关重要。因此，建立跨部门的沟通渠道和协调机制是非常必要的。可以通过定期召开项目策划工作会议、建立项目策划工作小组等方式，促进各方之间的沟通和交流。还可以运用现代信息技术手段，建立项目策划信息共享平台，统一管理和共享项目策划相关的资料和文件。只有确保各方之间的密切协作和信息互通，才能推进项目策划工作的顺利进行。

未来的研究可以进一步加强对其他地区文化创意项目策划的研究和借鉴，以及对项目实施过程中的管理与控制进行深入探讨，以推动张家口市的文化创意产业发展和提升张家口市的整体竞争力。

参考文献

陈云、张婧婧：《基于京张体育文化旅游带建设的张家口城市旅游发展研究》，《经济地理》2017年第6期。

高云、李宏伟：《体育旅游融合发展的现状及对策研究——以张家口市为例》，《体育科学与技术》2018 年第 2 期。

吕晓霞、刘建新：《体育旅游融合发展的战略研究》，《体育时空》2017 年第 10 期。

王丽华、刘鹏：《基于京张体育文化旅游带建设的张家口市体育旅游产业发展研究》，《旅游论坛》2018 年第 5 期。

赵瑞、李洪涛：《基于京张体育文化旅游带建设的张家口市体育旅游产业规划研究》，《体育科学与技术》2017 年第 4 期。

《文化和旅游部　国家发展改革委　国家体育总局关于印发〈京张体育文化旅游带建设规划〉的通知》，中国政府网，2022 年 1 月 29 日，https：//www. gov. cn/zhengce/zhengceku/2022-01/31/content_ 5671462. htm。

《一图读懂京张体育文化旅游带建设规划》，文化和旅游部网站，2022 年 1 月 30 日，https：//zwgk. mct. gov. cn/zfxxgkml/zcfg/zcjd/202201/t20220130_ 930845. html。

蒋依依、洪鹏飞、谢婷等：《京张体育文化旅游带建设的使命与路径》，《北京体育大学学报》2021 年第 4 期。

李宁：《网红经济助力京张体育文化旅游带发展的路径研究》，硕士学位论文，首都体育学院，2023。

孙睿、秦元萍：《张家口市体育产业发展趋势与对策——基于京张体育文化旅游带建设的分析》，《河北北方学院学报》（社会科学版）2021 年第 5 期。

社会科学文献出版社

皮 书

智库成果出版与传播平台

❖ 皮书定义 ❖

皮书是对中国与世界发展状况和热点问题进行年度监测，以专业的角度、专家的视野和实证研究方法，针对某一领域或区域现状与发展态势展开分析和预测，具备前沿性、原创性、实证性、连续性、时效性等特点的公开出版物，由一系列权威研究报告组成。

❖ 皮书作者 ❖

皮书系列报告作者以国内外一流研究机构、知名高校等重点智库的研究人员为主，多为相关领域一流专家学者，他们的观点代表了当下学界对中国与世界的现实和未来最高水平的解读与分析。

❖ 皮书荣誉 ❖

皮书作为中国社会科学院基础理论研究与应用对策研究融合发展的代表性成果，不仅是哲学社会科学工作者服务中国特色社会主义现代化建设的重要成果，更是助力中国特色新型智库建设、构建中国特色哲学社会科学"三大体系"的重要平台。皮书系列先后被列入"十二五""十三五""十四五"时期国家重点出版物出版专项规划项目；自2013年起，重点皮书被列入中国社会科学院国家哲学社会科学创新工程项目。

皮书网

（网址：www.pishu.cn）

发布皮书研创资讯，传播皮书精彩内容
引领皮书出版潮流，打造皮书服务平台

栏目设置

◆关于皮书

何谓皮书、皮书分类、皮书大事记、
皮书荣誉、皮书出版第一人、皮书编辑部

◆最新资讯

通知公告、新闻动态、媒体聚焦、
网站专题、视频直播、下载专区

◆皮书研创

皮书规范、皮书出版、
皮书研究、研创团队

◆皮书评奖评价

指标体系、皮书评价、皮书评奖

所获荣誉

◆2008年、2011年、2014年，皮书网均
在全国新闻出版业网站荣誉评选中获得
"最具商业价值网站"称号；

◆2012年，获得"出版业网站百强"称号。

网库合一

2014年，皮书网与皮书数据库端口合
一，实现资源共享，搭建智库成果融合创
新平台。

皮书网

"皮书说"
微信公众号

权威报告·连续出版·独家资源

皮书数据库
ANNUAL REPORT(YEARBOOK)
DATABASE

分析解读当下中国发展变迁的高端智库平台

所获荣誉

- 2022年，入选技术赋能"新闻+"推荐案例
- 2020年，入选全国新闻出版深度融合发展创新案例
- 2019年，入选国家新闻出版署数字出版精品遴选推荐计划
- 2016年，入选"十三五"国家重点电子出版物出版规划骨干工程
- 2013年，荣获"中国出版政府奖·网络出版物奖"提名奖

皮书数据库

"社科数托邦"
微信公众号

成为用户

登录网址www.pishu.com.cn访问皮书数据库网站或下载皮书数据库APP，通过手机号码验证或邮箱验证即可成为皮书数据库用户。

用户福利

- 已注册用户购书后可免费获赠100元皮书数据库充值卡。刮开充值卡涂层获取充值密码，登录并进入"会员中心"—"在线充值"—"充值卡充值"，充值成功即可购买和查看数据库内容。
- 用户福利最终解释权归社会科学文献出版社所有。

社会科学文献出版社 皮书系列
SOCIAL SCIENCES ACADEMIC PRESS (CHINA)

卡号：254442891162
密码：

数据库服务热线：010-59367265
数据库服务QQ：2475522410
数据库服务邮箱：database@ssap.cn
图书销售热线：010-59367070/7028
图书服务QQ：1265056568
图书服务邮箱：duzhe@ssap.cn

基本子库
SUB DATABASE

中国社会发展数据库（下设 12 个专题子库）

紧扣人口、政治、外交、法律、教育、医疗卫生、资源环境等 12 个社会发展领域的前沿和热点，全面整合专业著作、智库报告、学术资讯、调研数据等类型资源，帮助用户追踪中国社会发展动态、研究社会发展战略与政策、了解社会热点问题、分析社会发展趋势。

中国经济发展数据库（下设 12 专题子库）

内容涵盖宏观经济、产业经济、工业经济、农业经济、财政金融、房地产经济、城市经济、商业贸易等 12 个重点经济领域，为把握经济运行态势、洞察经济发展规律、研判经济发展趋势、进行经济调控决策提供参考和依据。

中国行业发展数据库（下设 17 个专题子库）

以中国国民经济行业分类为依据，覆盖金融业、旅游业、交通运输业、能源矿产业、制造业等 100 多个行业，跟踪分析国民经济相关行业市场运行状况和政策导向，汇集行业发展前沿资讯，为投资、从业及各种经济决策提供理论支撑和实践指导。

中国区域发展数据库（下设 4 个专题子库）

对中国特定区域内的经济、社会、文化等领域现状与发展情况进行深度分析和预测，涉及省级行政区、城市群、城市、农村等不同维度，研究层级至县及县以下行政区，为学者研究地方经济社会宏观态势、经验模式、发展案例提供支撑，为地方政府决策提供参考。

中国文化传媒数据库（下设 18 个专题子库）

内容覆盖文化产业、新闻传播、电影娱乐、文学艺术、群众文化、图书情报等 18 个重点研究领域，聚焦文化传媒领域发展前沿、热点话题、行业实践，服务用户的教学科研、文化投资、企业规划等需要。

世界经济与国际关系数据库（下设 6 个专题子库）

整合世界经济、国际政治、世界文化与科技、全球性问题、国际组织与国际法、区域研究 6 大领域研究成果，对世界经济形势、国际形势进行连续性深度分析，对年度热点问题进行专题解读，为研判全球发展趋势提供事实和数据支持。

法律声明

"皮书系列"（含蓝皮书、绿皮书、黄皮书）之品牌由社会科学文献出版社最早使用并持续至今，现已被中国图书行业所熟知。"皮书系列"的相关商标已在国家商标管理部门商标局注册，包括但不限于LOGO（▨）、皮书、Pishu、经济蓝皮书、社会蓝皮书等。"皮书系列"图书的注册商标专用权及封面设计、版式设计的著作权均为社会科学文献出版社所有。未经社会科学文献出版社书面授权许可，任何使用与"皮书系列"图书注册商标、封面设计、版式设计相同或者近似的文字、图形或其组合的行为均系侵权行为。

经作者授权，本书的专有出版权及信息网络传播权等为社会科学文献出版社享有。未经社会科学文献出版社书面授权许可，任何就本书内容的复制、发行或以数字形式进行网络传播的行为均系侵权行为。

社会科学文献出版社将通过法律途径追究上述侵权行为的法律责任，维护自身合法权益。

欢迎社会各界人士对侵犯社会科学文献出版社上述权利的侵权行为进行举报。电话：010-59367121，电子邮箱：fawubu@ssap.cn。

社会科学文献出版社